区域科技协同创新的理论与实践研究

Theoretical and Practical Research on Regional
Collaborative Innovation in Science and Technology

刘冬梅　马虎兆　冉美丽 等◎著

科学技术文献出版社
SCIENTIFIC AND TECHNICAL DOCUMENTATION PRESS
·北京·

图书在版编目（CIP）数据

区域科技协同创新的理论与实践研究 = Theoretical and Practical Research on Regional Collaborative Innovation in Science and Technology / 刘冬梅等著.
北京：科学技术文献出版社，2025. 2. -- ISBN 978-7-5235-2296-7

Ⅰ. F124.3

中国国家版本馆 CIP 数据核字第 2025CK0013 号

区域科技协同创新的理论与实践研究

策划编辑：张　闫　　责任编辑：李　晴　　责任校对：宋红梅　　责任出版：张志平

出　版　者	科学技术文献出版社
地　　　址	北京市复兴路15号　　邮编　100038
编　务　部	(010) 58882938，58882087（传真）
发　行　部	(010) 58882868，58882874（传真）
邮　购　部	(010) 58882873
官 方 网 址	www.stdp.com.cn
发　行　者	科学技术文献出版社发行　全国各地新华书店经销
印　刷　者	北京九州迅驰传媒文化有限公司
版　　　次	2025年2月第1版　2025年2月第1次印刷
开　　　本	710×1000　1/16
字　　　数	236千
印　　　张	18.25
书　　　号	ISBN 978-7-5235-2296-7
定　　　价	69.00元

版权所有　违法必究

购买本社图书，凡字迹不清、缺页、倒页、脱页者，本社发行部负责调换

前言

　　区域科技创新是国家科技创新战略在中观层面的集中体现。面对复杂多变的国际国内环境，党的二十大报告强调提升国家创新体系整体效能、统筹推进科技创新中心建设、促进区域协调发展。党的二十届三中全会提出进一步全面深化改革，构建支持全面创新体制机制，强调完善实施区域协调发展战略机制。"协同"成为中国式现代化建设和区域科技创新战略谋划的关键词。本书将区域科技协同创新视为实施创新驱动发展战略和区域协调发展战略的重要结合点，系统研究我国区域科技协同创新的理论和实践。

　　作为中国特色区域创新理论的重要组成部分，区域科技协同创新在"实践探索—理论丰富—实践再探索—理论再丰富"的互动循环中不断发展和完善。党的十八大以来，以习近平同志为核心的党中央高度重视区域科技创新体系谋篇布局，在各部门各地方共同努力下，我国区域科技创新发展取得重大成就。实施京津冀协同发展、长三角一体化发展、粤港澳大湾区建设等国家区域重大战略，不断提升国家创新体系在区域层面的整体性、协同性、联动性。各地立足自身优势，科学合理布局科技创新和产业发展，构建各具特色的区域科技创新协同格局。持续推动东西部科技合作、南北方科技合作，依托各地科教资源、创新要素和产业基础，加强区域优势互补，推动区域协调发展。

值得关注的是，随着科技强国建设和中国式现代化建设的不断推进，我国区域科技创新格局正发生新变化，区域科技协同创新面临着新形势、呈现出新特点，而当前在理论上仍缺乏符合中国现实的理论指导，在实践中仍然面临如区域创新资源配置效率不高、跨行政区的要素流动不畅、协同创新能级有待提升等诸多新情况、新挑战，值得我们持续深入研究破解路径。

作为研究者，本书尝试从区域科技创新协同的理论和实践中，探索规律、总结经验，提炼出更具有中国特色的理论、更能反映中国具体现实的实践、更能指导政策决策的知识价值贡献。我们希望在区域科技创新研究中不断开疆拓土，在总结实践中汲取力量，在学思中淬炼思想，丰富中国特色区域科技创新理论。本书主要创新点在于以跨越省级行政区的"大区域"为视角，多维度系统研究现有区域科技协同创新理论，将区域科技协同创新的实践划分为两种类型：第一种类型是由地理邻近的城市群推动的协同创新网络，表现为国家区域重大战略的毗邻行政区的区域科技协同创新；第二种类型是以国家区域协调发展战略为指引，以区域板块为基础，基于东西部合作、南北方合作展开的更大跨度非毗邻行政区的区域科技合作。本书基于理论与实践两大主线，以地理邻近区域内与非毗邻的区域间科技协同创新两种类型为研究对象，开创我国区域科技协同创新领域的专业性、系统性研究的先河，为我国区域科技协同创新提供一定的理论指导和实践参考。

本书尝试播下区域科技协同创新研究的"种子"，引发学者和政策研究者对区域科技协同创新的关注，为中国特色区域科技协同创新理论和实践研究添砖加瓦。本书为国家高端智库课题"新时期区域科技创新战略研究"（编号：ZKZXZK202310）的成果之一，由中国科学技术发展战略研究院与天津市科学技术发展战略研究院通力合作完成。全书由刘冬梅、马虎兆、冉美丽负责统筹设计，第1章由刘冬梅、冉美丽执笔；第2章由钮钦执笔；第 3 章由张淑慧执笔；第 4 章由王方执笔；第 5 章由冉美丽执笔；第 6 章由王梦瑶、马虎兆执笔；第 7 章由张思月执笔；第 8 章由刘宇虹执笔；第 9 章由张淑慧执笔；第 10 章由冉美丽、杨敏执笔；第 11 章由马虎兆、王方执笔。同时，本书编写过程中得到科技部、工业和信息化部等相关司局的大力支持和关心；课题调研中得到北京市、天津市、河北省、上海市、广东省、内蒙古自治区等相关部门的大力协助，研究讨论中得到众多专家、学者的指导和帮助，在此一并表示衷心的感谢！

在本书撰写中，课题组参阅了大量国内外相关文献资料及政策文件，囿于篇幅，加之时间有限、学识有限，研究中难免存在疏漏和不足，敬请各位领导、专家、同行批评指正。

最后，感谢为此书辛勤付出的编写团队和出版团队的所有同人，他们为了促成本书问世而笔耕不辍、精益求精，愿以书为起点，扬帆远航，为丰富中国区域科技创新发展研究而贡献力量。

2025 年 1 月

作者于北京

目　录

第一章
绪论

　　区域科技协同创新将区域层面的科技创新与协同创新的概念结合起来。作为一个学术概念，区域科技协同创新区别于产业、企业视域下的协同创新，形成对科技创新体系的一种新视角的研究 ①；作为一个实践的技术经济现象，区域科技协同创新的研究将可观察到的丰富现实纳入研究范畴，突破省级行政区的边界，研究毗邻区域内、非毗邻区域间的科技协同创新实践，丰富我国科技创新体系的鲜活性和现实性，提高对科技创新工作的政策参考价值。

第1节　认识区域科技协同创新的重要性

　　区域科技创新上接国家重大科技创新战略，下接具体地方实践，是国家实现高水平科技自立自强、建设社会主义现代化国家和实现共同富裕的重要抓手。面对复杂多变的国际环境，党的二十大报告强调统筹区域协调发展，党的二十届三中全会明确提出"完善实施区域协调发展战略机制"，聚焦"协同创新"，系统谋划区域科技战略部署与科技政策是新时期我国科技创新的关键环节。新时期，因地制宜加快发展新质生产力引领现代化

---

① 李林，刘志华，王雨婧．区域科技协同创新绩效评价 [J]．系统管理学报，2015，24（4）：563-568．

产业体系建设，国家科技创新战略需要在中观的区域层面落地实现，区域科技协同创新的战略意义和重要作用日益凸显。

一、适应全球科技创新发展态势的迫切需要

当前全球新一轮科技革命加速演变，以数字智能为基础的技术群体性跃升，为跨领域交叉融合、跨地域协同合作提供了必要条件。信息通信技术加速迭代，数字智能技术不断扩散和渗透，信息通信技术与其他领域技术深度协同融合创新，信息世界与物理世界、生命世界交叉融合，不断催生各种新技术种群。技术群体性跃升态势，推动生产生活方式发生重大变革，为跨地域协同合作、交叉融合提供了可能。同时，全球创新范式由封闭式创新、线性创新向开放式创新、网络化共生创新演进，从科技创新到产业化应用的创新周期不断缩短。从全球新态势看，后疫情时代全球创新版图不断重构，为实现高技术本土化，主要发达国家的科技创新布局出现向区域层面下沉的新动向。为适应全球新发展态势，我国区域科技创新应更多在协同联动上下功夫。

二、加强区域创新体系建设的必然要求

党的十八大以来，以习近平同志为核心的党中央高度重视区域科技创新发展，提出一系列战略决策和部署，全国各地深入贯彻实施创新驱动发展战略，不断完善国家创新体系。党的十九大报告指出，中国特色社会主义进入新时代，我国社会主要矛盾已经转化为人民日益增长的美好生活需要和不平衡不充分的发展之间的矛盾。社会主要矛盾的变化是新时代的重要内涵和基本特征，为我们开展区域科技协同创新研究奠定了时代基调。作为社会主要矛盾的主要方面，不平衡不充分发展的重要表现是城乡之间、区域之间发展差距依然较大。同时，值得注意的是，从国家层面看区域科技创新体系，跨越省级行政区的资源配置、科技创新合作、科研人才流动等，已超出行政区的职权范围，往往难以协调。新时期区域科技创新

体系构建的难点主要表现为跨省级行政区的协调与合作，特别是"块状区域"（如东北地区、西部地区）、横跨东西的"条状流域"（如长江流域、黄河流域），以及更广泛的区域合作（如东西部合作、南北方合作）等。党的二十届三中全会通过的《中共中央关于进一步全面深化改革 推进中国式现代化的决定》明确提出"完善实施区域协调发展战略机制"，进一步要求推动区域科技协同创新，促进区域协调发展。当前，我国进入实现高水平科技自立自强、建设科技强国、建设社会主义现代化强国的战略阶段，对构建完善的各具特色的区域科技创新体系提出了更迫切、更高的新要求，需要在区域科技协同创新方面开展更加深入的理论研究。

三、适当借鉴主要经济体区域科技创新布局的经验

"他山之石，可以攻玉。"随着亚洲新兴经济体的崛起，以及科技竞争格局出现全球分化、多极化新态势，全球科技创新和经济版图加速演变，近年来主要创新型大国在新科技、新领域开始新一轮布局。美国突出对未来产业技术的布局，先后发布《美国就业计划》《无尽前沿法案》《芯片和科学法案》《通胀削减法案》。英国为巩固作为全球科技超级大国的地位，先后发布《产业战略：建设适应未来的英国》《英国创新战略：创造未来以引领未来》《科学技术框架》等，促进前沿领域的基础设施建设、科研投资和技能培养。德国先后发布《高技术战略2025》《未来研究与创新战略》，调整科技创新顶层战略规划。日本先后发布《科学技术创新综合战略2020》《综合创新战略2024》。主要发达国家除了在国家战略层面整体布局，还加快对区域科技创新的部署。同时，各个国家更加强调区域层面的科技创新发展。2022年，美国在《芯片和科学法案》中推出区域技术和创新中心计划。英国推动的科技城计划，采取分批实施、建立完备的运行机制、强化科研创新与产业创新深度融合、发挥地方主体重要作用等主要做法，开展区域科技创新布局。德国持续推进集群战略，联邦和地方各级政府合理实施多维度集群战略引导区域创新发展，以紧密的创新网络构筑

区域创新生态。各个国家实施区域科技创新发展计划和战略,为我国新时期区域科技创新提供经验借鉴。

四、总结我国丰富的实践经验的客观需要

从历史演化视角和当前实践来看,我国积累了丰富的地方实践经验。在空间形态上,各个地方在探索建设科创中心、科创走廊、创新共同体等;在区域类型上,呈现重大战略区域内科技协同创新、非毗邻区域的科技协同创新合作及对口合作机制的科技协同创新等多种形式。在全面建设中国式现代化的战略转型期,有必要总结各地区经验。具体来说,分析京津冀、长三角、粤港澳大湾区长期科技创新实践,一是京津冀协同创新发展模式。京津冀区域制定创新资源共享的协同政策,促进创新要素高效流动,推动产业协同向纵深发展,提升区域创新体系效能。二是长三角一体化协同创新共同体模式。长三角省市间建立持续的会商机制,共建共享各类科技创新平台,推动科技创新与产业创新深入融合,构建开放融合的创新生态。三是粤港澳大湾区协同创新模式。粤港澳大湾区通过打通各城市制度规则障碍,推进重大平台建设和产业技术创新体系构建,打造内外合作国际开放的创新生态。另外,东西部科技合作历经十几年长期持续实践,积累了多对一、全方位合作模式的经验,发挥了科技创新引领欠发达地区高质量发展的作用。区域间省市对口科技协作不断探索共建园区、共做项目、人才互通等方式,构建政产学研广泛参与的科技合作体系。而长三角 G60 科创走廊从最初一条高速公路演变为长三角一体化发展战略的重要组成部分,形成"一廊一核九城"协同创新模式,开创邻近区域协同创新科技攻关之路。为适应全球竞争新态势,以及我国新发展格局,迫切需要研究我国区域科技协同创新模式、现状及新情况,为完善我国区域科技创新体系提供参考。

第2节 区域科技协同创新的趋势特征

区域科技创新是中观尺度上落实国家重大战略任务的关键抓手，是国家创新体系构建的关键环节之一。区域科技创新是国家创新资源布局的地域体现，是科技创新引领高质量发展的空间载体，创新主体之间合作机制、创新资源的共享、创新要素的流动、技术创新与产业创新的融合更加紧密。从区域科技创新自身规律看，区域科技创新呈现协同性、开放性、特色化的特征，会产生资源集聚效应、技术扩散效应和经济辐射效应，通过国家在区域战略上的政策协同，实现区域协调和高质量发展。

一、区域科技创新呈现协同性、开放性和特色化的特征

区域科技创新活动更加注重协同性。区域科技创新注重创新要素结构优化，通过完善资源配置机制、协调机制，实现创新要素在不同地区之间、不同城乡之间的空间流动，促进创新要素结构均衡合理，避免两极化带来的失衡问题。区域科技创新的协同性体现在区域范围内创新活动的"横向联系"，强调知识的多元化、主体的多元化、互动的网络化，增强创新资源集聚转化能力，构建网络型、融合型区域协同创新体系[①]。

区域科技创新更加注重开放性。开放性区域科技创新包括区域系统内部、内部与外部之间的知识交流、协同合作；包括创新主体之间的合作，如大学、科研机构、企业之间的学术研讨、项目合作；包括新组织机构的异地设立，如大学、企业的外设分支机构等。区域科技创新扩散越来越多地由地理邻近转为技术邻近性、制度邻近性，探索新组织引入或建立、新产业融合等体制机制，促进创新资源的整合、交流、共享。

区域科技创新更加根植于本地特色。考虑区域内产业演化路径、产业基础和产业结构，科技创新与产业创新紧密相连，探索尝试可能促进产业升级的新路子。因此，区域科技创新协同的重要性更加凸显。区域科技创

---

① 刘冬梅，冉美丽. 国家创新体系视阈下区域创新的边界、内涵与政策启示[J]. 科技中国，2022 (2)：1-5.

新与产业科技创新紧密相连，形成不断扩展的创新网络。探索科技与产业深度融合的体制机制，加快产业系统升级，形成区域内部、区域之间紧密联系的创新网络。

二、协同创新体现马克思主义"协作"思想

马克思主义政治经济学认为，生产活动是社会性劳动，生产力是人们共同活动方式的社会合力，"孤立的一个人在社会之外进行生产——这是罕见的事"[①]，发展生产力不能忽视协作的关键作用。马克思将协作分为简单协作和分工协作，将其视作生产力的要素，在《资本论》中指出："结合工作日的特殊生产力都是社会的劳动生产力或社会劳动的生产力，这种生产力是由协作本身产生的。"德国经济学家李斯特在亚当·斯密的分工理论基础上，强调协作的重要性，在《政治经济学的国民体系》中指出："这类活动之所以具有生产性，不单单是由于'划分'，主要还是由于'联合'。"马克思在批判性吸收前人分工协作理论的基础上，对资本主义生产方式下的协作进行了深刻分析和阐释。协作不是单个人的简单加总，马克思指出："许多人在同一生产过程中，或在不同的但互相联系的生产过程中，有计划地一起协同劳动，这种劳动形式叫作'协作'。"协作与生产力的发展相互促进、共生演化，生产力跃迁离不开合作形式创新与发展。

党的二十届三中全会提出"健全因地制宜发展新质生产力体制机制"。新质生产力相较于传统生产力，所需要的劳动者素质更高、劳动资料更精细化、劳动对象更复杂，产业技术方向更加面向前沿、面向未来，呈现出多要素组合、新要素参与的新特征，需要新合作形式以配合新质生产力的发展，而区域科技协同创新适用于以区域为空间范围推动发展新质生产力，值得深入研究资源有效配置、创新主体高效协作的体制机制。

---

① 周文，李吉良. 新质生产力与新型举国体制 [J]. 广东社会科学，2024（3）：5-14，284.

三、树立国家创新体系下的"大区域"观

中国式现代化要求缩小区域差距,实现创新驱动发展下的协调发展、共享发展,区域协调发展比以往更加重要,是新时期科技创新引领中国式现代化的关键。当前我国进入全面建设社会主义现代化国家新阶段,2030年跻身创新型国家前列,2035年建成世界科技强国并初步实现现代化,21世纪中叶建成社会主义现代化强国。从复杂的国际形势看,世界经济与科技的发展态势深度影响着国家创新体系的建设。我国面临着国家创新体系深度融入全球创新网络、系统性提升我国在全球创新链、全球价值链、全球供应链位势的新挑战。我国加入世界贸易组织(WTO)已经20余年,一些典型地区作为全球生产网络、知识网络、创新网络的节点,形成了"多点嵌入"之势。当前国家创新体系所面临的问题已不再是节点问题,而是系统性升级、全局性谋划的问题。数据显示,我国东部10个省(市)拥有部属高等院校76所,2020年R&D经费达1.6亿元,硕士以上毕业生53万人,分别占全国的64%、65%和49%;东部地区人均GDP分别是中部、西部和东北地区的2倍、2.2倍和2.4倍。考虑到我国建设中国式现代化国家发展目标的阶段性要求,以国家创新体系视角研究区域科技创新,需要从全国一盘棋的大局出发,从跨省级行政区的"大区域"观来认识理解推进中国式现代化和共同富裕的迫切要求。

应该看到,资源有限性的约束进一步加剧优质资源在区域间的竞争,增加跨行政区协调的难度,更加凸显区域统筹、部门统筹的现实紧迫性。中央制定颁布与国家重大战略区域相关的规划,涉及跨省级行政区的区域创新,强调具有生态保护功能的流域型和具有引领带动功能的城市群(圈)型。在区域科技创新协同上,战略区域强调增强系统创新能力、调整关键核心技术的战略布局,提出建设区域创新共同体的要求[①]。同时,强调深化科技体制机制改革和扩大开放,强调科技协同创新促进产业转型升

---

① 李春成. 国家战略区域协同创新政策演变与展望[J]. 科技中国,2022(12):21-24.

级、支撑城市群建设、生态环境建设，强调数字基础设施建设，强调创新要素的空间优化布局，以及统一大市场下的创新要素流动。因此，本书对于区域科技协同创新的研究，不仅关注区域内部跨省级行政区的科技协同创新，还进一步延伸到非毗邻区域间的协同创新实践中。

第3节　研究思路与研究内容

本书从理论基础到具体实践、从国外经验到国内现实进行深度分析，研究不同类型、不同模式的区域科技协同创新经验做法，进而呈现出我国区域科技协同创新的全貌和政策体系，为未来我国区域科技协同创新提供重大战略分析与政策参考。

一、划分两种类型构成区域科技协同创新的整体思路

全书整体的研究思路遵循区域科技协同创新的已有相关理论，回溯中国区域科技创新的发展演进历史，研究国外科技创新在区域协同方面的经验做法，结合中国创新规律和具体实践，提出两种区域科技协同创新的类型。

第一种类型为毗邻行政区以城市群为特征的区域科技协同创新，表现为国家区域重大战略，如京津冀协同发展、长三角一体化发展、粤港澳大湾区建设，地理邻近的城市群推动的空间上的协同创新网络的形成。一个大城市群往往具有较高的城市化水平，至少有两个超过百万人口的大都市区作为发展极，或者至少拥有一个200万以上人口的大都市区；沿着一条或者多条交通走廊，连同周边有着密切社会、经济联系的城市和区域，相互连接形成的巨型城市化区域[①]。区域科技协同创新主要以城市群为研究对象，形成对国家重大区域战略的科技协同创新支持。具体实践上表现为京

---

① 宁越敏.中国都市区和大城市群的界定：兼论大城市群在区域经济发展中的作用[J].地理科学，2011，31（3）：257-263.

津冀、长三角、粤港澳大湾区不同的协同创新模式。京津冀科技协同创新呈现由简单网络转向复杂网络、创新节点增多、科技创新联系愈加紧密的协同创新网络特征[①]。长三角科技协同创新呈现政府驱动和市场驱动相结合、科技创新与产业创新融合度高、创新主体合作紧密的协同创新网络。粤港澳大湾区科技协同创新以市场驱动为主，逐渐突破制度差异的障碍，开创新协同创新网络。

第二种类型为以区域板块为基础、非毗邻省级行政区之间的协同创新实践，主要以国家区域协调发展战略为指引，在中央各部门和地方各部门相互协调、更大跨度的区域板块之间形成科技合作，形成东西部科技合作、南北方科技合作的协同创新模式，以及省市对口科技合作等多样化的方式。一方面，经过 20 多年的实践和发展，我国东西部科技合作积累了丰富经验，逐渐在实践中成为推动区域创新协调发展的重要组织形式，成为解决发展不平衡、不充分问题的关键举措。主要以中央各个部门协调领导，以我国区域板块之间的科技协同创新为研究对象。东西部科技合作积累了丰富的科技协同创新经验，呈现"体系化""机制化""组团式"发展形态。另一方面，随着区域协调发展战略的不断深化，为进一步缩小东西部差距和南北方差距，建立省市对口科技合作机制成为我国区域科技协同创新的重要做法。省市对口科技合作形成横向联动、纵向衔接、定期会商的工作机制，推动了省市间科技创新合作的可持续运行。同时，省市对口科技合作在促进东北全面振兴方面取得新突破、在西部大开发新格局中发挥了重要作用。

基于区域协同创新理论，结合中国具体实践，本书重点研究区域内科技协同创新、区域间科技协同创新两种类型。前者研究国家重大区域战略下，以京津冀、长三角、粤港澳为代表的不同模式区域科技协同创新经验；后者研究以区域协调发展战略为引领非毗邻省市之间的合作、省市对

---

① 黄彩虹. 城市群协同创新的网络结构演化及经济效应研究：以中国三大城市群为例[D]. 济南：山东师范大学，2021.

口科技合作等模式的区域科技协同创新实践。

二、聚焦紧迫问题开展区域科技协同创新的政策分析

从现实挑战看，我国区域科技协同创新在国家整体战略层面、政策体系层面、具体实践层面、重大区域层面仍面临诸多难题。从区域科技创新战略看，面对共同财政事权，中央、区域和地方之间的科技创新发展和战略规划仍需加强统筹衔接。区域科技创新政策有待聚焦重点方向，存在贪多求全、针对性不强、区分度不足等问题，出现优质科技资源过度竞争现象。受到 GDP 考核影响，各个地区更多专注本地区经济的规模增长和发展，难以顾及和考虑国家创新体系的整体效能，有待加强国家科技创新战略任务在区域层面的资源配置与协调统筹。从区域创新政策体系看，政策碎片化降低了政策本身的协同度，政策紧密度不足加大了政策整合协调的难度，政策精准度不足增加了区域创新政策落地操作的难度。从区域科技创新协同的具体实践看，人才、平台、科技成果转化、项目合作等方面在具体实践中存在政策协同障碍。从三大战略区域看，京津冀地区科技创新的系统性协同有待加强，由于区域内部差距较大，北京一枝独大，区域内资源共享、产业科技创新协同的难度较大。长三角地区的需求型协同创新体系尚未形成，存在项目、企业、人才之间的竞争。粤港澳大湾区由于在经济制度、法律体系和行政体系等方面存在差异，加大了科技资源充分共享、科研深度合作的难度，协同创新与开放创新仍处于起步阶段。因此，基于我国区域协调发展战略，需要进一步总结实践经验，更好地完善区域科技协同创新政策体系。

三、理论与实践相结合研究区域科技协同创新现实

从整体看，区域科技协同创新是理论和实践相结合的复杂系统，创新主体之间在法律法规约束下、在政策支持的框架下，经历从事务性合作向政策性对接、从局部性合作向整体性谋划、从阶段性合作向长期制度安排

转变的过程，通过扬长避短、优势互补、避免重复投入和资源浪费，提升区域科技创新能力和促进经济社会高质量发展。本书试图将国际趋势与国内现实相结合、理论与实践相结合，呈现区域科技协同创新的内在机制、实践经验，并为政策决策、学术研究提供相应参考。

　　具体来看，本书从理论维度总结现有区域科技协同创新的相关理论，从历史维度回顾我国区域科技协同创新的历史演进；从政策维度建立"四层三维"的区域科技协同创新政策框架体系；从国际维度分析欧盟、英国、德国等典型案例并总结国际经验做法。在实践层面，本书针对京津冀、长三角、粤港澳大湾区等区域重大战略，研究以区域毗邻的城市群为特征的区域科技协同创新；围绕我国东西部科技合作、南北方合作和区域间省市对口科技合作的实践，研究非毗邻省级行政区之间的科技创新协同实践经验。本书最后展望区域科技协同创新的新特征、新框架、新规律、新趋势，并提出新对策。

第二章

区域科技协同创新的理论研究

本章从理论指导、理论基础、理论借鉴和理论思考等视角为本书提供理论依据。在理论指导部分，主要总结分析习近平总书记关于区域科技协同创新的重要论述的核心要义，明确开展本研究的指导思想。在理论基础部分，重点回顾了关于区域科技协同创新的经典理论，以提升研究的科学性和学理性。在理论借鉴部分，归纳近年来国内外关于区域科技协同创新的重要文献，奠定理论基础。在理论思考部分，就滞后于丰富实践的中国区域创新理论，提出方向性的探索。

第1节　习近平总书记关于区域科技协同创新的重要论述

新时代以来，习近平总书记亲自谋划、亲自部署、亲自推动了京津冀协同发展、长江经济带发展、粤港澳大湾区建设、长三角一体化发展、黄河流域生态保护和高质量发展等具有全局意义的区域重大战略，并把推动区域科技协同创新作为战略实施的重要举措，大力推进区域协同创新共同体建设。习近平总书记着眼国家发展改革大局，经过长期理论思考和实践探索提出了一系列关于区域科技协同创新的新观点、新提法，形成了较为完整的理论体系，为推进区域科技协同创新提供了根本遵循。

一、明确了协同的总体目标：形成国家科技创新合力

发挥各地在创新发展中的积极性和主动性，推动跨行政区域科技创新合作，对形成国家科技创新合力具有重要意义。党的十八大以来，习近平总书记在地方考察、主持召开座谈会时，对科技创新支撑区域重大战略的实施都是从国家创新发展大局去定位、去谋划，对相关省市科技资源整合和科技创新合力形成寄予厚望，并多次做出重点部署。以长三角为例，习近平总书记强调其是"我国创新能力最强的区域之一"，要求长三角一体化发展树立"一体化"意识和一盘棋思想，"要跨区域、跨部门整合科技创新力量和优势资源，实现强强联合"。新时代以来，通过发挥中央和地方两个积极性，区域科技创新合作加快推进、多点发力，已取得实质性进展和历史性成就。深入学习贯彻习近平总书记重要讲话精神，必须深入领会党中央在实施区域重大战略中推进科技创新合作的战略考量，进一步形成国家科技创新合力，不断提升国家创新体系整体效能。

二、倡导了协同的创新形态：构建区域创新共同体

2008 年，美国大学科技园区协会等组织发布了《空间力量：建设美国创新共同体体系的国家战略》，提出了"创新共同体"这一协同创新的空间组织形态。此后，创新共同体的概念逐渐进入学术和政策话语体系。2014 年 11 月，习近平总书记指出，京津冀协同发展根本要靠创新驱动，要形成京津冀协同创新共同体，建立健全区域创新体系。协同创新共同体建设也正式写入中共中央和国务院印发的《京津冀协同发展规划纲要》。此后，由中央政治局审议通过的《长江三角洲区域一体化发展规划纲要》对"构建区域创新共同体"进行了专门部署，提出"构建长三角科技创新共同体"。贯彻习近平总书记重要指示精神，必须发挥各地区比较优势，打造区域科技创新共同体，从而增强创新发展动力，加快构建国家高质量发展的先行区和动力源。

三、谋划了协同的推进路径：布局科创中心带动区域协同创新

科创资源和科创活动向少数领先城市和地区集聚是全球区域科技创新的规律和趋势。以习近平同志为核心的党中央顺应科技创新的区域集聚规律，高度重视科创中心规划建设及其辐射带动作用的发挥。党的十八大以来，我国先后布局建设了北京、上海、粤港澳大湾区三大国际科技创新中心，成渝、武汉和西安 3 个区域科技创新中心及若干综合性国家科学中心。科技创新中心具有先行探路、示范引领、链接全球的独特优势，习近平总书记强调，建设若干具有强大带动力的创新型城市和区域创新中心。从实践来看，围绕重要战略区域规划布局科技创新中心，是推动区域重大战略实施的先手棋和突破口，对推进跨行政区域的政策衔接、资源共享、要素流动具有重要的现实意义。

四、强调了协同的实施要点：促进创新资源要素合理流动和高效配置

全球区域科技创新合作的经验表明，技术、资本、人才和数据等创新要素的合理流动和高效配置是实现区域科创一体化的关键。在涉及区域重大战略的地方调研和座谈会上，习近平总书记多次就创新要素自由流动做出专门部署。对于长江经济带发展，习近平总书记指出，推动劳动力、资本、技术等要素跨域自由流动和优化配置。对于粤港澳大湾区，习近平总书记指出，要在"一国两制"方针和基本法框架内，发挥粤港澳综合优势，创新体制机制，促进要素流通。紧扣习近平总书记重要指示，长三角G60科创走廊、广深港澳科创走廊加速发展，率先破解创新要素跨行政区域流动难题，制约资本、技术、人才、信息等创新要素自由流动的制度藩篱正逐步被破除，重大区域发展正进入协同创新的新时期。新征程上，落实习近平总书记重要指示批示精神，要从根本上消除不同地区间科技创新合作的政策壁垒，加快建立创新要素合理流动的政策环境，促进重大区域创新要素高效配置。

五、指明了协同的整体考虑：统筹科技创新和产业创新

当前，新一轮科技革命和产业变革正在重塑全球经济结构，加强科技创新和产业创新对接，成为开辟发展新领域、培育新优势的重要路径。为此，习近平总书记多次在重要场合、重要讲话中要求重点区域统筹推进科技创新和产业创新深度融合。对于长三角地区，习近平总书记强调，长三角区域要加强科技创新和产业创新跨域协同。大力推进科技创新，加强科技创新和产业创新深度融合；对于黄河流域，习近平总书记指出，要坚持创新驱动，提高产业链创新链协同水平；对于京津冀地区，习近平总书记要求，强化协同创新和产业协作，在实现高水平科技自立自强中发挥示范带动作用。在以习近平同志为核心的党中央谋划、部署和推动下，重点发展地区的科技创新和产业创新深度融合，为跨行政区域协同创新做出重要贡献。遵循习近平总书记重要指示，要更好地把握科技发展趋势，积极探索实践，促进科技创新与产业创新的有效对接、良性互动，使协同创新成为区域高质量发展的核心动力。

六、部署了协同的制度保障：建立区域合作的体制机制

开放包容的体制机制是激发跨行政区域创新活力、释放创新潜力的催化剂。加强跨行政区域科技创新合作，必须聚焦重点堵点，着力在体制机制创新方面下功夫，营造有利于区域协同创新的政策环境。在全面推动长江经济带发展座谈会上，习近平总书记强调，要建立促进产学研有效衔接、跨域通力合作的体制机制。在扎实推进长三角一体化发展座谈会上，习近平总书记强调，要以一体化的思路和举措打破行政壁垒、提高政策协同性。鉴于粤港澳三地在制度政策上的差异，由中央政治局审议通过的《粤港澳大湾区发展规划纲要》专门提及，要优化创新制度和政策环境。新形势下，落实习近平总书记重要指示批示，应在充分发挥市场机制作用的同时，加强法治建设、政策引导，营造开放式、国际化、融合性创新环境，为形成高效协作、协同创新的跨行政区域科技创新合作机制提供有力保障。

第 2 节　区域科技协同创新的相关经典理论

一、协同创新理论

协同创新是创新行为从封闭模式转向开放模式的必然结果，也是协同学思想在创新研究领域的应用和体现。协同创新是企业、政府、知识生产机构（大学、研究机构）、中介机构和用户等创新主体为了实现特定科技创新而开展的大跨度整合的创新组织模式[①]。区域协同创新是指在区域层面开展的协同创新。本研究讨论的区域协同创新主要是跨省级行政区协同创新，指的是不同区域内的创新主体的创新合作[②]。与一般的区域协同创新相比，区域科技协同创新反映了两个或多个区域创新主体之间的深度整合，是区域协同创新的高级形式。区域科技协同创新依然是不同区域的产学研主体协同创新并实现资源整合的合作过程。因此，本研究以协同创新理论为基础研究区域科技协同创新。

二、多维邻近理论

多维邻近性表示的是不同创新主体或区域在地理、技术、制度等方面的相似性，刻画了创新区域或主体间的特征差异程度，主要用于分析创新创造过程及非市场机制在各创新主体间的互动关系及协调作用[③]。邻近理论主要涉及地理邻近性、技术邻近性、组织邻近性和制度邻近性等内容。地理邻近性指组织间空间距离的远近程度，一般认为是驱动科技创新合作形成的首要因素。技术邻近性指主体或区域间涉及技术领域和水平的相似程度。组织邻近性指区域或创新主体间层级结构、运行方式及思想观念的相似程度，是区域间协同创新的关键驱动因素。制度邻近性指在宏观框架下

① 马永坤. 协同创新理论模式及区域经济协同机制的建构 [J]. 华东经济管理，2013，27（2）：52-55.

② 王志宝，孙铁山，李国平. 区域协同创新研究进展与展望 [J]. 软科学，2013，27（1）：1-4，9.

③ CAO X, ZENG G, YE L. The structure and proximity mechanism of formal innovation networks：evidence from Shanghai high-tech ITISAs [J]. Growth and change, 2019, 50（2）：569 - 586.

组织间国家或地区规章制度的相似性，展现的是组织间源于不同法令、规程及礼俗影响在技术体系、创新路径及行为规律等方面的一致程度，是影响科技创新区域协同的重要因素[①]。

三、创新网络理论

创新网络是由多类网络构成要素（企业、高校和科研院所、中介机构、政府等）组成的，强调构成要素间联系的，以产品或工艺创新并产业化为目标的现代信息技术为基础的知识共享且区别于集群或产业区的共同参与创新活动的一种集研发、生产、商业化的动态开放模式[②]。创新网络的概念最早由 C. Freeman 于 1991 年在其论文"Networks of Innovators"中提出，他认为创新网络是以企业间的创新合作关系为网络架构主要联结机制的系统性创新的一种基本制度安排[③]。随着信息经济时代和全球化的到来，通信交通技术的日益普及，创新网络作为现代创新的一种重要组织形式，在组织网络化、产业集群化、创新复杂化等诸多因素的共同影响下，得到了快速发展。从特征功能来看，创新网络具有复杂性、动态性、系统性、开放性、中心性、协同性等特点，通过这个网络可以实现各个主体间的资源共享、知识传递和技术扩散，实现知识、技术的增值和创新的产生[④]。

第3节　国内外区域科技协同创新的相关文献综述

近年来，国内外学者对区域科技协同创新开展了不少探索性研究，主要集中于科技创新区域协同的实践和影响因素、区域协同创新共同体建

① 周青，陈佩夫，毛崇峰，等．多维邻近性对国际技术标准生存时间的影响研究：基于ITU国际技术标准生存分析 [J/OL]．研究与发展管理：1-14[2024-05-30].https：//doi.org/10.13581/j.cnki.rdm.20220896.

② 王志宝，孙铁山，李国平．区域协同创新研究进展与展望 [J]．软科学，2013,27(1):1-4，9.

③ FREEMAN C．Networks of innovators：A synthesis of research issues[J].Research policy,1991,20(5):499-514.

④ 刘丹，闫长乐．协同创新网络结构与机理研究 [J]．管理世界，2013(12):1-4.

设、创新要素跨域流动、区域创新网络构建等方面。总体来看，目前区域科技协同创新研究已取得了较为丰富的成果，并逐步成为研究的热点领域，同时我国区域科技协同创新实践处于快速演变和发展时期。理论来源于实践，并高于实践，本部分通过梳理我国区域科技协同创新已有研究成果，基于丰富的区域实践和已有研究支撑理论研究，为区域科技协同创新研究提供较为全面的框架体系。

一、区域科技协同创新的驱动因素及影响因素研究

区域科技协同创新受到多维因素的驱动和影响，学者普遍认为政策制度、市场力量、资源要素等是区域科技协同创新的重要影响因素。区域之间开展科技创新活动的驱动因素主要为创新主体驱动、创新环境驱动（市场环境、文化环境、社会环境）和创新资源驱动等三大力量[1]。而科技成果跨域转化的核心动力则为市场驱动力、分工重塑力和制度作用力[2]。就特定具体区域如京津冀地区之间开展科技创新活动看，地区间创新政策的协同度是重要驱动力，同时区域科技创新政策协同演变也在一定程度上影响区域协同创新的效果[3][4]。关于区域科技协同创新的影响因素，学者们普遍认为区域间邻近关系是影响区域协同创新绩效的重要因素，主要包括空间交易成本邻近性、地理邻近性、技术邻近性、社会邻近性、制度邻近性等。空间交易成本邻近性为影响区域协同创新的充分必要条件，其余邻近维度均为充分不必要条件；而空间交易成本邻近性和地理邻近性影响的显著程度逐阶段降低，技术邻近性的影响较为显著且显著程度呈现出倒"U"形

---

[1] 宋之杰，王浩，石蕊. 跨区域创新资源协同的驱动机理及协同模式探析 [J]. 企业经济，2017，36（2）：167−173.

[2] 李志国，蔡华，马青原. 跨区域科技成果转化与产业转移新模式：基于扎根理论的探索性研究 [J]. 技术经济，2023，42（7）：65−76.

[3] 周楠，杨珍，赵晓旭，等. 京津冀区域科技创新政策协同演变：2011—2021 年 [J]. 中国科技论坛，2023（8）：27−38.

[4] 周楠，杨珍，赵晓旭. 京津冀科技创新政策协同对区域创新绩效的影响 [J]. 创新科技，2023，23（11）：38−50.

态势，社会邻近性和制度邻近性影响的显著程度逐阶段上升①。京津冀区域协同实践更好解释了不同邻近性因素对区域协同创新的影响，京津冀的技术邻近性不足在一定程度上制约了京津冀区域科技创新的成效②。整体看，地理、制度及组织邻近性均对城市间技术创新合作产生积极影响。另外，经济发展水平、产业结构高级化程度和对外开放水平越高的城市，与其他城市形成创新合作关系的概率越高；人力资本水平接近的城市更倾向于建立新的合作关系③。

二、区域科技协同创新的模式研究

区域科技协同创新模式主要从协同合作方和协同创新形式两个层面进行划分。从协同合作主体层面看，区域科技协同创新分为政府主导型模式和市场导向型模式，前者以京津冀为代表，后者以长三角和珠三角为代表。从特定具体案例如闽台合作视角看，以长三角和珠三角为代表的市场导向型协同创新模式分为产业价值链协同创新、产学研创新联盟、虚拟知识联盟3个大类④。而民族地区跨地科技合作主要包括府际科技合作、省（区）部科技会商、大院大所对口合作、产业技术创新联盟及涉外科技合作5种模式⑤。从区域协同创新形式看，跨行政区域协同创新主要包括以合同形式确定的协同创新、以项目合作为主的协同创新、以基地合作为主的协同创新和以基金合作为主的协同创新⑥。

① 苏屹，曹铮 . 京津冀区域协同创新网络演化及影响因素研究 [J]. 科研管理，2023，44（3）：43-55.
② 孙铁山，刘禹圻，吕爽 . 京津冀地区间技术邻近特征及对区域协同创新的影响 [J]. 天津社会科学，2023（1）：129-138.
③ 苏佳璐，李明星，马泽君，等 . 基于 TERGM 的跨区域技术协同创新网络演化动力研究 [J]. 系统管理学报，2023，32（6）：1255-1268.
④ 张旭华 . 区域间协同创新模式与路径研究：以闽台为例 [J]. 社科纵横，2017，32（12）：28-33.
⑤ 李红玲 . 民族地区跨区域科技合作的模式评析与反思 [J]. 中国科技论坛，2013（2）：108-114.
⑥ 叶一军，顾新，李晖，等 . 跨行政区域创新体系下创新主体间协同创新模式研究 [J]. 科技进步与对策，2014，31（16）：29-33.

三、区域协同创新涉及的内容：资源集聚、主体合作与机制建设

在资源集聚方面，创新资源集聚与科技创新跨域协同具有相互促进的良性互动机制，这一互动机制不仅通过二者之间的直接影响来传导，也通过空间溢出效应来实现[①]。在主体合作方面，就产业、大学和政府等不同类型创新主体的决策动机和交互作用来看，可以构建跨域多主体协同创新的阶段模型[②]。在机制建设方面，从典型政策地区如京津冀地区来看，可构建"一个目标，两轮驱动，三个主体，四方政府，五个协同"的京津冀协同创新机制[③]。

四、区域科技协同创新、创新网络与创新共同体

区域科技协同创新普遍与创新网络相联系，利用社会网络、复杂网络等理论方法来分析区域科技协同创新，突出协同的复杂性、整体性、系统性和动态性。基于这两种理论方法，延伸出以下两个方面：一方面，是构建区域间协同创新网络；另一方面，则是基于创新网络概念引申，构建区域协同创新共同体。在区域协同创新网络方面，京津冀区域各节点城市之间的联系愈发紧密，协同创新网络满足以北京市为核心的小世界特征，北京和天津分别占据京津冀区域协同创新网络中第一、第二核心位置，网络由核心节点为主转变为多节点协同发展的态势。粤港澳区域的协同创新程度也越来越紧密，其中广州、深圳、东莞等城市的核心地位进一步巩固，而韶关、揭阳、潮州始终在网络的边缘区域[④]。在区域协同创新共同体方面，京津冀协同创新模式经历了从单利共生向差异互利共生的演进过程，

---

① 傅利平，张恩泽，黄旭 . 创新资源集聚、区域协同创新与京津冀高质量发展 [J]. 科学学与科学技术管理，2024，45（2）：35–50.

② 崔新健，崔志新 . 多区域协同创新演化路径研究：构建3×3区域协同创新模式 [J]. 经济社会体制比较，2018（3）：53–62.

③ 赵成伟，张孟辉，李文雅，等 . 京津冀协同创新机制探讨：基于主体协同与区域协同视角 [J]. 中国科技论坛，2023（12）：116–124.

④ 程海龙，张永庆 . 网络视角下粤港澳区域协同创新演化研究 [J]. 技术与创新管理，2023，44（4）：398–406.

当前正处于从差异互利共生向均衡互利共生的演化阶段 ①。

五、区域科技协同创新绩效定量研究

从整体来看，区域间创新要素的动态流动，有利于知识的空间溢出，从而促进区域创新绩效的整体提升 ②。京津冀地区协同创新水平大幅跃升，系统协同度逐步增强，但津冀与北京落差较大，空间呈现"中心—外围"格局，北京发挥了核心引领作用 ③。

六、区域科技协同创新的空间形态

信息通信技术的发展和运输流通的革新拉近了区域之间的距离，科技创新也不再局限于单一区域和单一主体。地理邻近性对区域创新合作影响的显著程度总体上呈现逐年、逐阶段下降态势，区域创新的空间布局发生了深层次的变化。在此背景下，从空间形态研究区域科技协同创新主要围绕城市群或都市圈创新、科创走廊、创新飞地等展开。创新型都市圈具有"多尺度"、"跨政区"和"复杂网络"3个基本特征，而"创新要素和平台的内驱力"、"政府规划与政策的外驱力"和"服务配套的助推力"是其发展的三大驱动力，"都市圈互通式循环创新链"是创新型都市圈发展的核心载体 ④。创新型城市群的智能服务水平提升对区域创新绩效的广度和深度均具有正向影响，而智能服务又通过降低实体集聚要素流动的拥塞效应、增强虚拟集聚要素流动的溢出效应实现提升区域创新绩效 ⑤。就我国京津冀、长三角及珠三角三大城市群而言，目前三大城市群中大多数城市的孵化网络创新协同程度仍处于初级阶段，且在城市群内部呈现出显著的不

① 张贵，孙建华. 京津冀协同创新共同体的生成机理、评价及对策：基于生态视角的区域创新新解释 [J]. 城市问题，2024（2）：18-27.

② 白俊红，蒋伏心. 协同创新、空间关联与区域创新绩效 [J]. 经济研究，2015，50（7）：174-187.

③ 祝尔娟，何晶彦. 京津冀协同创新水平测度与提升路径研究 [J]. 河北学刊，2020，40（2）：137-144.

④ 王兴平. 创新型都市圈的基本特征与发展机制初探 [J]. 南京社会科学，2014（4）：9-16.

⑤ 陈岩，张李叶子，宋文彬. 智能服务赋能创新型城市群建设路径研究：实体与虚拟产业集聚视角 [J]. 科技进步与对策，2022，39（9）：33-41.

平衡态势[①]。科创走廊是创新要素集聚的组织形式，是推动区域科技协同创新的重要空间形态，建设的初衷在于促进区域协同创新。科创走廊可以有效地促进创新要素在特定空间集聚，构成要素流动空间，通过增加城市间创新合作联系来促进区域协同创新，能够有效破解"核心－边缘"结构困境[②]。从全国来看，我国的科创走廊布局倚重东部地区，而西部地区和东北地区缺乏创新动力。科创走廊政策制定主体较为单一，在制定政策时，往往从政府自身出发，以推动经济增长、科技创新为首要目标，而未能充分考虑市场局势，导致制定的政策难以落地，不能有效适应市场的复杂变化和多样化需求，在一定程度上影响了科创走廊政策的实施效果与落地成效，不利于充分发挥政策对科创走廊建设发展的推动与引导作用[③]。创新飞地是当前区域创新合作的一种重要形式，对促进城际创新要素流动、构建区域创新共同体具有重要意义。城际创新飞地联系主要受到城市间功能距离和多维邻近性两个层面的影响，城际创新飞地联系形成的内在动力是城市经济发展、科研投入、科研产出等方面差异导致的创新位势差，地理邻近、技术邻近和制度邻近则是推动城际创新飞地联系形成的外部力量[④]。就特定案例进行分析，如浙江第一块创新飞地——杭州衢州海创园，创新飞地可以有效促进"飞出地"与"飞入地"之间创新资源的优化配置，有利于区域协同发展[⑤]。就长三角地区来看，在科创飞地的实际运营过程中，"飞入地"与"飞出地"之间存在多维度的利益博弈。从长期来看，双方可以实现双赢；但短期内，则不可避免地会出现双方净收益不均衡的

① 刘彦平，钱明辉，王玉玺. 孵化网络创新协同对区域创新效率的溢出效应：基于我国三大城市群的实证研究 [J]. 中国软科学，2023（3）：32–41.

② 杨燕红，徐立青. 创新要素集聚与区域协同创新：基于长三角 G60 科创走廊的网络实证 [J]. 科技与经济，2023，36（2）：21–25.

③ 张博杰，曾婧婧，刘晓琨. 区域科创走廊的发展态势、协同模式与治理路径 [J]. 科技管理研究，2024，44（16）：102–109.

④ 李迎成，杨钰华，王琰，等. 中国城际创新飞地联系的演化特征与形成机制 [J]. 经济地理，2023，43（12）：58–68.

⑤ 潘家栋，包海波. 创新飞地的发展动向与前景展望 [J]. 浙江学刊，2021（3）：125–131.

状况 ①。

在全球科技革命浪潮和中国创新驱动发展战略的推动下，中国科技创新的空间形态和功能正发生深刻变化。从区域科技协同创新驱动影响因素、创新要素跨域流动配置到区域创新共同体建设、科技创新和产业创新深度融合等方面，已取得较大研究进展，产生较为丰富的研究成果，但仍存在未能从国家创新体系整体视角去讨论区域科技创新问题的不足。另外，大多数研究是基于西方经典区域发展理论来研究区域科技协同问题，而不是基于我国具体实践和具体国情探讨中国特色区域科技创新问题。

第4节　探索中国特色区域科技创新的思考

新中国成立 70 多年特别是改革开放以来，中国区域科技创新理论在研究和解决中国区域科技进步与协同创新的现实问题方面，取得了一系列重要的理论成果，但总体来说，中国区域科技创新理论还滞后于中国丰富而生动的区域科技创新实践，有待进一步形成严密的概念、范畴和理论体系，以进一步增强其对中国区域科技创新、协同创新的指导力和解释力。

一、总结实践经验，提出理论发展

习近平总书记在主持召开哲学社会科学工作座谈会时指出，"我国哲学社会科学应该以我们正在做的事情为中心，从我国改革发展的实践中挖掘新材料、发现新问题、提出新观点、构建新理论，加强对改革开放和社会主义现代化建设实践经验的系统总结……加强对党中央治国理政新理念新思想新战略的研究阐释，提炼出有学理性的新理论，概括出有规律性的新实践"。中国特色区域科技创新理论的实践基础主要指新中国成立后，

---

① 郝身永，赵锦玉 . 协同创新视域下科创飞地建设的逻辑、瓶颈与突破：基于长三角地区的分析 [J].
中国浦东干部学院学报，2024，18（4）：129-136.

中国区域科技创新的实践经过新中国成立后的初步探索，改革开放以来的大胆创新，21 世纪以来特别是党的十八大以来，我国区域科技创新取得的历史性成就，区域创新空间格局发生历史性变化，这为新时代深入实施区域重大战略、区域协调发展战略、主体功能区战略提供了重要物质条件，也为中国区域科技创新理论研究提供了坚实的实践基础。为此，迫切需要我们立足中国区域科技创新历史和实践进行探索，对以习近平同志为核心的党中央推动区域科技创新的改革实践进行全面总结和概括，对科技创新走廊、东西部科技协作等一系列区域科技创新实践进行概括，并在中国特色区域科技创新的理论研究中加以充分体现。

二、立足形势变化，推动理论建设

随着科技创新复杂性的增强、技术更新速度的加快及区域一体化的发展，当前的创新模式正逐步演变为以科技创新跨域协同为特征的区域创新合作模式。长期以来，由于行政区域划分、地方政府 GDP 锦标赛等方面的原因，我国不同区域之间缺乏科技协同创新，导致创新力量各成体系、创新资源重复投入、创新活动低效封闭等问题突出。在这一背景下，中央政府从国家层面提出了若干区域协同创新发展的政策。2016 年国务院印发的《"十三五"国家科技创新规划》将构建区域创新网络作为提升区域创新协同发展水平、增强创新能力的重要工作内容。中共中央、国务院印发的《国家创新驱动发展战略纲要》也明确提出通过区域资源整合，优化区域创新布局并带动国家整体创新能力的提升。新时代区域创新发展实践表明，区域科技协同创新有利于实现创新资源的协同整合，促进各地区之间优势互补、合作共赢，是促进区域协同发展的核心动力，是提升国家创新体系整体效能的重要举措。为此，我们要立足我国国情和区域发展实践，深入研究区域科技协同创新面临的新情况新问题，揭示新特点新规律，提炼和总结我国区域科技创新实践的规律性成果，把实践经验上升为系统化的理论总结。

三、面向理论创新，构建理论框架

近年来，中国区域科技创新在实践中取得了快速发展，但其理论创新严重滞后，远不能适应区域科技创新蓬勃发展的需要。目前，国内区域科技创新理论研究存在过于重视西方理论复制，轻视中国实践理论提炼和创新等现实问题。由于制度背景和国情不同，西方的区域理论并非完全适用于中国。中国区域科技创新实践的蓬勃展开，亟须具有中国特色的区域科技创新理论创新，需要加快构建符合自身国情的中国区域科技创新理论框架。中国的制度和国情特征是中国区域科技创新理论形成和发展的基础。中国特色区域科技创新理论是在马克思主义、毛泽东思想和中国特色社会主义理论指导下，通过借鉴、吸收国外区域创新理论，在立足于中国丰富而生动的区域科技实践基础上形成和发展的，是中国特色自主创新理论的重要组成部分。中国特色区域科技创新理论框架既是习近平新时代中国特色社会主义思想在区域科技创新研究方面的直接运用，也将为中国区域科技创新的发展实践提供科学指导。

第三章

我国区域科技协同创新机制、模式与历史演进

分析区域科技协同创新机制、模式与演化路径，对于把握我国区域协同创新发展规律具有重要意义。本章结合理论研究与实践研究视角，以历史维度总结分析我国区域科技协同创新形成机制、发展模式与历史演进，丰富对我国区域科技协同创新形成与演进的纵向历史认识。

第1节 区域科技协同创新机制及主要模式

分析厘清我国区域科技协同创新形成机制、主要模式，有助于呈现我国区域科技协同创新发展的特色路径。

一、区域科技协同创新机制

区域科技协同创新机制主要体现为自上而下的制度安排及自下而上的自组织机制。其中，自上而下的制度安排是国家基于战略需求部署的一系列推动区域间创新协作的政府行为。自下而上的自组织机制则是创新主体基于自身发展需求与其他区域内创新主体进行自发创新合作的市场行为。

无论是自上而下的制度安排还是自下而上的自组织机制，区域科技协同创新都是以邻近性作为先决条件的。邻近性是区域创新主体间发生交互、进行连接并获得知识溢出的前提。邻近性的核心是交互、协调，由于

各区域在地理区位、资源禀赋、发展水平、产业结构、制度环境等多方面存在差异，在区域层面，邻近性反映的是区域间在地理、技术、产业、制度等多维接近的程度。区域科技协同创新网络的形成与演化是多维邻近性之间相互作用及综合作用的结果。

在传统集聚经济中，区域间的地理邻近促进知识溢出，特别是非编码的隐性知识的传播，进而促进区域间科技的深度合作。隐性知识的溢出需要通过交互式或面对面的学习，因此，区域间地理邻近更有利于此类知识的溢出。然而，地理邻近不是知识溢出的充分必要条件，区域间的认知距离直接影响合作的达成与知识溢出的效果。不同区域间存在认知距离，认知距离太远不利于区域间的相互学习，认知距离太近则没有新的知识可以学习，区域间的认知距离只有在合适范围内才能进行有效的学习和知识溢出。因此，技术关联性强的区域之间才会产生合作并出现知识溢出。虽然信息、交通等技术的发展已大幅削弱了地理距离对人类活动的影响，但永久性地理邻近仍然是促进社会资源整合、贸易成本节约、产业集群与亚文化群形成等的重要前提[①]。

二、区域科技协同创新的主要模式

根据协同主体在功能、空间等方面的差异，区域科技协同创新可以分为央地协同模式与省际协同模式。

（一）央地协同模式

央地科技协同联动既是党中央对科技工作统一领导的要求，也是发挥地方优势支撑科技强国建设的要求。央地协同是指中央所属的政府、企业、科研院所等与地方所属的政府、企业、科研院所等主体之间，通过构建上下联动机制，共同推动央地在科技战略部署、政策制定、资源布局等方面的协同，以满足国家战略需求与促进区域科技创新发展。这种模式旨

---

① 兰文龙，段进，张翀，等．跨界一体、协同治理：长三角示范区跨区域规划标准化探索 [J]．城市规划学刊，2023（2）：19—25.

在发挥中央和地方两个主体的积极性，将中央在科技创新资源统筹方面的优势与地方在市场、产业等方面的优势相结合，以提高科技资源配置效率，促进区域创新发展与协调发展。

根据协同方式、主导力量等的不同，央地科技协同创新可以分为多种类型。从协同方式看，中央和地方可以采取多种合作方式，如技术转移、产业协作、项目合作等。其中，技术转移是指央企或科研机构将先进技术和设备转移到地方企业或产业中，提高地方企业技术水平和生产效率；产业协作是指央企和地方企业之间开展产业链上下游合作，形成优势互补的产业格局；项目合作是指央企或科研机构和地方政府或企业共同投资建设重大科技项目，实现资源共享和互利共赢。

根据主导力量的不同，央地科技协同创新模式大体可以分为以下3种：

①政府主导型。该模式以政府（中央和地方）为核心驱动力，通过顶层设计、资源调配和政策引导推动央地科技合作。这种模式强调政府在战略规划、资金投入、平台建设和跨区域协调中的作用，旨在集中力量突破关键技术、布局重大科技基础设施或培育战略性新兴产业。

②企业主导型。基于市场机制和企业的自主决策，央企和地方企业或地方政府之间开展合作，包括共建企业战略联盟、共同促进产业集群发展、共建研发中心等，其中共同促进产业集群发展较为常见，地方政府通过完善产业链上中小企业配套等方式吸引央企入驻。

③多元主体型。央地合作涉及多个主体，包括中央政府、地方政府、央企、地方企业等。各方在合作中都有一定的主导力量，通过协调和协商达成合作共识。这种合作模式通常涉及多个领域和方面，具有复杂性和综合性等特点。

（二）省际协同模式

在跨省域尺度层面，跨省区科技合作旨在打破行政边界障碍，促进创新要素资源的有效配置。跨省区科技合作拓展了区域合作的空间和领域，丰富了区域科技合作的内涵和形式。从行政边界维度看，省际科技合作可以分为省际交界地区合作与非邻近地区合作两种。

省际交界地区科技协同创新模式。区域一体化发展经验表明，政府通过省际交界地区之间的合作与分工，对区域发展进行合理的统筹规划，能够极大地降低生产成本，促进规模经济发展[①]。省际交界地区是区域一体化的重要载体，地区间通过建立沟通协调机制和渠道，制定统一的区域政策、规划布局、对接措施，充分发挥区位优势，实现区域范围内创新要素的优化配置。省际交界地区科技协同创新大致可分为3类：一是基于省际交界城市间的科技协同创新，如成渝地区双城经济圈；二是基于省际新城新区形成的科技协同创新，如横琴粤澳深度合作区；三是基于特定区域或特定主题的跨省科技协同创新，如浙沪联合推动的大小洋山深度合作开发项目。

非邻近地区科技协同创新模式。与毗邻地区科技协同创新模式不同，非邻近地区科技协同创新超越了地理空间限制，是创新极在更大地理空间范围内发挥辐射带动作用形成的科技协同模式。该模式的发展依赖于增长极理论，即科技创新和经济发展会集中在某些核心地区，这些地区的成长会通过多种机制如产业联系、技术扩散和人才流动等对周围或其他地区产生辐射效应，进而带动整个区域乃至整个国家的经济增长。当前，以北京、上海、粤港澳等为代表的国家科技创新中心，已成为辐射带动全国科技创新发展的动力源。

第2节　我国区域科技协同创新历史演进

改革开放以来，在政府推动和市场拉动下，特别是在国家战略牵引下，我国区域科技协同创新在形式、内容、载体、机制等方面不断发展，呈现出类型多样、层次丰富的区域科技协同创新格局。总体来说，经过40

---

① 刘敏，常非凡，毕小硕. 推动省际交界地区经济合作发展 [J]. 宏观经济管理，2022（9）：54-61.

多年的演进，我国区域科技协同创新机制正由政府主导向政府主导与市场主导相结合转变，协同创新内容从单一的经济技术协作向科技创新更深层次、更大范围的协作转变，协同创新载体由行政区向经济区再向科创走廊、创新飞地、创新共同体等新型创新空间形态演进。

一、区域科技协同创新起步期

在党的十一届三中全会召开之后，随着对内搞活经济、对外实行开放方针的贯彻执行，我国各经济区开始摒弃追求独立工业体系与国民经济体系的传统思维与战略，地区间开始打破封锁，在生产、流通、技术等领域开始寻求协作。为了推动地区之间物资调剂和加强技术、资金协作，中央相继出台了《国务院关于推动经济联合的暂行规定》（1980年）、《国务院关于进一步推动横向经济联合若干问题的规定》（1986年）、《国务院关于打破地区间市场封锁进一步搞活商品流通的通知》（1990年）等一系列政策（表3-1），要求各经济区发展经济技术合作，推动横向经济联合[1]。

表3-1　1978—1991年中国区域协同创新的主要政策

政策名称	相关内容
《1976—1985年发展国民经济十年规划纲要（草案）》（1978年）	强化西南、西北、中南、华东、华北和东北6个大区的经济体系，并把内陆地区建成强大的战略后方基地
《国务院关于推动经济联合的暂行规定》（1980年）	首次赋予企业可以在国家计划外自主选择合作伙伴组织生产，企业开始享有经营自主权。这意味着企业可以自己组织生产经营方面的联合、协作、配套
《中华人民共和国国民经济和社会发展第六个五年计划》（1981—1985年）	要有计划、有步骤地开展地区经济协作；地区协作的主要形式有物资协作、技术协作和经济联合；开展地区间经济协作，必须坚持"全国一盘棋"，加强计划管理，认真实行合同制，逐步建立全国的经济协作管理系统，搞好地区间经济技术协作的立法工作

---

[1] 与过去政府与企业之间上下级纵向关系不同，这种企业与企业之间的相互平等的经济联系被学界称为"横向经济联合"。

续表

政策名称	相关内容
《中共中央关于经济体制改革的决定》（1984年）	经济比较发达地区和比较不发达地区，沿海、内地和边疆，城市和农村，以及各行业各企业之间，都要打破封锁，打开门户，按照扬长避短、形式多样、互利互惠、共同发展的原则，大力促进横向经济联合，促进资金、设备、技术和人才的合理交流，发展各种经济技术合作，联合举办各种经济事业，促进经济结构和地区布局的合理化，加速我国现代化建设的进程
《国务院关于进一步推动横向经济联合若干问题的规定》（1986年）	对横向经济联合的原则和目标、维护企业横向经济联合的自主权、基建计划管理和统计方法、促进物资的横向流通、加强生产与科技的结合、发展资金的横向融通、调整征税办法和保障经济联合组织的合法权益等问题做出了具体、明确的规定，收到了较好的实践效果
《中华人民共和国国民经济和社会发展第七个五年计划》（1986年）	在第二十章"地区协作和经济区网络"中明确指出，要在国家计划指导下，促进资金、物资、技术和人才的经济技术合作，联合举办各种经济事业，促进经济结构和地区布局的合理化。这表明，我国从"七五"计划开始，强调区域合作的地方主体，提出地区协作实行中央和地方分级管理、以地方为主的原则，鼓励地方、部门之间联合兴办国家急需的建设工程，地方政府的主动性、参与性和积极性有了很大提高
《国务院关于打破地区间市场封锁进一步搞活商品流通的通知》（1990年）	要根据平等互利的原则，积极促进地区之间的经济、技术协作，加强横向联系，进一步搞活商品流通；在本通知发布后仍继续搞地区封锁的，要追究有关领导者的责任
《中华人民共和国国民经济和社会发展第八个五年计划》（1990年）	围绕横向经济联合与协作做出了全面详细的规划和要求。提出要正确处理发挥地区优势与全国统筹规划、沿海与内地、经济发达与较不发达地区之间的关系，促进地区经济朝着合理分区、各展其长、优势互补、协调发展的方向前进；防止追求大而全的地区经济体系，更不能搞地区市场分割；要在全国统一规划和政策指导下，提倡各地区之间按照互惠互利、风险共担、发挥优势的原则，开展多领域、多层次、多形式的横向联合与协作，推动生产要素的优化组合，加快地区产业结构的合理化进程；继续完善和发展区域经济合作，以省、区、市为基础，以跨省、区、市的横向联系为补充，发展各具特色、分工合理的经济协作区；提倡经济较发达的沿海省、市与内地较不发达的省、区开展经济联合；且对横向经济联合与协作的重点和协作形式做了要求，指出要进一步在计划管理、统计办法、投资指标、税利和产品分配等方面制定有利于促进地区协作和联合的规定与办法，加强经济预测和信息发布，并运用经济政策和法律手段，对地区协作和联合进行宏观指导与调控

该阶段，省际交界地区的各地区开始主动联合，以摆脱计划经济时期被边缘化的处境。例如，1981年成立的我国首个区域经济合作组织——

华北经济技术协作区[①]，1983 年成立的川黔边区经济协作区，1985 年成立的云贵川毗邻县经济技术协作会、川滇黔毗邻十二地州市经济技术协作会等，1986 年成立的闽粤赣边区经济协作区、鄂豫川陕毗邻地区经济协作区、陕甘宁蒙毗邻地区经济协调会等，1987 年成立的川滇青藏毗邻地区经济协作区、湘鄂毗邻四地市协作区等[②]。华北经济技术协作区作为京津冀协同发展的早期组织形态，取得了一定成效。到 1986 年底，在华北经济技术协作区内外，建立了中原、环渤海、晋冀蒙八地盟市、燕南、燕北等 5 个区域性经济联合组织，形成了金融、科技、物资、商业、信息等 7 个专业协作网；行业、企业联合体发展到 5100 多个，其中，科研生产联合体 1400 多个、企业群体 50 多个，物资协作金额 33 亿元，横向融通资金近百亿元，交流人才 15 000 多人次，初步形成了华北地区区域性联合协作多层次、网络状的格局。

与此同时，我国较大规模的对口支援和经济技术协作也在该阶段逐步开展。1979 年，全国边防工作会议召开并首次提出了对口支援政策，正式制定了东部发达省市对口支援民族八省区的方案。根据 8 个受援省区的不完全统计，1980—1982 年，确定开展的对口支援和经济技术协作项目有 1178 项，其中已经完成的有 381 项，正在进行的有 663 项。经过 3 年实践，东部发达省市对口支援民族八省区取得了较为显著的成效。1984 年，《中华人民共和国民族区域自治法》提出，上级国家机关应当组织和支持经济发达地区与民族自治地方开展经济、技术协作，帮助和促进民族自治地方提高经营管理水平和生产技术水平，这为对口支援的开展提供了坚实的法律保障。

---

① 1981 年，在呼和浩特市召开了华北地区经济技术协作会议，并成立了我国第一个区域经济合作组织——华北经济技术协作区（由京、津、冀、晋、蒙组成）。自此，我国区域经济合作的范围开始扩大，上海经济区、东北经济区、西南五省六方经济协作会、西北五省经济协作联会、中南五省二市经济技术协作联席会等也相继成立。

② 肖金成，马燕坤，洪晗 . 我国区域合作的实践与模式研究 [J]. 经济研究参考，2020（4）:15-31.

二、区域科技协同创新发展期

以 1992 年邓小平同志南方谈话为标志，中国进入了体制变革和制度创新的新阶段。在这一背景下，各地寻求区域科技合作的内在动力不断增强。在政府和市场双重推动下，区域科技协同创新进入发展期，缩小区域差距、促进区域经济一体化成为该阶段区域科技协同创新的核心目标。

从空间范围看，国家提出要全面推进跨地区经济技术合作，重点组织东部与西部开展跨地区的经济技术合作。党的十四大报告提出"各地区都要从国家整体利益出发，树立全局观念，不应追求自成体系，避免不合理的重复引进。积极促进合理交换和协作，形成地区之间互惠互利的经济循环新格局"。《中华人民共和国国民经济和社会发展"九五"计划和2010 年远景目标纲要》指出，要将"坚持区域经济协调发展，逐步缩小地区发展差距"作为国民经济和社会发展的重要指导方针之一，提出要按照市场经济规律和经济内在联系及地理自然特点，突破行政区划界限，在已有经济布局的基础上，以中心城市和交通要道为依托，逐步形成 7 个跨省区市的经济区域①，进一步发挥各地区的优势，发展各具特色的优势产业。

从内容看，区域科技协同创新从技术单要素协同向技术、人才等多要素协同演变。1999 年《关于进一步推进经济技术协作工作的若干意见》提倡，采取联合办学、定向培养、委托代培等方式，鼓励东部地区帮助中西部地区培养人才。与此同时，随着科教兴国战略的实施，区域科技合作作为政策工具逐渐被纳入区域规划中。2006 年《国家中长期科学和技术发展规划纲要（2006—2020 年）》正式发布，随着与其配套政策的共同实施，区域创新体系建设等政策措施被纳入区域科技协同创新发展规划的重要内容，体系化布局思路开始发展并得到强化。

①7 个跨省区市的经济区域分别是长江三角洲及沿江地区、环渤海地区、东南沿海地区、西南和华南部分省区、东北地区、中部五省区和西北地区。

　　从载体看，园区合作共建成为该阶段区域科技协同创新的重要方式。自 20 世纪 90 年代以来，一些发展较快的国家高新区为进一步推进产业规模扩张，在现有范围内优化产业空间布局，相继开展了"一区多园"发展模式探索①。2006 年，江苏省政府明确把开发区作为推进苏南产业转移和南北挂钩合作的主要载体，融合苏南金融、技术、人才集聚和苏北土地、劳动力资源比较优势，积极引导苏南企业更多关注苏北、投资苏北，形成了"研发＋制造"、产业整体转移集聚、产业链双向延伸、"总部＋功能性机构"等产业合作方式。

　　从机制看，该阶段仍是以中央政府推动的自上而下的区域经济合作为主，但是基于地方利益和效益最大化考虑的省级地方政府是接受并配合区域经济合作的真正"幕后推手"②。各地在 20 世纪 80 年代中期倡导的横向经济联合的基础上进一步将加强地区经济技术合作作为重要的地方发展战略，上海、天津、河北、安徽等省份还编制了经济协作专项规划。同时，各省份之间或省份内部在地方政府主导下相继成立了经济协作区和协作网络，推动人员、信息、原材料、能源、基础设施、企业等方面的合作。

三、区域科技协同创新深化期

　　党的十八大以来，国家提出实施区域重大战略、区域协调发展战略、主体功能区战略等，明确了统筹区域发展的重大任务，对区域协调发展进行了战略部署。在国家战略牵引下，我国区域科技协同创新发展迅速，以京津冀协同发展纳入国家战略布局为标志，区域科技协同创新进入全面布局推进、协同创新共同体建设的新时期③。区域科技协同创新空间布局更加精细化，创新链、产业链合作更加深化，市场化合作机制更加凸显，共同

---

① 例如，从 1994 年 4 月起，北京新技术产业开发试验区和中关村科技园区先后 3 次调整范围，经历了"一区三园""一区五园""一区七园"的发展格局，但政策区域范围始终保持 100 平方千米不变。

② 高新才 . 改革 30 年来中国区域经济合作的回顾与展望 [J]. 西北大学学报（哲学社会科学版），2008（5）：20—27.

③ 李春成 . 70 年来我国跨区域协同创新发展历程与展望 [J]. 科技中国，2019（10）：8—13.

推动区域科技协同创新全面发展。

从空间范围看，区域科技协同创新在东中西部更大空间范围内展开。该阶段，随着《京津冀协同发展规划纲要》（2015 年 4 月）、《长江经济带发展规划纲要》（2016 年 9 月）、《粤港澳大湾区发展规划纲要》（2019 年 2 月）、《长江三角洲区域一体化发展规划纲要》（2019 年 12 月）、《成渝地区双城经济圈建设规划纲要》（2021 年 10 月 20 日）、《黄河流域生态保护和高质量发展规划纲要》（2021 年 10 月 8 日）等一系列顶层文件的密集发布，我国区域科技协同创新在空间布局上更加完善。与此同时，党中央对东中西部科技创新合作也高度重视。2016 年 7 月，习近平总书记在宁夏考察时指出："欠发达地区可以通过东西部联动和对口支援等机制来增加科技创新力量，以创新的思维和坚定的信心探索创新驱动发展新路。"2024 年 4 月，习近平总书记在新时代推动西部大开发座谈会上强调，要"深化东中西部科技创新合作"。在国家战略牵引下，东中西部科技合作在资源共享、人才交流、平台联建、联合攻关、成果转化和产业化方面日趋成熟。

从载体看，科创走廊正在成为我国区域科技协同创新的重要载体。随着区域科技创新步入由单个园区竞争走向廊带群体竞争的新阶段，科创走廊已成为多个城市跨地合作的重要模式。G60 科创走廊作为我国科创走廊建设的典型代表，于 2016 年由上海松江区委和区政府倡导提出，是沿 G60 高速公路在嘉兴、杭州布局产业区，现已拓展为"一廊九城"共建的多个先进制造业产业联盟。该走廊构建起"研发在上海、生产在当地""孵化在上海、转化在当地""前台在上海、后台在当地"的"科创飞地"模式，实现成本共担、利益共享，已成为长三角地区高质量一体化发展的重要引擎。G60 科创走廊先行先试的一体化创新策略已成为国家"十四五"规划的重要组成部分，标志着科创走廊已成为中国推动高质量发展新格局的重要力量。

从内容看，推动点状的项目合作向基于创新链、产业链的体系化合作成为推动区域科技协同创新的重点。2022 年 3 月，科技部等九部门印发《"十四五"东西部科技合作实施方案》，其中将推动东西部地区创新链、产业链跨域双向紧密融合作为重要的政策目标。从产业链协作看，当前京津冀正在加快"六链五群"建设，三地联合绘制了氢能、生物医药等 6 条产业链图谱，一链一策推动重点产业链强链补链，协同培育集成电路、网络安全等先进制造业集群，共同谋划商业航天、低空经济、合成生物等未来产业。

从机制看，市场机制在区域科技协同创新中的作用不断凸显。该阶段，随着区域协调发展战略的深入推进，以市场化机制运行的各类"飞地园区"建设，为区域科技协同创新提供了有益的探索。深哈产业园等"飞地园区"通过园区结对发展、共建园区、建立"飞地园区"、设立分园区等形式，探索了以"整体外包""特许经营"等形式将东部地区战略投资者、专业化园区运营商引入欠发达地区的有效做法，推动区域科技协同创新不断发展。

第四章

区域科技协同创新政策框架研究

党的十八大以来，以习近平同志为核心的党中央高度重视区域协调发展工作，不断完善区域协调发展的体制机制，优化政策体系。各级政府的政策体系关注区域内省际科技创新合作、区域间政策协同联动，以提升区域科技协同创新发展水平。区域科技协同创新政策体系成为落实区域协调发展战略的重要抓手，推动区域科技协同创新实践的关键环节。

第 1 节　区域科技协同创新政策的理论基础

关于区域科技协同创新政策的相关理论较为丰富，在研究视角、框架体系、重点维度方面，国家创新体系、区域创新体系、新经济地理、政策协同等多个领域的理论对区域科技协同创新政策具有指导意义。本节重点梳理了相关理论对区域科技协同创新政策研究的启示，得出了区域科技协同创新政策的基本框架体系。

一、创新体系与区域科技协同创新政策

国家创新体系的概念提供了一个更加广阔的政策基础，为科技创新政策的问题分析和制定提供了参考和指引，是理解科技创新政

策的核心框架①，其特点不在于一系列不同的政策措施，而在于更广泛的一系列政策理由和政策目标②。区域创新体系作为国家创新体系的子系统，在科技政策分析的框架上，其面向的主体没有变化，是由区域内创新主体、创新基础设施、创新资源，以及本地特色的制度安排等要素构成的创新体系，服务于本地发展使命③。但不同区域在创新能力上的差异，反映了区域的制度环境、文化氛围和政府政策在支持或阻碍创新发展方面起到的关键作用④。

因此，国家创新体系及区域创新体系为区域科技协同创新政策研究提供了基础的研究视角。

从系统的视角看，区域科技协同创新政策需要充分考虑参与区域协同创新的政府组织、非政府组织、创新要素、创新主体等所有主体。因此，多元化主体共同行动和相互配合全过程对政策协同提出了更高要求，政策制定不仅应着眼于创新行为主体，也应该对创新各个环节乃至环境层面的要素进行系统性的探讨与规划。鉴于知识、技术、人才等各种创新要素在创新主体之间的转移与共享，可有效解决要素冗余和短缺并存的问题，达到整体利益大于各部分收益之和的效果，不同的创新主体正是基于此类旨在实现价值增值的创新要素的自由流动而联系在一起⑤。因此，政策协同要在更大的地理空间范围内，通过支持区域之间创新要素的自由流动达到提升整体创新绩效的目的。

从动态的视角看，区域科技协同创新政策需要充分考虑区域协同创新活动是时刻处于持续变化状态中的。随着政策的推进，各区域在国家创

---

① 贺德方，唐玉立，周华东. 科技创新政策体系构建及实践 [J]. 科学学研究，2019，37（1）:3-10.

② 索提，沃斯潘根. 创新系统 [M] // 霍尔，罗森博格. 创新经济手册. 上海：上海交通大学出版社，2017:457-478.

③ 巨文忠，张淑慧，赵成伟. 国家创新体系与区域创新体系的区别与联系[J]. 科技中国，2022(3):1-4.

④ 付大鹏. 创新系统研究综述 [J]. 现代营销（上旬刊），2024（11）:133-135.

⑤ 谢来风. 国际科技创新中心建设：粤港澳大湾区的模式与路径 [M]. 北京：社会科学文献出版社，2023.

新体系中的功能、作用和地位发生变化，区域间的博弈和协作更加复杂多样。因此，各类创新主体随着政策过程的时间推移在持续发生作用，它不是由简单因果对称关系决定的静态平衡，而是由多因素互动、多条件轨迹决定的动态均衡[①]。在区域协同创新过程中，政策体系处在高度复杂、动态变化的治理环境中，政策涵盖多个领域、指向多层主体，如果用单向度的静态分析方式来应对动态变化的一体化政策环境和多元化的政策需求，难免会陷入事后被动修正和持续更新乏力的困境[②]。因此，政策协同是动态的协同，是不断更新过程中的协同。在协同的过程中，政策的监督评估也是必不可少的。

从生态位的视角看，区域科技协同创新政策首先要求能够准确识别处于关键生态位的创新主体等。这些主体不仅能够促进不同网络之间的信息交流和共享，还可以协调和整合不同资源，促进资源的有效配置。其次能够准确衡量创新主体的生态位功能，并通过一系列的政策措施优化占据关键生态位节点的创新主体，提升其协调和整合资源的能力，促进创新资源的有效配置，帮助其他创新主体提升生态位宽度，推动整个区域创新体系的生态优化。社会组织在科技创新协同中占据了关键生态位。例如，长三角地区社会组织数量众多、门类齐全、覆盖面广。排名全国前十的省市中沪苏浙皖全部入选。从占比来看，全国各类社会组织共 89.44 万家，其中长三角地区占 1/4。江苏省共注册登记社会组织 7.7 万家，总数位居全国第一。这些活跃在长三角地区数量众多的社会组织，是区域一体化高质量发展的重要资源和有力推动主体，是科技创新的"智囊团"，也是经济发展的"助推器"[③]。

---

① MELCHER A J, MELCHER B H. Toward a systems theory of policy analysis：static versus dynamic analysis [J]. Academy of management review, 1998, 5 (2)：235-248.

② 张康之. 风险社会中的科学决策问题 [J]. 哈尔滨工业大学学报（社会科学版），2020, 22（4）:1-9.

③ 葛笑如，刘硕. 结构洞理论视角下社会组织党建的接点联结与双轨并行：以南京市 Q 区社会组织党委为例 [J]. 中国矿业大学学报（社会科学版），2022, 24（1）:55-68.

二、新经济地理理论与区域科技协同创新政策

新经济地理理论主要探讨了空间经济的集聚效应、市场规模、地理位置及区域间相互作用对经济活动的影响，重点关注地理空间上的不平衡与集聚现象。政策制定者应通过有效的政策协调和协同，整合不同领域和区域的资源，避免政策碎片化与孤立化。通过跨地域、跨行业的政策协同，可以充分发挥集聚效应和规模经济效应，推动区域间的共同发展。新经济地理理论为区域科技协同创新政策研究开阔了视野。

从集聚效应的视角看，要转变传统的区域协调发展观念。新经济地理理论强调经济活动具有集聚效应，即在特定区域内，企业、人才和技术等创新要素的集聚能够产生外部效益，从而提升该区域的创新力、生产力和竞争力。但不同地区之间的集聚效应可能导致资源的非均衡分配和发展的不平衡。在此条件下，区域科技协同创新政策设计的目的不是要消除地区差距，而是在尊重科技创新规律的前提下，根据地区发展情况的不同，构建有梯度的、差异化的政策体系。实现区域间错落有致、公平有效的竞争式发展[①]。

从规模经济的视角看，要树立开放共享的政策协同观。新经济地理理论指出，随着生产和市场规模的扩大，企业能够实现规模经济和范围经济，从而提升竞争力。而政府应通过政策整合促进规模经济，特别是科技信息资源共享、大科学基础设施政策，可以通过区域间的协同来形成更大的供需规模，提升技术创新和产业创新效率。例如，支持战略科技力量布局的政策不仅要关注单一城市或区域的发展，还需要制定区域合作政策，通过资金、技术、人才等要素的流动，实现创新平台资源的共建共营共享。

从边际效应的视角看，要制定促进协同合作的科技创新政策。新经济地理理论中的"边际效应"指出，随着资源和要素的集聚，边际效应可能

---

① 付金存，赵洪宝，李豫新. 新经济地理理论视域下地区差距的形成机制及政策启示[J]. 经济体制改革，2014（5）：43-47.

导致生产成本的递减、市场的扩大和创新能力的提升。因此，区域科技协同创新政策应通过一定的机制确保各地区能够共享区域科技创新的红利，同时兼顾地方特色。例如，在当前区域重大战略、区域协调发展战略实施的背景下，应逐步建立发达地区和欠发达地区间的科技对口帮扶机制。

从空间结构的视角看，科技协同创新政策应考虑不同层次的空间结构。国家层面和地方层面的科技创新政策应相互协同，不同地区的发展阶段不同，政策的设计应考虑区域的具体发展需求，避免因政策设计不匹配而导致创新资源浪费。例如，国家可以制定宏观科技政策框架、区域科技发展战略，地方政府则根据本地特色细化政策实施方案，从而实现政策的层次化与协同化发展。

三、政策协同理论与区域科技协同创新政策

"政策协同"概念最早由经济合作与发展组织（OECD）提出，是指不同政府及政府部门通过沟通对话使公共政策相互兼容、协调、支持以解决复杂性问题和实现共同目标的方式[1]。狭义的政策协同是指一种协同状态，是"政策实现最轻冗余、最少缺失、最低不一致的有序状态"[2]；而广义的政策协同则是指政策要素相互匹配的动态过程，它不仅包括协同状态，也包括"多层级的政策体系利用现有规则或创建新规则，以应对政策环境的动态过程"[3]。

通过考察国内外 STI 政策，可以将政策类型归纳为 3 个层级：第一层级是强制性的法律、法规和部门规章，第二层级是宏观部署的规划、纲

---

[1] MEIJERS E, STEAD D. Policy integration：what does it mean and how can it be achieved ? A multi-disciplinary review[C]//2004 Berlin Conference on the Human Dimensions of Global Environmental Change：Greening of Policies Interlinkages and Policy Integration.Berlin, 2004.

[2] PETERS B. Managing horizontal government [J].Public administration, 1998, 76 (2)：295-311.

[3] MULFORD C, ROGER D. Definitions and models [M]. Ames：Iowa State University Press, 1982：9-31.

要、计划等相关战略，第三层级是落实实施的措施、办法、意见等方案[①]。现有区域政策协同研究主要在 3 个领域展开。一是关注规划类政策的系统性。区域政策需要着重关注规划型政策在目标、指标和任务上的协同[②]。规划类政策能够在规划设计、实施监管、进展评估等层面推动政策协同[③]。二是关注执行类政策的衔接性。区域联动依赖于政策的有效衔接，需要高度关注政策执行中的主体、资源、平台、监管等流程衔接[④]。三是关注策略类政策的联动性。这类研究提出区域政策协同更多是一种政策实践，政策协同需要着重关注地方政府的政策探索，调动政策主体的积极性，激励地方政府探索和创新合作模式[⑤]。

因此，政策协同理论为区域科技协同创新政策研究提供了一个基本的研究框架。

区域科技协同创新政策是一个体系化的政策框架，并且应具有不同的功能层级，各层级主要包括的政策类型有立法型政策、规划型政策、策略型政策等。不同政策类型在政策协同中的功能和定位不同，各层级需要相互衔接（图 4-1）。

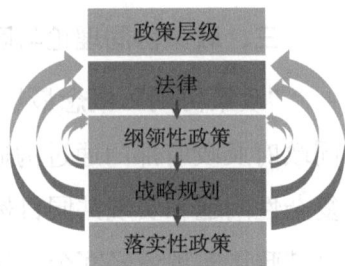

图 4-1 区域科技协同创新政策层级示意

2008 年 12 月，国务院批准实施《珠江三角洲地区改革发展规划纲要（2008—2020 年）》，明确把加快珠江三角洲地区的改革发展上升为国家战略，并赋予其"科学发展、先行先试"的重大使命。随后，2009 年 4 月，

---

① 贾晓峰，胡志民. 科技创新政策体系框架研究 [J]. 科技管理研究，2022，42（15）：43-48.

② 郭宏斌. 区域公共政策协同的生成与策略：长三角流动人口医疗和劳动政策比较 [J]. 甘肃社会科学，2020（2）：165-171.

③ 刘冬，杨悦，张文慧，等. 长三角区域一体化发展规划与政策制度研究 [J]. 环境保护，2020，48（20）：9-15.

④ 锁利铭. 跨省域城市群环境协作治理的行为与结构：基于"京津冀"与"长三角"的比较研究 [J]. 学海，2017（4）：60-67.

⑤ 赵晶，迟旭，孙泽君. "协调统一"还是"各自为政"：政策协同对企业自主创新的影响 [J]. 中国工业经济，2022（8）：175-192.

广东省委、省政府出台了《关于贯彻实施〈珠江三角洲地区改革发展规划纲要（2008—2020年）〉的决定》，全面贯彻实施《珠江三角洲地区改革发展规划纲要（2008—2020年）》提出的要求，督促全省各地、各部门保质保量完成确定的各项任务和目标。同年6月，经广东省政府同意，省科技厅印发《〈珠江三角洲地区改革发展规划纲要〉科技与自主创新专项实施方案（2009—2012年）》，全面提升珠江三角洲地区自主创新能力，推动珠江三角洲地区率先建成创新型区域，为加快产业转型升级和现代化产业体系建设提供了政策保障。

　　区域科技协同创新政策需要多维度的衔接配合。区域创新体系作为国家创新体系的子体系，区域间政策协同能够起到链接不同科技创新生态的作用。开放性、网络化不仅是区域创新体系的特色，更是区域科技协同创新政策需要达到的目标（图4-2）。

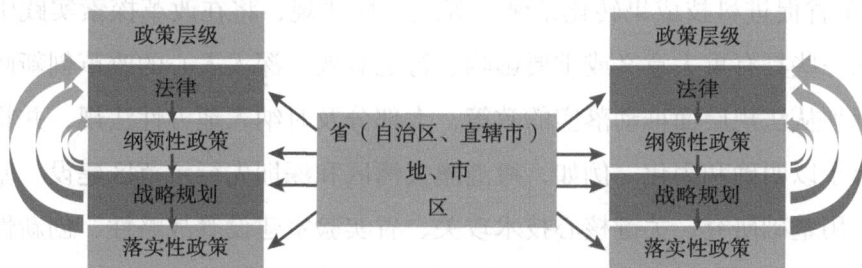

图4-2 区域科技协同创新政策示意

　　在政策横向协同方面，长三角区域九城市政府围绕G60科创走廊建设，在人才服务、产业链跨域协同、指标体系、优化营商环境、创新要素自由流动和高效配置等方面联合发布了一系列实施意见、框架协议、行动方案等，在地市层面形成了政策的横向协同。在纵向协同方面，2019年，广东省政府印发了《关于进一步促进科技创新的若干政策措施》（简称"科创12条"），为保障其贯彻落实，广东省科技厅牵头会同省教育厅、省公安厅等部门，制定配套政策和实施指引，梳理凝练其政策点，分为"单独制定出台配套政策、统一制定出台实施指引、结合工作贯彻落实、有条件的组织地市组织实施"等 4 种类型,分别推进落实。其中,为贯彻落实"科创 12 条",广州市政府出台了《关于进一步加快促进科技创新的政策措施》、佛山市政府出台了《佛山市全面建设国家创新型城市促进科技创新推动高质量发展若干政策措施》等地市政策。

区域科技协同创新政策也需要不断自组织演化。政策体系一般通过上位法的制定保障区域科技协同创新的重大事项得以明确和固化,并通过自上而下的政策落实,保障区域科技协同创新的具体事项能够细化落地。然后随着创新环境和创新主体需求的变化,以及市场的主导作用更加突出,自下而上的反馈机制弥补了自上而下单向进行的社会管理模式的不足。[①]通过自下而上的政策需求反馈,推动上位政策体系不断更新迭代,既保障了政策效力能够持续发挥,又提升了上位法律、政府规章的权威性和指导性。

以广东省为例,广东省及时制(修)订《广东省自主创新促进条例》《广东省促进科技成果转化条例》等地方性法规,将在改革探索实践中涌现的一些具有重大意义或重要影响、行之有效、深入人心的改革创新政策及亟须从法规层面推动落实的政策,大部分及时纳入地方性法规,并将其内容予以明确和固化。例如,粤港澳大湾区和深圳先行示范区建设、基础与应用基础研究、关键核心技术攻关、省实验室建设等战略性、创新性政策都在 2019 年修订的《广东省自主创新促进条例》中重点体现;科技成果转化收益分配制度、科技项目经费结构比例等改革重点难点问题,也大多在《广东省促进科技成果转化条例》中以法规形式有效引导破解。《广东省促进科技成果转化条例》成为《中华人民共和国促进科技成果转化法》修订实施后全国首个制定出台的关于科技成果转化的地方性法规,在全国产生较大影响力和示范效应。

还有比较典型的做法是通过更高功能层级的文件巩固下位文件的任务部署,在推动政策体系形成闭环的同时,保障政策体系的良性互动和循

---

① 黄栋. 国家治理现代化中的政策协同创新 [J]. 求索,2021(5):160-169.

环。以推动数据要素共享为例，《长江三角洲区域一体化发展规划纲要》明确提出，"加快长三角政务数据资源共享共用""强化公共数据交换共享"。浙江省根据这一要求，于2020年出台《浙江省公共数据条例》，对公共数据的范围、一体化公共数据平台的建设及公共数据的归集、共享、开放、利用等做出规定。《上海市数据条例》《安徽省大数据发展条例》《江苏省数字经济促进条例》也相继对公共数据共享做出了规定。

第2节　区域科技协同创新政策的框架体系

区域科技协同创新政策不仅要解决科技创新在省（自治区、直辖市）域内的协同，还要关注跨省级行政区域的协同，以体制机制改革创新的动力凝聚创新的合力。在区域间催生更协调、更高效的创新生态，以更好地应对科技革命和产业变革带来的挑战。本节在上一节的基础上，对区域科技协同创新政策的框架体系功能、内容进行详细说明，并用相关的政策文本作为例证，以便更好地阐释不同层级的政策。

一、区域科技协同创新的法规条例

（一）立法的功能

法律法规是由国家立法机关制定的，具有普遍约束力和强制力的规范性文件，为科技创新活动及跨域协同提供最基本的法律保障和行为准则。主要包括法律、行政法规、地方性法规、部门规章及地方政府规章等。区域科技协同创新是一个长周期的过程，只有法治才能具备长期治理的特征。[①]

2023年修正的《中华人民共和国立法法》（简称《立法法》）对省、自治区、直辖市和设区的市、自治州的人民代表大会及其常务委员会的协同立法做了规定，明确了协同立法的法律地位，为区域协同立法提供了制度

---

① 胡荣涛. 新时代背景下构建区域经济协调发展新机制论析 [J]. 改革与战略，2019，35（2）：23–36.

保障。2024年5月1日，上海、江苏、浙江同步制定的《促进长三角生态绿色一体化发展示范区高质量发展条例》（简称《条例》）正式施行，这是《立法法》修改明确区域协同立法制度后，国内第一个综合性跨省域创制性立法，是长三角一体化制度创新的重大成果。

区域科技协同创新因涉及创新主体多样，区域间科技创新资源要素禀赋不同，创新要素流动特点不同，科技创新发展特色及阶段不同，加强区域科技协同创新的立法就显得尤为必要，区域科技创新协同立法的功能主要有以下几个方面。

①规范行为。法律法规通过明确科技创新活动的行为规范和标准，有利于明确中央、地方等各方责任，为各创新主体提供了明确的行动指南，使区域科技协同创新沿着正确预期在合法、合规的轨道上进行。

②保障权益。法律法规通过保护创新主体的合法权益，如知识产权、商业秘密等，激励创新主体积极投入科技创新活动，促进科技成果的转化和应用。

③促进协同。法律法规通过制定区域科技协同创新的相关条款和规定，有助于提高区域法治的协调性，推动不同地区之间的科技创新资源共享和优势互补，合力应对和破解协同创新的共性问题，推动区域科技创新迈向更高水平。

④引导方向。法律法规通过明确区域科技协同创新的战略目标、重点领域和优先发展方向，引导创新主体围绕落实国家重大科技战略需求，推动区域科技创新要素的高效流动、自由组合，充分激发区域创新体系的自组织能力。

（二）立法的基本内容

1.区域科技协同创新方面的综合性法律

《中华人民共和国科学技术进步法》有专门篇章进行介绍，支持区域科技创新，并明确了相关具体措施。在跨地域创新合作方面，提出国家建立区域科技创新合作机制和协同互助机制，鼓励地方各级人民政府及其有关部门开展跨地域创新合作。因此，重大区域需要探索制定协同创新的综合性法律，如区域科技协同创新条例、区域协同自主创新条例等。

2. 区域科技协同创新方面的专门性法律

围绕科技协同创新的专门事项，制定区域科技成果转化促进法、区域专利协同保护促进法等。以探索出台《区域科技成果转化促进法》为例，科技成果跨地域转化的方式、途径、权益分配等问题，有利于打破区域协同创新的壁垒，促进科技成果交流、转化和应用。

3. 区域科技协同创新方面的地方性法规

《横琴粤澳深度合作区发展促进条例》《深圳经济特区前海深港现代服务业合作区条例》《南沙深化面向世界的粤港澳全面合作条例》等都属于区域协调发展的地方性法规，其中包含大量与科技协同创新相关的内容。《广东省科技创新条例》为广东省内及与港澳区域的科技创新合作制定了具体的法律规范。一是明确了省级、地市级以上政府应当推动与香港特别行政区、澳门特别行政区的科技创新合作，促进科技创新领域规则衔接和机制对接。二是省政府和有关地级以上市政府应当支持横琴粤澳深度合作区、前海深港现代服务业合作区、广州南沙和河套深港科技创新合作区深圳园区等粤港澳重大合作平台建设，提升区域科技创新能力。三是广东省政府完善了面向港澳的财政科研资金跨境使用机制，鼓励港澳高等学校、科研机构承担广东省的科技计划项目，支持有条件的地级以上市政府将财政科研资金跨境拨付。四是省政府、科技、发展改革、教育等有关部门支持共建粤港澳联合实验室、重大科技基础设施，实施粤港、粤澳科技创新联合资助计划，支持粤港澳高等学校、科研机构联合培养研究生。五是省政府、人力资源社会保障、科技等有关部门支持粤港澳青年创新创业孵化载体建设，实施粤港澳青年交流合作项目，促进港澳青年来粤创新创业。

二、区域科技协同创新的纲领性文件

纲领性文件是对区域科技协同创新发展的总体目标、战略方向、基本原则等进行宏观规划和指导的政策文件，具有举足轻重的功能，包含了丰富的内容，具有战略性、前瞻性和指导性。

（一）纲领性文件的功能

①战略引领。纲领性政策为区域科技协同创新提供了总体的战略方向和目标，确定了长期发展目标和战略重点，明确了科技创新活动的主要领域和重点任务，引导各区域、各部门在科技创新方面的合作与协同。

②协调推动。纲领性政策可以促进不同区域、不同部门之间的科技创新协同与合作，通过政策引导、利益协调、信息共享等措施，推动科技创新活动的深入开展和区域经济的协同发展。

③资源整合。促进各地区的科技创新资源的整合和优化配置，避免重复建设和资源浪费，提高资源利用效率。

（二）纲领性文件的内容

区域科技协同创新的纲领性文件主要包括促进区域科技协同创新的决定、政策意见、政策措施、实施意见等。纲领性政策应明确区域科技协同创新的总体原则、基本目标、重点方向等，并制定支持区域科技协同创新的具体措施，包括加强基础研究联合攻关、共建科研基础设施、建立科技创新合作机制、推动国家实验室、全国重点实验室、省部级实验室、国家级工程中心、技术创新中心等科技资源开放共享、加强科技人才交流与合作等。这些措施有助于打破区域科技协同创新壁垒，实现科技创新资源的优化配置和高效利用。以安徽省政府发布的《关于深度融入长三角一体化发展国家战略推动高质量发展的指导意见》为例，文件将"主动靠上去、精准接上去、全力融进去"要求贯穿全文，"三个突出"是这份文件的主要考虑因素，提出的主要任务围绕区域协调、科技创新、产业发展、基础设施、对外开放、生态环境、公共服务、体制机制等8个领域，提出70

条具体举措，设置 14 个重大工程、行动专栏。广东省发布的《关于进一步促进科技创新的若干政策措施》，在推动粤港澳区域科技协同创新方面，明确了推进粤港澳大湾区国际科技创新中心建设、鼓励港澳高校和科研机构承担省科技计划项目、提高区域创新发展平衡性协调性等具体任务。

三、区域科技协同创新的战略（规划）

战略（规划）是对纲领性文件的进一步细化和落实，具有较强的专业性、针对性和明确的时间跨度，是协同创新的各区域在一定时间阶段内所要达到的主导全局的根本目标，以及为目标的实现所做的资源配置和行动步骤的设想。区域科技创新的协同不仅要加强本区域服务协同发展的规划研究，同时还要联合编制跨地域科技协同创新发展规划纲要和具体的发展创新路线图，明确科技协同创新发展的目标和政策措施及每个省（自治区、直辖市）域的具体任务。促进各区域科技创新规划、科技政策等相互衔接。

（一）战略（规划）的功能

①专业指导。为特定领域的区域科技协同创新提供专业的指导和规划，明确该领域的发展目标、重点任务、技术路线等，提高科技创新的效率和质量。

②项目支撑。为具体的区域科技协同创新项目提供规划和指导，确保项目的顺利实施并取得预期成果，从而推动相关产业的发展。

③资源聚焦。引导资金、人才、技术等创新资源向特定区域的特色领域或项目集中，提高资源的配置效率，促进该区域在特色领域的快速发展。

④明确进度。确定科技创新政策跨地域协同的具体实施路径、重点任务、工程和时间表等。

（二）战略（规划）的主要内容

①分析形势背景。对当前区域科技协同创新形势背景进行分析，包括国内外科技创新发展趋势、重大区域科技创新资源和能力现状、重大区域

科技协同创新的现状和趋势等。

②明确总体目标。区域科技协同创新的总体目标，一般在3～5年内实现，包括研发投入、专利数量、高端科技人才数量、独角兽等高成长性企业数量、产业集群规模数量等。

③安排重点任务和项目计划。根据总体目标，专项规划会明确各区域、各部门在科技创新政策区域协同中的重点任务。例如，《河套深港科技创新合作区深圳园区发展规划》对深圳园区的总体布局、协同香港推动国际科技创新、建设具有国际竞争力的产业中试转化基地、构建国际化的体制机制创新机制、打造汇聚全球智慧的科技合作平台等重点任务进行了部署。在科技创新体制机制方面，围绕科研人员通关、科研货物管理、科研资金跨境流动、科研数据跨境共享、知识产权保护、营造与香港趋同的税负环境、社保、与国际科研管理体制机制接轨、市场准入等进行了详细的政策探索。《长三角科技创新共同体建设发展规划》围绕科技创新能力建设、重大科技攻关、产业技术创新水平、共塑一体化科技创新制度框架、促进创新主体高效协同、联合提升创新创业服务支撑能力等重点任务进行了详细部署。

还有一些地区制定了关于推动本地区与周边地区科技创新协同发展的战略规划、行动方案等，明确了区域合作的重点领域、主要任务及保障措施。以《江苏省"十四五"科技创新规划》为例，提出深度融入长三角科技创新共同体，包括发挥G42沪宁沿线的科创优势、产业优势和开放优势，大力发展沿沪宁产业创新带，推进南京都市圈科技创新合作，强化长三角生态绿色一体化发展示范区的科技赋能，联合推进G60科创走廊建设，支持建设与生态环境保护相适宜的宁杭科技创新走廊，支持南通建设沿江科创带，提升区域协同创新能力等。广西壮族自治区人民政府发布了《广西全面对接粤港澳大湾区实施方案（2019—2021年）》，提出携手广东省出台支持珠江—西江经济带建设的相关政策。

四、区域科技协同创新的落实性政策

落实性政策主要围绕区域科技协同创新的重点事项展开，制定并实施具体的操作性政策，包括具体支持内容、支持方式、支持流程等，以确保政策目标能够在实际中得到有效执行和实现。

（一）落实性政策的功能

①政策目标的具体化：将宏观政策或战略规划中的抽象目标分解为可操作的具体措施或任务，确保区域科技协同创新的纲领性政策和专项规划得以有效实施。

②执行路径的明确：为区域科技协同创新政策落实提供明确的时间表、责任单位和资源配置等要素，为政策目标的实现提供清晰的行动指引。

③资源配置与支持：为落实协同创新政策目标提供资金、技术、人力等必要资源支持，消除政策执行中的障碍。例如，提供专项财政补贴或设立政策性金融支持项目。

（二）落实性政策的主要内容

①政策目标与任务分解。落实性政策会明确区域科技协同创新的具体目标和任务，并将其分解到各区域、各部门，形成明确的任务清单和责任分工。

②政策措施与实施方案。针对具体的目标和任务，落实性政策会制定一系列的政策措施和实施方案，包括资金支持、人才引进、技术研发、成果转化等方面的具体措施。例如，上海市临港新片区管委会发布了《上海市临港地区融入"长三角一体化"行动方案》。并设立了"长三角一体化"发展专项资金，重点支持产品研发、技术攻关、创业孵化、人才引进、基金设立等，鼓励区域项目合作，使工业互联网、云计算、人工智能等新一代信息技术与制造业深度融合。

③跨部门与跨地域协作机制。落实性政策会建立跨部门、跨地域的协作机制，明确各方在区域科技协同创新中的职责和角色，促进信息共享、

资源互补和协同作战，如跨地域科技合作项目的资金拨付管理办法、科技成果转化的绩效考核办法、科技创新人才的激励政策、跨地域科技创新合作的监督检查制度等。例如，一些地区对跨地域合作的科技项目给予资金配套支持，并规定了资金的使用范围和管理要求。山东省为深入贯彻落实黄河重大国家战略，支持与沿黄省区有关高校、科研院所、企业开展合作，促进黄河流域协同科技创新，支持黄河流域协同科技创新（科技对口支援和东西部协作）项目。

④监督与评估体系。落实性政策会建立完善的监督与评估体系，对政策实施情况进行定期监测和评估，及时发现问题并采取措施进行整改和优化。

⑤激励与约束机制。为了激发各区域、各部门的积极性和创造性，落实性政策还会建立相应的激励和约束机制，对表现突出的单位和个人给予表彰和奖励，对未能完成任务的单位和个人进行问责和处罚。

综上所述，根据区域科技协同创新政策的约束力不同，可以将区域科技协同创新政策分为 4 个层级，如图 4-3 所示。

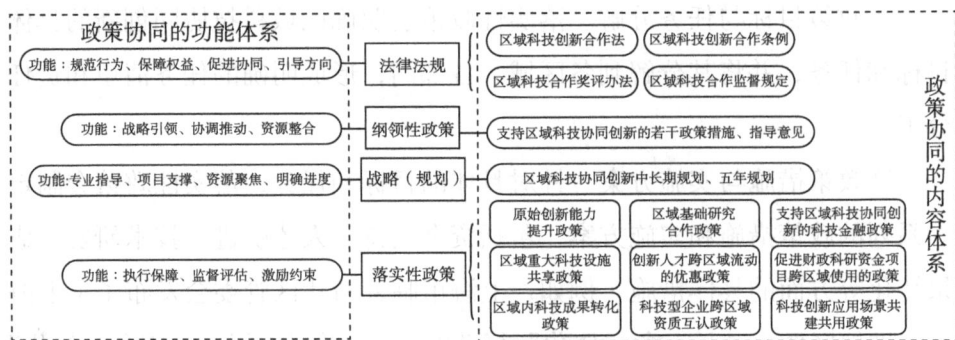

图 4-3　区域科技协同创新政策体系

第 3 节　区域科技协同创新政策的现状

区域科技协同创新是国家创新体系效能提升的经络，协同创新政策是疏通经络、激活经络的良药。本节根据上一节区域科技协同创新政策的框架体系，梳理我国中央、部委、重大区域层面的协同创新政策，总结其现状及特点，为新一轮区域科技协同创新政策体系的设计提供参考。

一、中央层面政策及特点

总体来看，中央层面支持区域科技协同创新的政策主要表现出以下几个特点。

在政策协同的层级上，全国人大围绕区域协同创新立法处于空白状态，以纲领性文件为主。目前，中央层面除《中华人民共和国科学技术进步法》第七十六条对区域科技创新进行了宏观指导（国家建立区域科技创新合作机制和协同互助机制，鼓励地方各级人民政府及其有关部门开展跨域创新合作，促进各类创新要素合理流动和高效集聚）外，目前针对长三角、粤港澳、京津冀等重大战略区域的协同创新立法还没有出台。中央出台的纲领性文件主要包括4个方向：一是在区域协调机制顶层设计方面，较为典型的是2018年国务院出台的《关于建立更加有效的区域协调发展新机制的意见》《"十三五"国家科技创新规划》。二是在重大区域层面，主要包括《长江三角洲区域一体化发展规划纲要》《粤港澳大湾区发展规划纲要》《京津冀协同发展规划纲要》，以及成渝、辽宁、东北、中部等地区的方案，以区域协调发展的整体布局为主，还包括一些协同创新的具体事项。三是在重点城市方面，围绕上海、北京等国际科创中心的建设，出台建设方案。四是针对重点事项支持区域科技创新协同，包括科技创新券、中央与地方财政事权和支出责任划分、统一大市场建设等。

在政策覆盖空间上，基本覆盖重大区域，协同网络逐步形成。围绕深入实施区域协调发展战略、区域重大战略，中央层面支持区域科技协同创新的政策文件的数量逐步增多。不断创新促进区域协调发展的体制机制，持续完善促进区域协调发展的政策举措。在支持协同创新的覆盖区域上，基本覆盖了长三角、粤港澳、京津冀等重大战略区域，以及中西部、东北地区等。在支持协同创新的范围上，除了支持长三角、粤港澳、京津冀等重大战略区域内部的科技协同创新外，还涉及支持区域之间的科技协同创新。例如，中部地区与长江三角洲、珠江三角洲，京津冀和海峡西岸经济区等东部沿海地区的合作，中部地区与东部地区的科技合作等。

在政策支持方向上，突出区域科技特色，协同方向逐步明晰。中央层面支持区域科技协同创新的政策，重点突出各区域科技创新特色和功能定位，在服务国家创新体系构建上，发挥导向和引导作用。以 2015 年中共中央办公厅、国务院办公厅出台的《深化科技体制改革实施方案》为例，文件提出遵循创新区域高度集聚的规律，在有条件的省（自治区、直辖市）系统推进全面创新改革试验。《中华人民共和国国民经济和社会发展第十四个五年规划和 2035 年远景目标纲要》提出，要以京津冀、长三角、粤港澳大湾区为重点，提升创新策源能力和全球资源配置能力，加快打造引领高质量发展的第一梯队，明确了三大区域是科技协同创新的主要阵地。《中共中央　国务院关于支持浦东新区高水平改革开放　打造社会主义现代化建设引领区的意见》《浦东新区综合改革试点实施方案（2023—2027 年）》充分体现了上海的国际化特征，除要加强与长三角的科技协同创新外，更肩负了面向全球进行开放创新合作的使命。

二、部委层面政策及特点

部委层面支持区域科技协同创新的方式主要有出台部门规章、纲领性文件、落实性政策。

出台纲领性文件，支持重点区域的协同创新。围绕重大区域战略、区域协调发展战略落实，与各省市充分配合，制定支持区域创新的纲领性文件，除长三角、粤港澳、京津冀等区域外，还包括《关于进一步支持西部科学城加快建设的意见》《关于加强科技创新促进新时代西部大开发形成新格局的实施意见》《海南开放创新合作机制》《关于推动宁夏与东部有关省（市）科技合作的通知》《关于加强长江经济带工业绿色发展的指导意见》等。

依托部委职能，制定部门规章，支持区域科技协同创新。科技部、国家发展改革委等部门支持区域科技协同创新的部门规章，主要从自身工作职能出发，围绕基础研究、科技创新基地、大学科技园、科创园区、产业园区等，依托重大区域谋划协同创新方向，以鼓励性、方向性意见为主。例如，《国务院关于全面加强基础科学研究的若干意见》中，支持北京、上海建设具有全球影响力的科技创新中心，推动粤港澳大湾区打造国际科技创新中心。《国家技术创新中心建设运行管理办法（暂行）》，对综合性国家技术创新中心在长三角、粤港澳大湾区、京津冀区域的布局做了部署。《关于加快场景创新以人工智能高水平应用促进经济高质量发展的指导意见》中，鼓励开展跨地域场景合作，鼓励京津冀、长三角、粤港澳大湾区等城市群探索建立人工智能场景创新共同体。

制定专项规划，支持重点区域的协同创新。《中华人民共和国国民经济和社会发展第十四个五年规划和 2035 年远景目标纲要》对我国区域协同创新的布局做了基本部署，支持北京、上海、粤港澳大湾区形成国际科技创新中心，建设北京怀柔、上海张江、大湾区、安徽合肥综合性国家科学中心，支持有条件的地方建设区域科技创新中心。强化国家自主创新示范区、高新技术产业开发区、经济技术开发区等的创新功能。还包括与长三角等区域联合发布《长三角科技创新共同体建设发展规划》《长三角一体化发展规划"十四五"实施方案》等。

制定落实性政策，推动区域科技协同创新重点事项落地。科技部、国家发展改革委、工业和信息化部、中国人民银行等部委通过实施落实性政策，在制约区域科技协同创新的关键环节打通政策堵点，推动创新要素在区域间高效流动共享。例如，2022 年，科技部发布《国家重点研发计划"大科学装置前沿研究"等重点专项 2022 年度项目申报指南的通知》，鼓励港澳高校作为参与单位联合内地单位共同申报。《财政部 国家税务总局关于广东横琴新区个人所得税优惠政策的通知》中规定，在横琴新区工作的香港、澳门居民缴纳个人所得税后，广东省政府按有关规定，分别按不超过内地与港、澳地区个人所得税税负差额，对在横琴新区工作的香港、澳门居民的补贴免征个人所得税。

三、重大区域层面政策及特点

近年来，区域一体化在"双循环"新发展格局中的作用越来越突出。为了推进区域一体化发展，京津冀区域、长江经济带、粤港澳大湾区、长三角区域等经济区不断出台覆盖经济、社会、文化、环境等领域的各类政策，形成集规划法规、制度机制、方案办法于一体的多层次多类型的政策体系。

（一）长三角：科技创新政策协同的样板区

以国务院发布的纲领性政策为引领，明确区域科技协同创新的功能定位。《长江三角洲区域一体化发展规划纲要》对协同创新用专门篇章做出部署，围绕"构建区域创新共同体"，提出加强上海张江、安徽合肥综合性国家科学中心建设，打造长三角科技创新共同体，研究制定覆盖长三角全域的全面创新改革试验方案、支持地方探索建立区域创新收益共享机制等重点任务，并持续有序推进 G60 科创走廊建设。

1.政策协同的推动力度方面

随着国务院规划纲要的出台，长三角地区地方政府及政府部门自发的横向协同政策明显增多，协同层级由中央（国务院）—省（直辖市）逐步扩展到中央（国务院）—省（直辖市）—地市—区。例如，上海、江苏、浙江三地人大常委会分别表决通过的《促进长三角生态绿色一体化发展示范区高质量发展条例》，是长三角协同立法的重要成果。科技部、国家发展改革委、财政部等国家部委与长三角"三省一市"紧密合作，围绕科创走廊建设、协同创新共同体建设等协同的重大事项联合发文，形成了纵向的有力协同机制。

2.政策协同的层级方面

充分发挥省级行政区域间的协同作用，出台政策文件。其中，上海、浙江、江苏等省级政府均出台了关于区域科技协同创新的政策文件。其中，上海充分发挥长三角区域的中心城市作用，在科技金融、科创走廊建设、协同创新共同体建设、长三角国家技术创新中心建设等科技创新重大事项上，充分发挥引领作用，牵头发布《上海市贯彻〈长江三角洲区域一体化发展规划纲要〉实施方案》《上海市人民政府办公厅关于本市推进长三角国家技术创新中心建设的实施意见》《上海大都市圈空间协同规划》《上海市加强集成创新持续优化营商环境行动方案》《质量强国建设纲要上海实施方案》等政策文件 5 个。

充分发挥地市级政府及职能部门在落实性政策上的协同作用。长三角科技创新政策协同凸显出由省级政府及其职能部门间的合作，逐步向下延伸至市级政府间也逐步建立政策协同关系。松江区等地市级协同出台《关于支持长三角 G60 科创走廊以头部企业为引领推动产业链跨地域协同合作的实施意见》《长三角 G60 科创走廊打造具有国际影响力的科创走廊和我国重要创新策源地指标体系》《长三角 G60 科创走廊贯彻落实中共中央、国务院贯彻落实〈质量强国中长期规划〉联合行动方案》《关于进一步支持长三角生态绿色一体化发展示范区高质量发展的若干政策措施》《长三角 G60 科创走廊九城市人才服务工作交流合作框架协议》《长三角 G60 科创走廊加强协同创新持续优化营商环境行动方案（2023—2025 年）》《长三角地区一体化发展三年行动计划（2024—2026 年）》《长三角 G60 科创走廊人才引领创新高地建设实施方案（2023—2025 年）》等政策文件共 10 个。并且在制造业协同、G60 科创走廊建设、优化协同创新营商环境等方面，9 个城市政府联合发文，形成了科技创新政策在市区层面的协同合力。

（二）粤港澳：科技创新协同体制机制改革的先行区

1.中央层面纲领性政策支持力度大，设立若干合作示范区

中央层面先后发布《粤港澳大湾区发展规划纲要》《中共中央　国务院关于支持深圳建设中国特色社会主义先行示范区的意见》《广州南沙深化面向世界的粤港澳全面合作总体方案》《河套深港科技创新合作区深圳

园区发展规划》《横琴粤澳深度合作区建设总体方案》《全面深化前海深港现代服务业合作区改革开放方案》《广州南沙深化面向世界的粤港澳全面合作总体方案》《前海深港现代服务业合作区总体发展规划》《横琴粤澳深度合作区总体发展规划》等 9 个纲领性政策文件以支持粤港澳区域协调发展，其中《粤港澳大湾区发展规划纲要》将建设具有全球影响力的国际科技创新中心确立为粤港澳大湾区的战略定位之一，以香港、澳门、广州、深圳四大中心城市作为区域发展的核心引擎，充分发挥粤港澳三地各自创新优势和产业体系完备条件，突出增强创新协同力和科技创新成果转化应用能力，形成以科技设施联通、科技要素畅通、创新链条融通为主要特征的高水平协同协调发展机制。同时，国务院通过纲领性文件支持发挥横琴、前海、南沙、河套等重大开放战略平台的极点作用，聚焦国际科研成果转化、技术转让、知识产权保护、创新孵化、科技咨询、科技金融等领域科技规则对接，积极、主动、全面融入全球创新网络，成为构建国内协同、国际合作相互促进的科技创新"双循环"体系的先行者。

2.部委层面通过落实性政策，推动有力度的改革举措落地

粤港澳大湾区具有"一国两制"独特优势，制度创新是其发展成功的关键因素，也是大湾区承载的使命。粤港澳大湾区两种制度、3 个关税区、3 种货币的现状要求其科技协同创新必须在制度和体制机制创新上有探索和突破。部委支持粤港澳协同创新的政策在三大区域中最多。聚焦科研载体管理、科研项目投入、知识产权保护、科技成果转化、创新人才发展和科技金融支撑等体制机制，率先形成与国际通行规则相对接的科研管理制度，为全国率先探索科技创新体制机制新路径、新模式。例如，国家发展改革委优先支持粤港澳区域的河套深港科技创新合作区、横琴粤澳深度合作区等建设港澳元素较为突出的科技创新平台、由政府投资的非经营性港澳青年创新创业平台、内地与港澳合作办学的高等院校等协同创新项目，并以直接投资安排方式支持地方政府投资项目。中国人民银行支持横琴粤澳深度合作区在跨境资金流动便利、投融资汇兑便利化、金融业对外开放

等方面先行先试。科技部支持港澳地区的高等院校和科研机构通过竞争择优方式承担中央财政科技计划项目，并获得项目经费资助。

3. 省市层面落实性政策主动性高，体系化持续性探索

广东省充分发挥在粤港澳协同创新体制机制探索中的领头羊作用，先后与港澳签署了《粤港合作框架协议》《粤澳合作框架协议》。为促进粤港合作，广东省和相关特别行政区自1998年起，每年一次轮流在广州和香港举办粤港合作联席会议。自2012年起，粤澳合作联席会议实行年度会议机制。科技创新合作在历次联席会议中领域不断拓宽，层次逐步深化，科技协同创新水平不断提升。广东省政府发布的《关于进一步促进科技创新的若干政策措施实施指引》中提出，建立省财政科研资金跨境使用机制，允许项目资金直接拨付至港澳两地牵头或参与单位。并将省科技计划项目向港澳开放，支持港澳高校、科研机构牵头或独立申报省科技计划项目。2024年，横琴粤澳深度合作区执委会发布《横琴粤澳深度合作区促进科技创新发展的若干措施》后，为配合其实施，合作区经济发展局配套出台了支持创新平台载体建设、大力培育引进创新型成长型企业梯队、产业核心和关键技术攻关、研发及成果转化、国际科技合作、构建优质的科技创新环境等6个规范性文件。

4. 发挥港澳对接国际科研规则的头雁作用

通过粤港澳区域科技创新政策的先行先试，率先开展对中国香港乃至国际高度开放的科研规则"压力测试"，紧紧围绕制度创新与科技创新的任务，营造高度开放的国际化科研制度环境，对接中国香港及国际先进科研规则，加快形成灵活高效、风险可控的跨境科技创新体制机制，为新时期深化科技体制改革、扩大开放发挥示范引领作用。

（三）京津冀：开启科技协同创新政策新篇章

京津冀区域科技协同创新随着京津冀协同发展的深入推进，重点任务在发生变化。中共中央政治局2015年审议通过的《京津冀协同发展规划纲要》指出，推动京津冀协同发展是一个重大国家战略，核心是有序疏解

北京非首都功能，要在京津冀交通一体化、生态环境保护、产业转型升级等重点领域率先取得突破。明确了京津冀整体定位是"以首都为核心的世界级城市群、区域整体协同发展改革引领区、全国创新驱动经济增长新引擎、生态修复环境改善示范区"。将北京市定位为全国的科技创新中心，强调其在区域协同创新中的引领作用。2016年发布的《中华人民共和国国民经济和社会发展第十三个五年规划纲要》指出，京津冀要优化产业布局，推进建设京津冀协同创新共同体。京津冀协同创新共同体的建设作为京津冀协同创新的首要任务，正式进入探索和推进阶段。2016年，国务院印发的《北京加强全国科技创新中心建设总体方案》提出，要"着力构建区域协同创新共同体，支撑引领京津冀协同发展等国家战略实施"。2023年，习近平总书记在深入推进京津冀协同发展座谈会上指出，京津冀要聚焦打造自主创新的重要源头和原始创新的重要策源地，为京津冀协同创新发展指明了方向。京津冀区域科技协同创新政策体系迎来新的探索和改革。

1. 协同创新立法取得突破，开启创新政策协同新局面

2019年至今，京津冀共有170余个重要立法项目互相征求意见，直接推动三地法律实施一体化进程，包括在大气、水域、物流、交通等领域加强立法协同。不断强化重大立法项目联合攻关，为筑牢京津冀司法行政协同发展提供法治保障。但是与区域科技协同创新相关的立法在京津冀、长三角、粤港澳大湾区都还比较少。2023年11月，北京、天津、河北三地人大常委会先后表决通过了《关于推进京津冀协同创新共同体建设的决定》。这是京津冀三地首次为推进协同创新共同体建设进行立法。

2. 纲领性政策较少，与国家部署缺少配合联动

中央层面对京津冀协同创新的总体功能定位及战略方向的部署较明确，但是在区域内自上而下的政策落实体系还不健全。国家部委层面，京津冀三省市与国家部委的协同度不高，在自下而上的重大协同事项谋划和

自上而下的突破性政策探索上，与长三角和粤港澳地区相比还较少。

3. 省市间围绕科技协同创新重大事项发布了一批协同创新政策，但整体协同度、密集度不够

京津冀区域的地级市政府及职能部门的协同政策与长三角、粤港澳相比还较少。北京发布的与京津冀科技协同创新相关的政策，主要是基于机器人产业、信息软件产业、医药健康产业、合成生物学产业等的发展需求制定的。同时，三地已经开展的协同政策还存在适用范围不一致的问题，如创新券政策，三地的申请主体的适用范围还不一致。京津冀区域的科创园区尤其是中关村在京津冀区域布局的园区，没有享受到中关村政策先行先试的红利。

第4节　区域科技协同创新政策的启示

实施创新驱动发展战略是一项系统工程，最为紧迫的是要进一步解放思想，加快科技体制改革步伐，破除一切束缚创新驱动发展的观念和体制机制障碍。区域科技协同创新要坚持科技创新和制度创新"双轮驱动"，以问题为导向，以需求为牵引，在实践载体、制度安排、政策保障、环境营造上下功夫，在创新主体、创新基础、创新资源、创新环境等方面持续用力。本节在上一节梳理我国区域科技协同创新政策现状的基础上，提出今后一个时期区域科技协同创新政策制定的几点建议。

一、加强区域科技协同创新的法律支撑和系统规划

我国协调区域科技创新的法律体系尚待建立和完善。[1] 目前，我国协调区域科技协同创新缺少法律法规基础，政府制定科技创新政策、行使调控职能缺少法律法规依据。政府协调区域科技创新发展的主要途径，如制定战略、方针、规划、政策、措施及行使区域经济调控职能等都缺少基本

---

① 胡荣涛. 新时代背景下构建区域经济协调发展新机制论析 [J]. 改革与战略，2019，35（2）：23-36.

的法理支撑，从而导致区域科技协调创新机制缺乏长效性，区域合作、互助、扶持等机制都较大程度地停留在政策的层面上。未来随着地方立法权的不断扩大，建议区域城市和地区间采取"小切口""小快灵"立法形式，通过聚焦具体问题，制定条款少、结构简单的法规，以提高立法的针对性和可操作性。这样不仅能够更加贴合地方科技创新发展的实际需求，还能更好地解决具体问题，提高法规的实施效果。一是聚焦具体问题。小而精的立法通常针对一个具体问题或领域进行立法，避免大而全的泛泛而谈，确保法规的针对性和实用性。二是条款少而精。与大而全的法规相比，小而精的立法条款少、结构简单，便于理解和执行，同时也方便管理部门执法。三是提高立法质量。通过精细化的立法，可以更好地解决实际问题，提高法规的实施效果。例如，深圳在特区立法中，制定了科技创新条例等，这些法规在全国具有领先和示范作用，展示了深圳先行先试的担当。

二、完善区域科技协同创新的组织机制

科技创新政策协同需要强有力的组织部门，在区域科技协同创新的机构设置上，设置专责区域科技协同创新的综合协调议事部门。目前，从中央部委层面来看，与区域科技协同创新有关的职能主要分散在科技部、工业和信息化部、国家发展改革委、财政部等部门。以行政导向为主的纵向协同，导致区域间向中央政府部门争取资源的竞争还比较激烈。横向协同上，由于地方政府存在微观自利性、区域竞争性，协同行动主观上存在合作的道德风险，导致政策协同呈现碎片化。[①]地区性政策博弈弱化了中央的区域协调效果。还需进一步谋划设立区域科技协同创新的体制机制和协调议事机构，以强化区域科技协同创新的统一性、高效性、权威性。2023年3月16日，《党和国家机构改革方案》公布，提出组建中央科技委员会，其主要职责为研究审议国家科技发展重大战略、重大规划、重大政策，统筹解决科技领域战略性、方向性、全局性重大问题。中央科技委员会强化

① 黄栋. 国家治理现代化中的政策协同创新 [J]. 求索，2021（5）：160-169.

了党对科技工作的集中统一领导，有利于加强科技领域发展战略统筹与政策协调，提升国家创新体系的整体效能。未来各区域科技协同创新的重大政策，需要进一步加强与中央科技委员会的对接和协同。

三、充分发挥中心城市在政策体系框架中的承上启下作用

要发挥区域内创新资源丰富、市场化程度高的中心城市的引领带动作用，自上而下探索科技创新政策协同的重大事项，加强与创新合作活动密集城市的协同。一方面制定推动区域科技协同创新的纲领性、战略（规划）性政策；另一方面中心城市还要在协同创新的关键卡点领域，发挥改革探索作用，提升与周边城市的政策协同配合程度。从长三角区域科技协同创新政策体系中可以看出，上海市发挥了重要的龙头牵引作用和体系化设计作用。而在粤港澳大湾区区域科技协同创新政策体系中，广东在推动大湾区规则制度统一化、国际化方面做了大量探索。

四、谋划打造协同创新政策的示范区

加强区域科技协同创新政策示范区的谋划，支持重点市区联合创新合作频繁的区域开展自下而上的政策协同探索，打造科技创新政策协同示范区。在科技创新政策协同的重点领域，围绕财政支持科技计划项目资金跨省（自治区、直辖市）流动，示范区内高端人才社保的延缴趸缴，基础与应用基础研究基金项目经费使用"负面清单+包干制"改革、创新券适用范围统一、高端人才评审资格互认等重点开展示范，并建立向区域范围内的推广机制，形成政策协同的带动效应。

五、加强区域科技协同创新政策的监督评估与迭代

在区域间政策制定实施过程中，国家层面政策和区域政策的结合不够紧密，围绕中央研究制定的政策，地方层面有一定的实施和落实，但还存在与区域发展脱节的现象，缺乏有效的监督与评估机制。围绕创新政策协

同的落实，建立一套体系化的监督跟踪机制，保证区域间及区域内的政策协同。同时加强政策的迭代与更新，及时将行之有效的落实性政策通过立法形式固化下来，并通过立法明确协同创新的重要规则及事项。

第五章
区域科技协同创新的国际经验

纵观世界各国科技创新发展历史，区域协同创新极大地推动了知识生产、技术扩散、知识转化及产业化，主要创新型国家和经济体在此方面积累了丰富经验。本章以欧洲国家为代表，选取欧洲研究区、英国科学城计划、德国集群战略等典型案例，分析其如何开展区域科技协同创新，促进经济社会快速发展，为我国加快区域科技创新体系建设提供参考。

第1节 欧洲研究区建立跨国协同创新治理体系

作为欧盟区域科技协同创新的重要实践，欧洲研究区（European research area，ERA）经过 20 年的不懈努力，不断完善协同创新机制，优化协同创新治理体系，形成欧盟、国家、地区多层级的协同推进科学研究的格局。

基于系统创新理论，2000 年欧盟提出建设 ERA，在共同愿景下保持欧洲科学研究的卓越性，协调欧盟、国家和地区政策，优化创新资源的配置，建设欧洲单一研发与创新市场，促进人才、资金和知识等在欧盟各国自由流动，吸引不同国家、不同部门的创新主体共同参与建设和治理，形成卓越网络，以提升欧盟整体的创新能力和水平，有效应对气候变化、粮

食和能源安全及公共健康等重大挑战。根据"欧洲 2020 战略"，欧盟建成
ERA 的周期为 14 年[①]。

一、ERA 建立广泛的合作伙伴关系

ERA 建设的最初 10 年，欧盟主要协调其成员国和地区之间的关系，
重点在于建立欧盟、国家和地区之间的伙伴关系。2012 年 7 月 17 日，欧
盟委员会发布了《加强欧洲研究区伙伴关系，促进科学卓越和经济增长》
政策文件，进一步明确了发展相关主体间伙伴关系的重要性。该文件主要
强调确保国家科研和创新资金在欧盟层面能够随着受资助者迁移而流动；
确保各国科研机构的空缺岗位通过统一网站发布，以及招聘程序的开放、
透明和公正；确保各国采取措施以促进建立欧洲统一专利制度。欧盟委员
会和欧洲研发与创新组织联合会、欧洲大学联合会、北欧科研合作组织、
科学欧洲等机构发表了《共建伙伴关系，建设欧洲研究区》联合声明，共
同促进科研信息的开放获取（open access），即确保欧盟及其成员国的由
公共资金资助产生的科研成果能够免费使用，促进科研成果的传播和应
用。自此之后，ERA 合作伙伴关系涵盖了欧盟及其成员国和地区层面的所
有相关行为主体，通过各主体之间加强研发和创新合作，更快更有效地实
现目标。

2021 年，欧盟成员国和欧洲委员会在《欧洲研究与创新公约》上达成
一致，就欧洲研究与创新的共同优先事项、价值观和原则达成共识。欧盟
强调各主体间的密切合作，并进一步扩大伙伴关系范围，不仅要加强与其
成员国之间的伙伴关系、加强与利益相关者之间的伙伴关系，还要在互惠
基础上加强与其他联系国和第三国利益相关者的联系。新一代欧洲伙伴关
系分为 3 个层次：一是根据与合作伙伴签订的谅解备忘录或合同共同编制
研发计划的伙伴关系；二是基于单个研发计划的共同出资行动而共同出资

---

① 欧盟加快推进"欧洲研究区"建设 [EB/OL]. [2012-08-13] [2024-12-12]. https://skjj.suining.
gov.cn/xinwen/show/006529d52e93438a895399990bc818de.html.

的伙伴关系；三是制度化的伙伴关系，如根据《欧盟运作条约》第185条或第187条、《欧洲创新与技术研究院知识与创新社区条例》建立的伙伴关系，这些是基于长远视角和高度集成的需要而建立的。伙伴关系的领域选择和现有伙伴关系［如已投入巨资的数项"联合技术计划"（JTI）］的存续问题将在战略规划过程中确定。伙伴关系的主题选择将力求与"全球性挑战与产业竞争力"支柱下的行动最大化保持互补和协同[①]。

二、建立垂直治理和水平治理的多层次治理架构

ERA采取"多层次治理"模式，ERA治理权限超越成员国，一个层级做出的决定会对其他层级产生影响，政策制定和执行受各级行为者的制约。

建立欧盟与各成员国及其地区之间的垂直治理模式。随着欧洲一体化进程的推进及大型跨国科研项目的发展，欧盟成员国及其各地区的政策、欧盟层面政策相互补充甚至相互竞争的局面逐渐形成：第一层级，欧盟制定欧盟层面的科技创新发展战略和政策并对其成员国及利益相关者提出行动建议；第二层级，欧盟成员国有制定本国科技创新政策的权力，但如果遵从欧盟的政策建议并与其他国家合作能带来与本国发展战略相符的利益，成员国就会支持并参与欧盟内部的科技合作和政策协调；第三层级，欧盟各成员国虽然行政等级的划分方式有所不同。但总体来说，地区政府拥有较大的权力，甚至享有立法权和财政自治权，可以自主进行跨国科技创新合作[②]。

建立各主体共同治理的水平治理模式。共同治理涉及不同国家之间的协调，不同创新部门、不同机构之间的协调，以及公私部门之间的协调。主要包括两个方面：一是欧盟各成员国及其地区存在的共同利益，如推动新兴技术领域研究与开发；二是涉及欧盟不同层级的多个主体之间的复杂

① 刘润生．欧盟第九期研发框架计划：演进与改革[J]．全球科技经济瞭望，2019(3)：1-8．

② 刘慧，范德波特．欧洲研究区跨区域协同创新治理举措及启示[J]．科技管理研究，2024（4）：159-166．

协调，调和冲突和不同利益、协调各成员国政策和创新行为、发展欧盟层面的政策面临很多要解决的问题。

三、建立创新主体之间的开放协调决策执行机制和共享机制

ERA 在政策制定和执行中建立了开放协调决策执行机制，重视各利益相关者意见，鼓励相关各方在信息充分交流的基础上积极参与政策的制定和执行。一是制定欧盟层面的发展战略，明确短期、中期、长期目标，以及目标实现的时间表。二是制定成员国执行情况的定性、定量指标，对成员国进行全面评价。三是欧盟成员国和地区制定符合自身发展需要的具体措施与目标，将欧盟指导方针转化成本国、本区域的政策。四是对于其成员国和地区进行定期评价，主要评价取得进展的情况，便于组织成员国之间相互学习。

通过协调欧盟各国政策，推动欧盟层面研究与创新政策的制定，建立了有利于创新要素自由流动和共享的机制。一是加强欧洲研究基础设施建设合作。欧洲研究基础设施战略论坛（ESFRI）推动欧盟成员国共建共享具有泛欧利益的研究基础设施。目前，泛欧科研基础设施建设已达 63 个项目，覆盖所有科学领域。欧盟还建立了多个联合项目平台，在主要科学领域成立了跨国跨部门的创新合作项目，推动了欧盟成员国之间的合作及公私机构之间的合作，得到了成员国的广泛参与。二是促进研究人员流动。2003 年 11 月，在欧洲理事会决议中提出加强研究人员流动的建议，2005 年欧洲委员会通过《欧洲研究人员宪章》和《研究人员招聘行为准则》，确立了全欧范围内通用的科研人员、雇主、资助方等多方的权利与义务，大力推广相关权益在全欧范围内的认证与实施，致力于推动各机构签署和认可这两项准则[①]，消除研究人员流动的地理障碍，确保研究人员跨地域、跨学科流动。欧洲科研人员网络平台（EURAXESS）由欧盟委员会

---

① 南方，杨云，邵昊华．欧盟"欧洲科研人员网络"平台对我国的启示 [J]．全球科技经济瞭望，2020,35（8）：36-40．

科研与创新总司下设的欧洲研究区政策司设立并管理，目前已经有 1242 个研究组织采纳相关规定，确保科研人员在整个欧洲获得无国界差别的服务和待遇。EURAXESS 在 40 个欧洲国家设有 500 多个服务中心，为科研人员及其家人免费提供帮助，协助他们迁移或暂居到外国，主要服务范围包括签证申请、社会保障、住宿、子女入学、语言课程及医疗保健等，解决了科研人员进行跨国流动的后顾之忧[①]。三是促进知识共享。ERA 推出"开放科学倡议"和欧洲开放科学云（EOSC），以开放共享知识推动科学进步。ERA 加强了欧盟成员国之间在研究与创新领域的合作，推动科技人才在欧盟范围内流动，促进知识的传播和共享。

四、建立政策咨询机构和监督机制

建立较为完善的政策咨询体系以确保 ERA 建设顺利进行。欧盟委员会、欧盟理事会、欧洲议会这三大欧盟机构均设有负责建设 ERA 相关事务的机构，针对 ERA 建设的各个重要领域设置相应的咨询机构，开展与 ERA 建设相关的各方面工作。

独立有效的科学咨询有利于制定高效的科学技术政策。2015 年，欧盟委员会建立科学咨询机制（scientific advice mechanism，SAM），为欧盟委员会的决策活动提供高质量、及时和独立的科学建议，决策前广泛收集咨询建议，利用研究机构的专业化知识对决策提出科学建议。2021 年成立的 ERA 转型论坛（ERA Forum for Transition），下设负责向科研与创新总司提供建议和专业知识的专家组，主要职责包括：为 ERA 治理框架提供建议，协调欧盟及其成员国以共同制定并推进 ERA 政策议程，协调欧盟委员会、欧盟成员国、利益相关者关于 ERA 行动方案的执行，建设 ERA 记分牌，监测并评价 ERA 政策议程的执行，帮助欧盟委员会准备向理事会提交的报告。

完善的组织机制确保 ERA 持续运行。ERA 和创新委员会（European Research Area and Innovation Committee，ERAC）下设于欧盟理事会，其负

---

① 刘慧.欧盟促进创新合作的三大举措[J].群众（决策资讯版），2020（4）：68-69.

责 ERA 相关事务的欧盟战略政策咨询，主要任务是向欧盟理事会、欧盟委员会和欧盟成员国提出关于 ERA 优先发展领域的建议，同时监督 ERA 的建设情况。ERAC 下设 6 个工作组，对应 ERA 六大优先发展领域，各小组之间是伙伴关系，工作各有侧重又相互合作。2021 年，欧盟理事会通过《欧洲研究与创新公约》，提出建立新的治理结构，强化 ERAC 作为高级别战略政策联合咨询委员会的作用，并给予其更多的任务授权，如就战略性研究与创新政策问题向欧盟理事会、欧盟委员会和欧盟成员国提供早期建议。授权 ERAC 提供以下咨询建议：一是就欧盟、国家及地区各层面的战略政策方向和未来趋势提出建议；二是为下一轮欧盟研发框架计划等提供政策建议；三是针对 ERA 政策更新提供早期战略建议；四是针对与高等教育、产业等其他政策领域的互动，提出治理和协调机制的相关建议[①]。

在监督机制方面，ERA 建立 ERA 记分牌机制，搭建 ERA 政策平台，提供对 ERA 政策议程实施监测和评估的信息，为欧盟委员会向欧盟理事会提交报告做准备。推动其他候选 ERA 行动，交流关于国家 ERA 政策和措施的最佳实践。2022 年中期创建新的 ERA 监控系统，包括记分牌、仪表板和在线政策平台。

五、聚焦重要优先领域，开展协同创新

2000 年欧盟提出 ERA 之初，并没有对 ERA 建设形成明确的定义和规划，经过持续优化，2012 年明确了 ERA 建设的五大优先发展领域，并在2015 年调整为六大优先发展领域。2021 年发布的《欧洲研究区政策议程》明确了 2022—2024 年四大优先发展事项，并部署了 20 个具体行动和具体措施。欧盟需重点关注的四大问题包括：一是深化构建可真正发挥作用的内部知识市场。促进开放科学，发展研究基础设施，推动性别平等、人人

---

① 王建芳. 欧盟提出加强欧洲研究区建设与管理的新措施 [EB/OL].(2022-03-14) [2024-12-10]. http://www.casisd.cn/zkcg/ydkb/kjzcyzxkb/2022/zczxkb202201/202203/t20220314_6390857. html.

机会均等，扩大包容性，推动研究人员、研究机构的成果质量评估并制定奖励制度，增强研究人员流动性，强调知识增值、科学领导和全球参与。二是共同应对绿色转型、数字转型的挑战，提高整个社会应对时代性变革的参与度。推动基于挑战的 ERA 行动，加强与教育和"欧洲技能议程"协同，加强与部门政策、产业政策协同，促进公民和社会积极参与研究及创新活动。三是增加参与机会和相互联系，提升欧盟在科研创新方面的竞争优势。在研究和创新表现欠佳的国家与地区加大投资和改革力度，加强欧盟、国家和地区资助计划之间的协同；研究和创新表现欠佳的国家的研究执行机构应加强协作和基于卓越的整合。四是推进科研创新投资和实践改革。通过研发公共投资调动欧盟、国家和地区资源，支持各国私人研究和创新投资，为欧盟研发投资占 GDP 3% 的目标做出贡献，鼓励成员国通过国家子目标来反映欧盟的优先事项[①]。

第 2 节　英国实施科学城计划，推动区域科技创新

英国科学城战略将科学、技术和知识作为区域发展的驱动力，推动科技创新引领区域创新发展。

一、英国分批实施科学城计划

英国科研活动密集地分布在东南部的伦敦、剑桥和牛津等地区，科研资金向上述区域集中。面临的问题是：一方面提升空间有限；另一方面不利于相对落后地区发展。在此背景下，21 世纪初英国推出科学城计划。首先，将英格兰北部打造成有全球影响力的经济发展和高质量生活区，提出在曼彻斯特、纽卡斯尔和约克建设"科学城"的构想。其次，将伯明翰、诺丁汉和布里斯托确定为科学城。英国科学城计划主要是在国家指导性框架下，由地方政府主导的地方主体进行推进，加强产业和科学基地之间的

---

① 王建芳. 欧盟提出加强欧洲研究区建设与管理的新措施 [EB/OL]. (2022-03-14) [2024-12-10]. http://www.casisd.cn/zkcg/ydkb/kjzcyzxkb/2022/zczxkb202201/202203/t20220314_6390857.html.

联系，利用科学活动塑造城市特征，实现城市区域再生，提高城市创新产出、经济增长率，使英国发展成为世界上较适合科学发展的地区。科学城计划将国家目标与区域发展问题相结合，立足于大学—产业—政府之间的有效互动，促进区域科技水平提升和经济发展。

二、科学城计划建立完备的运行机制

科学城计划包括成立管理联盟、进行地方发展基础评估、制定发展战略、协调利益相关者、吸引大规模投资、实施具体战略等。科学城管理联盟由所在城市的地方政府、研究密集型的大学、区域发展署、产业和商业代表组成。国会为地方发展提供了一个指导性的框架，将主动权交给地方。科学城战略计划为构建热衷于科学的社会氛围，吸引人才、企业和资本的流入，通过专人负责科学城内各种项目的运作，形成统一的对外窗口，加强国际联系，打造具有全球影响力的声誉。

三、科研创新与产业创新深度融合

英国科学城计划强调加快科研创新与产业创新的深度融合。曼彻斯特科学城在确定优先发展的产业时，首先评估现有科技实力在全球的竞争力，通过"雷达站"（一个国际网络小组）评估全球市场、政策未来的动态和趋势，以保证科研创新与社会发展相一致。约克城市规模较小但高技术产业正在兴起，主要发展生物科学和健康护理、信息和通信技术等高技术领域，通过举办国际科学与技术会议来塑造科学城形象。纽卡斯尔科学城位于老工业区，传统工业发展水平下降，主要发展老龄化和健康、能源和环境、分子工程、干细胞和再生医学等新兴领域；曼彻斯特科学城位于曼彻斯特大都市区，服务业发达且有较好的大学和科学基础，要发展生命科学、通信和广播、清洁、航空、核技术及相关产业。伯明翰是英国第二大城市，有较强的制造业基础，主要发展新材料、电子媒体和信息通信技术、能源、医药技术和健康护理、交通技术等高技术领域。伯明翰科学城

通过大型展示和旗舰项目来向外界展示其作为科技中心的形象，包括新的科技园区的建立和基础设施的提升等。诺丁汉城市规模较小，主要发展医药研究和技术及环境保护技术。诺丁汉科学城和伯明翰科学城通过一个内容翔实的投资网站与投资市场很好地联系起来。布里斯托邻近伦敦，其位于英国 M4 科创走廊的末端，是新兴的高技术城市，主要发展信息技术、生物制药及软件设计等产业。

四、地方主体发挥重要作用

英国科学城发展的管理权大部分归属于地方政府，由地方的利益相关主体进行共同决策。科学城的发展由所在城市地方政府、研究型大学、区域发展署及产业代表组成的科学城联盟进行决策。地方政府为科学城发展相关战略和政策的制定与执行主体，地方主体加强配合，在科学城内部构建地方政府牵头的合作网络以实现多元主体的互动和联系。六大科学城积极拓展公众对科学的意识、兴趣和参与感，鼓励年轻人在接受教育的所有阶段学习与科学相关的学科。科学城通过举办校园内外的科学节、博物馆主题活动周等项目来激发公民的参与热情。英国布里斯托每年 5 月举行切尔滕纳姆科学节和思想节，十月举行咖啡科学节及 STEM 周。

第 3 节　德国都市圈与集群战略推动区域协同创新

德国政府聚焦重点区域，促进科技创新与引领区域协调发展，联邦政府和地方各级政府合理实施多维度集群战略以引导区域产业发展。20世纪 90 年代中期，德国确立了 11 个"欧洲大都市圈"，涵盖了德国 37.5 万平方千米即约 50% 的领土，在此背景下，区域内诸多政府和创新主体之间建立了广泛的区域科技协同创新合作网络，[①]有力推动德国东部欠

---

① 德国中小城镇在国土开发中扮演的重要角色 [EB/OL]. [2024-10-10]. https://sino-german-dialogue.tongji.edu.cn/21/78/c7120a74104/page.htm.

发达地区经济发展。本节以萨克森集群为重点，分析德国中部都市圈区域科技协同创新的实践。

一、制定都市圈规划，明确发展方向

德国联邦政府于 1997 年规划了 7 个都市圈（后来发展为 11 个），为解决东德去工业化过程及计划经济的遗留问题，将人口不断流失、经济不断衰退的地区认定为收缩地区，并纳入统一规划，设立德国中部都市圈。德国中部都市圈跨越多个东德联邦州，包括原东德地区的萨克森州、萨克森－安哈尔特州和图林根州，其中德累斯顿为最大城市。规划德国中部都市圈的目的在于精准聚焦大都市圈，促进东西部区域统一发展、均衡发展。

都市圈规划的重点在于精准聚焦，重点发展主导性强、产业链长的高新技术产业。德累斯顿地区在转型初期就明确了重点发展的产业。20 世纪 90 年代，萨克森州政府明确提出，科技和经济政策的核心是促进企业技术创新能力提升，集中力量推动面向未来的新技术和新产业发展，发展机械、制药、半导体和电气制造等产业，在都市圈内部形成城市间生产性服务业和高新技术产业之间紧密的网络联系，与都市圈外的柏林、捷克首都布拉格形成产业合作。随着区域创新实践的不断推进，德累斯顿地区的微电子产业集群优势更加明显。都市圈规划重点瞄准主要城市的内城区更新改造，而不是扩张中心城市。

二、集群战略提升区域间产业协同创新能力

德国实行了联邦政府与州政府共同推进创新集群发展的方式，联邦政府与州政府、地方政府联合策动，保持政策协调一致。联邦政府负责"自上而下"的集群设计、初期的集群选拔和拨款。1999 年联邦政府启动区域创新计划，投入 2.56 亿欧元，依托一系列集群化政策提升区域竞争力。2007 年提出尖端集群竞赛项目，激励区域构建创新网络，形成示范效应，

每个竞赛获胜的集群 5 年内可获得 4000 万欧元联邦资助，占单个集群资金的 50%。州政府则结合地区特色明确集群定位，以需求为导向"自下而上"实施集群政策，具体规划区域集群结构，促进集群管理。2016 年推出卓越集群战略，约定联邦政府和州政府以 3∶1 的比例承担资助资金。德国政府的尖端集群竞赛项目和走向集群战略，加速了创新要素向技术尖端的地区集聚，促进了科教融合与产教融合。

萨克森硅谷集群进一步加速创新要素向德累斯顿集聚。2000 年萨克森硅谷集群组织在德累斯顿成立，其载体为萨克森州硅谷协会、萨克森州硅谷管理有限责任公司，定位是成为促进智力共享、网络化协作的非政府公司型实体机构。政府财政支持 80 万欧元，主要撬动社会资本以会员机制参与，形成市场化运作模式。萨克森硅谷集群组织连接集群内和集群之间的制造商、供应商、研究机构、大学和公共机构等各个主体，集群成员主要为集成电路、软件、光伏、系统等企业，成员单位从最初的 20 个扩展为 350 多个，在新加坡、德国的萨克森州及其他地区均有分布，其中 80% 为中小企业。作为一种集群化政策的制度性组织载体，萨克森硅谷集群有效推动了行业内智力分享、资源共享与协同创新，提高了官产学研合作的便捷性和高效性，成为德累斯顿本地互动与对外交流的合作枢纽。

德累斯顿以集群为基础，构建完整的微电子产业链体系。21 世纪初，萨克森州将微电子产业列为重点支持的战略性高技术产业，打造全链条的微电子产业体系。在集群战略推动下，德累斯顿从吸引全球顶尖芯片企业设立研发中心，到建立新生产基地，再到扩大投资新建工厂，集群效应持续提升。自 1999 年以来，全球芯片企业纷纷在德累斯顿投资。美国格罗方德公司的晶圆厂和 Fab1 新工厂、英飞凌公司全自动化量产功率半导体工厂、博世公司的智能物联网晶圆工厂，成为德累斯顿芯片产业发展的重要力量。截至 2019 年初，德累斯顿聚集了 2300 多家公司，雇用约 60 000 名员工，已经构建起从设计到制造、从材料供应到设备供应、从封装到测试、从软件开发到分销的完整芯片产业链，涵盖产业上游的关键器件和关键材料（传感器、电子材料）、中游的晶圆代工及封装等制造环节、下游的最终应用产品（功率半导体、微电子机械系统、车载芯片）。

三、制定扶持中小企业发展的创新政策

制定促进初创企业创新的政策。20 世纪 90 年代初，德国联邦政府推出的创新区域计划支持试点城市的大学与校外经济、科学和政府部门建立合作伙伴关系，提高创业质量，德累斯顿被选为 5 个试点城市之一，有效激发了当地的创业活力。在联邦层面，德国联邦教研部推出东部地区企业创新计划，政府直接投入 10 多亿马克吸引私人资本投入 30 亿马克，加强各层次研究开发基础设施建设，实施技术创新促进计划和技术转移计划，支持以技术为先导的企业创业。在州政府层面，近年来萨克森州设立萨克森创业奖、创新型创业奖金、面向初创企业和年轻企业的小额贷款（MKD）等项目，支持创新型创业企业和典范型初创企业。

建立支持中小企业创新的服务体系。20 世纪 90 年代，德国建立了定位为"富有吸引力的创业中心、智力型的服务机构"的技术中心。技术中心的建立实现了市场化运作与政策性支持的有机结合，企业技术创新所需资金的 30%～50% 由政府资助。德累斯顿技术中心于 1990 年成立，主要服务年轻的高技术企业，侧重于信息、通信、能源、环保、测控、微电子和微系统领域。政府搭台促进广泛的产学研合作，带动中小企业发展。德国联邦政府 2008 年推出新联邦州尖端科研与创新计划、2012 年高技术战略和 2020 创新伙伴计划，共资助数十亿欧元，支持德国东西部研发创新合作，这些计划帮助中小企业获得专利保护，免费获得与知识产权相关的咨询和培训服务。为满足中小企业技术创新的需求，2019 年德国联邦经济和能源部启动促进技术转移计划和中小企业创新核心计划，以中小企业为主要对象。

四、建立紧密的创新网络，构筑区域创新生态

大学发挥区域经济引擎作用。德国联邦政府通过实施研究与创新公约、2020 大学公约、卓越大学等计划，推动大学成为区域科研体系、人才储备供应的重要支撑。共有 4 所综合类大学坐落在德累斯顿地区，德累斯顿工业大学是其中之一，它是德国学科门类最齐全的理工大学，也是世界顶尖大学之一。1994 年，德累斯顿工业大学联合德国四大科研机构提出"德累斯顿概念"，致力于德累斯顿研究与教育协作，强调发挥大学引领地区发展的作用。大学的"高技术跑道"孵化器等平台，通过培养高技术研究人员，不断供给新技术，加快地区产品结构调整及产业结构优化升级。

紧密的科研联盟为地区转型提供坚实基础。以德累斯顿工业大学为首，德累斯顿地区的大学与周边 20 多家研究所、科研机构建立了紧密合作联系，形成环德累斯顿地区的科研联盟，包括面向基础研究的马普学会、面向工业应用技术研究的弗劳恩霍夫协会等。一个研究中心往往由多个研究所联合开展研究，如德累斯顿电子技术推动研究中心联合了 10 家研究机构开展合作，包括开姆尼茨工业大学的 2 家马普研究所、2 家弗劳恩霍夫研究所、2 家莱布尼茨研究所，以及德累斯顿罗森道夫亥姆霍兹研究中心（HZDR）等机构。科研联盟中的跨组织合作，主要采取研究院与大学共有教授席位、合作开展前沿领域研究、合作培养年轻科研人才等举措，形成辐射带动地区发展的溢出效应。

开放创新可有效促进地区层面、国家层面乃至跨国层面的紧密联系。2012 年萨克森硅谷集群与法国格勒诺布尔的 Minalogic、比利时鲁汶的 DSP Valley、荷兰埃因霍温的 High Tech NL 等 12 个欧洲集群合作，建立了跨国合作、研究驱动的"欧洲硅谷"集群。2015 年德国联邦政府推出尖端集群国际化项目，推动集群在欧盟范围内更紧密地联系与合作。

第4节　区域科技协同创新国际经验的主要启示

对于一个经济体或国家创新体系而言，开展区域科技协同有利于快速将科技成果转化为在区域空间可落地的生产力，培育形成和发展出新产业、新业态。"他山之石，可以攻玉"，通过总结国外区域科技协同创新各种模式，不难发现一些规律性做法，这些做法值得我们结合我国科技创新现实情况加以合理借鉴。

一、加强政府引导与支持，更好地发挥统筹全局的功能

政府特别是中央政府在推动区域科技合作方面扮演了重要角色。政府通过出台一系列战略、规划、计划和政策，为区域科技协同创新提供了制度保障和资金支持，鼓励企业、高校和科研机构之间的合作，促进不同地区之间的资源共享和优势互补。例如，ERA 由欧盟委员会牵头发布政策文件，英国科学城计划由国家指导性框架和地方政府主导推进，德国集群战略则是由联邦政府牵头形成横跨所有联邦部门的综合性战略。因此，我国应进一步发挥中央政府在区域科技协同创新中的统筹协调作用，综合考虑国家发展全局、区域整体性和区域实践特色等因素，制定更加明确和有力的政策措施，优化和完善区域科技创新体系，促进跨地方科技合作，实现资源的优化配置。

二、运用"大区域"观，扩展空间尺度、推动区域协同

在空间尺度上，打破原有的行政区划，推动更广泛的区域内、区域间科技协同创新是各个经济体在中观层面推动区域科技创新的主要做法。主要创新体采取 ERA、集群战略、都市圈战略、科创走廊建设等举措，为多元化创新主体提供纵横交错的信息共享平台，促进知识、技术、人才流动，将实验室和产业市场紧密联系，提高知识和技术的溢出效应，为开展多主体的跨地区科技合作提供了坚实的基础。我国应进一步借鉴国外经

验，围绕重大区域战略，从"大区域"观出发，谋划区域科技创新议题，促进区域创新集群和创新共同体建设，促进科技成果的转化和应用，加强区域间的科技合作与交流。

三、注重建立有效的区域科技合作机制

建立有效的协同合作机制可以确保区域协同创新持续开展。例如，ERA 在建设中签订《欧洲研究与创新公约》，明确优先共同事项，建立欧盟与成员国及其地区之间的垂直治理模式、主体之间水平共同治理模式。再如，根据英国科学城计划建立的科学城管理联盟推动工作有序进行；德国卓越集群战略约定联邦政府和州政府以 3 : 1 的比例承担资助资金，建立围绕德累斯顿的科研联盟。上述政产学研紧密合作的机制，有助于公共科研体系建设，促进高校、科研机构与企业共同开展研发活动，有助于将科研成果迅速转化为实际生产力，推动区域产业升级和经济发展。对于我国而言，应分析总结实践中的政策需求点，尽快破除阻碍区域科技协同合作的"藩篱"，建立具有高效性、可持续性的体制机制，提高区域内和区域间科技合作的现实效益。

四、建立更加广泛的国际交流合作网络

国外经验表明，拓展区域科技协同创新范围、提升国际影响力，有助于提升自身整体竞争力。例如，ERA 设立基础设施战略论坛、推出"开放科学倡议"和欧洲开放科学云以扩大科学技术传播范围。德累斯顿以集群为基础，建立影响欧洲乃至全球的微电子产业体系。英国的六大科学城通过举办国际科学与技术会议，拓展国际科技合作的广度和深度。当前，我国要以科技强国建设为目标，以北京、上海、粤港澳大湾区形成国际科技创新中心为契机，加快提升我国科技创新的国际影响力。一方面，我国要通过建立跨国研发中心等方式，扩大国际科技合作范围，吸收国际科学技

术新成果；另一方面，要借鉴国际先进经验和做法，丰富国际科技交流与合作的形式，传播我国科技创新方面的新进展，营造具有全球影响力的开放创新生态。

第六章

京津冀科技协同创新的实践

京津冀协同发展肩负国家重大使命，以首都为核心的京津冀区域成为引领全国发展的"重要一极"。本章聚焦京津冀协同创新，从历史回顾、特征分析、现状梳理、经验总结、问题定位、对策建议等 6 个方面展开，给出相关经验借鉴与发展思路，助力新时代背景下的区域科技协同创新。

第 1 节 京津冀协同发展的历史回顾

京津冀区域的协同创新可追溯到改革开放初期，经历酝酿准备、全面探索、战略谋划、持续推进 4 个阶段，京津冀协同创新不断迈上新台阶。

一、酝酿准备阶段（1979—1991 年）

以 1979 年国家倡导区域合作为起点，京津冀科技协同创新进入酝酿准备阶段。该阶段处于科技体制改革初期，条块分割还未打破，区域合作主要围绕经济活动开展。此时虽然三地尚未明确提出科技合作的议题，但在经济合作的大框架下技术协作、科研生产等内容是区域合作的重要支撑。

1979 年，国务院提出"扬长避短、发挥优势、保护竞争、促进联合"，中国各经济区开始摒弃追求独立工业体系与国民经济体系的传统思维与战略，寻求地区之间的协作。

1981 年，在呼和浩特市召开了华北地区经济技术协作会议，并成立了中国第一个区域经济合作组织——华北经济技术协作区（由京、津、冀、晋、蒙组成）。1982 年，《北京市城市建设总体规划方案》中首次正式提出了"首都圈"的概念。华北地区经济技术协作发展的势头很好，据五省份初步统计，截至 1986 年底，同全国各地签订的经济技术协作协议达13 500 多项，其中经济联合有 6900 多项、技术协作有 6600 多项，交流人才 1.5 万人次，协作物资总值 33 亿元，五省份组建企业联合体达 5100 个，科研生产联合体有 1400 个，横向融通资金近 100 亿元。

1984 年 1 月，国家批准修建京津塘公路，至此京津冀城市之间的距离不断拉近。1985 年 8 月，环渤海 15 城正式结成技术市场协作网。1986 年，国务院发布了《关于进一步推动横向经济联合若干问题的规定》，明确指出企业之间的联合是发展的重点。1986 年，成立环渤海地区市长联席会。

1991 年前后，京津冀协同创新处于传统经济区划阶段，以政府主导的区域经济协作为主要特点，这种经济协作的范围和规模十分有限。

二、全面探索阶段（1992—2013 年）

截至 1992 年，京津冀协同创新进入以京津科技合作为带动的全面探索阶段。该阶段区域经济合作进入了体制变革和制度突破的全新阶段，民间对于京津冀科技合作的热情高涨，三地着手开展积极探索。以天津滨海新区的开发开放纳入国家"十一五"规划纲要为标志，京津科技合作率先实现突破，三地开始在国家战略引导下开展协同创新活动。

1992—1993 年，天津市科委规划预测处牵头，组织有关单位及专家开展"京津塘高速公路高新技术产业带（天津段）发展研究"课题研究，为高新技术产业带的高起步建设提供总体方案和实际措施。2003 年 9 月，学界首次提出京津塘"科技新干线"概念，京津合作的步伐明显加快。

2004 年，中关村海淀科技园与天津经济技术开发区共同倡导建设"京津塘高科技新干线"，并设立京津塘科技新干线论坛组织，论坛的主办单位有北京市朝阳区政府、北京市海淀区政府、北京经济技术开发区管委会、北京市通州区政府、北京市中关村科技园区管委会、河北省廊坊市政府、天津市经济技术开发区管委会等。2004 年 5 月 22 日，天津市科委和北京市科委在北京召开京津科技合作座谈会。会议签署了京津科技合作协议，并于 2005 年共同研究完成京津科技合作议程。

2005 年 1 月，国务院常务会议通过《北京城市总体规划（2004 年—2020 年）》。该规划提出，积极推进环渤海地区的经济合作与协调发展，加强京津冀地区的协调发展，要基本形成以北京、天津为中心的"两小时交通圈"。同年，由北京市科委、天津市科委主办，北京软件产业促进中心和天津软件行业协会共同负责的"京津软件产业共同体"正式启动。

2006 年，在科技部组织下，开展了"京津冀区域科技发展规划"课题研究。并在党的十六届五中全会上通过国家"十一五"规划纲要，明确指出要"推进天津滨海新区开发开放"，将天津滨海新区纳入全国总体发展战略布局。

2010 年，科技部批准河北省建设"环京津高新技术产业带"。2010 年10 月，河北省政府发布《关于加快河北省环首都经济圈产业发展的实施意见》，提出了在规划体系等 6 个方面启动与北京的"对接工程"。2011 年3 月，国家"十二五"规划纲要发布，提出"打造首都经济圈"。

2013 年 5 月，习近平总书记在天津调研时，提出加快京津双城联动，谱写新时期社会主义现代化的京津"双城记"。2013 年 6 月，天津市科学学研究所研究团队提出建设京津创新共同体、京津创新驱动发展战略特区的建议。2013 年 10 月 14 日，北京中关村科技园区管委会、中关村发展集团、天津市科委召开专题座谈会，商定共建中关村—宝坻、中关村—武清、中关村—北辰、中关村—东丽、中关村—开发区 5 个创新社区。

三、战略谋划阶段（2014—2015 年）

2014 年，进入关于京津冀协同创新共同体建设的战略谋划阶段。以京津冀协同发展上升为国家战略、京津冀协同创新共同体纳入《京津冀协同发展规划纲要》等重要事件为关键节点，建设京津冀协同创新共同体成为京津冀协同发展的核心任务之一。

2014 年 2 月 26 日，发展缓慢并纠结几十年的京津冀协同发展问题有了实质性突破，习近平总书记提出要将京津冀协同发展上升为国家战略，从而使京津冀协同发展成为与长江经济带发展、"一带一路"建设并列的新时代三大区域发展战略之一。2014 年 8 月 1 日，由科技部和北京市人民政府、天津市人民政府、河北省人民政府共同举办的"全国科技创新成果北戴河专题展"开幕，旨在加强区域科技交流与合作，推动京津冀协同发展。2014 年 8 月 6 日，北京、天津两大直辖市签署《贯彻落实京津冀协同发展重大国家战略　推进实施重点工作协议》，进一步深化互利合作，推动京津冀协同发展，签署共建天津滨海—中关村科技园协议。

习近平总书记高度重视京津冀协同创新共同体建设，对加快京津冀协同创新共同体建设做出重要指示。2014 年 12 月 17 日，"首届京津冀协同创新共同体高峰论坛暨企业专场对接活动"在天津举行。2015 年 2 月 11 日，京津冀三省市科技部门在北京组织召开钢铁行业节能减排产业技术创新联盟筹备工作会。2015 年 4 月 30 日，中央政治局审议通过《京津冀协同发展规划纲要》。

2015 年 7 月 16 日，京津冀开发区创新发展联盟在北京经济技术开发区宣告成立。2015 年 8 月 27 日，《京津中关村科技城总体规划（2014—2030 年）》经天津市人民政府批准实施。2015 年 8 月，新华社专访指出做好北京原始创新、天津研发转化、河北推广应用的衔接，推动形成京津冀协同创新共同体，这标志着京津冀协同创新共同体正式纳入《京津冀协同发展规划纲要》。同年 9 月，北京市科委制定了《关于建设京津冀协同创新共同体的工作方案（2015—2017 年）》，瞄准"京津冀协同创新共同体"的建设目标，部署了 3 项重点任务。2015 年 12 月 17 日，"百家院所走进天津 京津冀协同与创新"系列活动在天津市举行，来自北京、河北、哈尔滨、西安等省市 30 余家国家级科研院所、高校在天津举行座谈会。

四、持续推进阶段（2016 年至今）

自 2016 年 5 月中共中央政治局会议审议通过关于新"两翼"的汇报，中央政府、三地政府及各创新主体对推进京津冀协同创新的积极性、主动性空前高涨，京津冀协同创新共同体建设进入持续推进阶段。围绕建设雄安新区中关村科技园、承办第二十四届冬奥会、召开京津冀产业链供应链大会等重要事件，三地的科技创新协同不断深化。

2016 年 5 月，中共中央政治局会议审议《关于规划建设北京城市副中心和研究设立河北雄安新区的有关情况的汇报》。建设北京城市副中心和雄安新区两个新城，形成北京新的"两翼"，成为推进京津冀协同发展的重要抓手。2017 年 4 月 1 日，中共中央、国务院决定设立河北雄安新区。2017 年 10 月 18 日，习近平总书记在党的十九大报告中指出，以疏解北京非首都功能为"牛鼻子"推动京津冀协同发展，高起点规划、高标准建设雄安新区。2018 年 4 月，中共中央、国务院批复了《河北雄安新区规划纲要》。2019 年 1 月，中共中央、国务院印发《中共中央 国务院关于支持河北雄安新区全面深化改革和扩大开放的指导意见》，支持雄安新区全面深化改革和扩大开放。

2016 年 6 月 24 日，国务院批复《京津冀系统推进全面创新改革试验方案》，要求围绕促进京津冀协同发展，充分发挥北京全国科技创新中心的辐射带动作用，进一步促进京津冀三地创新链、产业链、资金链、政策链深度融合，建立健全区域创新体系，推动形成京津冀协同创新共同体，打造中国经济发展新的支撑带。2016 年 6 月 29 日，《京津冀产业转移指南》发布，以北京中关村、天津滨海新区等 5 个地区为依托，建成京津冀产业升级转移重要引擎。2016 年 11 月 11—12 日，第二届"百名科研院所领导者创新论坛"在天津举办，论坛以"京津冀科技协同与创新"为主题，助推京津冀科技领域协同发展。

2019 年 1 月，习近平总书记在京津冀协同发展座谈会上提出 6 个方面要求，为京津冀协同发展指明方向，推动京津冀协同发展取得更大进展。2022 年 2 月 4—20 日、3 月 4—13 日，北京携手张家口分别成功举办第二十四届冬奥会、第十三届冬残奥会，这是京津冀协同发展的内容，也是京津冀协同发展的成果。2023 年 5 月 10 日，习近平总书记主持召开高标准高质量推进雄安新区建设座谈会并发表重要讲话，强调雄安新区已进入大规模建设与承接北京非首都功能疏解并重阶段，工作重心已转向高质量建设、高水平管理、高质量疏解发展并举。

2023 年 5 月 11—12 日，习近平总书记主持召开深入推进京津冀协同发展座谈会并指出，推动京津冀协同发展不断迈上新台阶，努力使京津冀成为中国式现代化建设的先行区、示范区。2023 年 7 月 20 日，由北京市、天津市、河北省联合组建的京津冀协同发展联合工作办公室正式揭牌成立，聚焦区域、跨领域重点事项，推动落实三省市层面协同机制确定的工作任务，协调督促各专题工作组具体任务落地实施。2023 年 8 月 30 日，雄安新区中关村科技园挂牌运营，30 余家创新型企业签约入驻，该科技园将重点围绕空天信息、智能网联、信创、人工智能等细分领域，集聚创新型企业入驻。2023 年 11 月 29 日上午，2023 京津冀产业链供应链大会在北京开幕，大会发布"五群六链五廊"的京津冀产业协同发展新图景。

2024 年 2 月 1—2 日，习近平总书记视察天津时强调，以推进京津冀协同发展为战略牵引，奋力谱写中国式现代化天津篇章。要求天津作为全国先进制造研发基地，要发挥科教资源丰富等优势，在发展新质生产力上勇争先、善作为。2024 年 2 月 22 日，"京津冀协同发展十年成效新闻发布会"在京举行。

京津冀协同创新的 4 个阶段如表 6-1 所示。

表 6-1　京津冀协同创新的 4 个阶段

序号	阶段	特征	重要事件
1	酝酿准备阶段（1979—1991 年）	尚未明确提出科技合作的议题，但在经济合作的大框架下技术协作、科研生产等内容是区域合作的重要支撑	1979 年，国务院提出 16 字方针，倡导区域合作； 1981 年，华北经济技术协作区成立； 1984 年，京津塘公路批准建设
2	全面探索阶段（1992—2013 年）	以京津科技合作为带动，关于协同创新的关注从民间到地方政府再到国家政府，京津冀协同创新正式成为国家的事	2004 年，设立京津塘科技新干线论坛组织； 2006 年，国家"十一五"规划纲要明确指出要"推进天津滨海新区开发开放"； 2010 年，河北省建设"环京津高新技术产业带"获批； 2011 年，国家"十二五"规划纲要提出"打造首都经济圈"
3	战略谋划阶段（2014—2015 年）	在习近平总书记的亲自推动下，京津冀协同发展成为国家发展重大战略，创新共同体从理念向着战略实施跨出了实质性步伐	2014 年，习近平总书记提出要将京津冀协同发展上升为国家战略，科技部和北京市人民政府、天津市人民政府、河北省人民政府共同举办的"全国科技创新成果北戴河专题展"开幕； 2015 年，中央政治局审议通过《京津冀协同发展规划纲要》；新华社专访指出，做好北京原始创新、天津研发转化、河北推广应用的衔接，推动形成京津冀协同创新共同体
4	持续推进阶段（2016 年至今）	中央政府、三地政府及各种创新主体对推进京津冀协同创新的积极性、主动性空前高涨，京津冀协同创新共同体建设进入新阶段	2016 年，国务院批复《京津冀系统推进全面创新改革试验方案》，《京津冀产业转移指南》发布； 2017—2019 年，中共中央、国务院决定设立河北雄安新区，批复《河北雄安新区规划纲要》，印发实施《中共中央国务院关于支持河北雄安新区全面深化改革和扩大开放的指导意见》； 2022 年，第二十四届冬奥会、第十三届冬残奥会成功举办； 2023 年，京津冀协同发展联合工作办公室成立；雄安新区中关村科技园挂牌运营；2023 京津冀产业链供应链大会开幕

第2节 京津冀科技协同创新的主要特征

京津冀作为多个重要战略的承载区，区域协同创新需要兼顾多重目标。为处理好"北京国际科创中心建设""高质量推进雄安新区建设""京津冀协同发展"等多个重要战略的关系，京津冀科技协同创新要依据区域独特性做出选择与谋划。从整体来看，京津冀科技协同创新呈现出以强政府为主导、以单向流动为趋势、以中心圈层为空间形态、以原始策源能力为主要动力等重要特征。

一、科技创新梯度差异明显

京津冀三地综合实力呈现出"二元结构"[①]。北京、天津作为区域发展的"双核"，综合实力较强，而其余城市的综合实力相对薄弱，京津冀区域发展缺乏可持续竞争力。从创新能力来看，三地差异明显，根据《京津冀蓝皮书：京津冀发展报告（2023）》，2020年北京的城市综合创新能力的分值为0.9065，天津为0.4454，石家庄为0.3131，而河北省其余10个城市的城市综合创新能力的分值均位于0.1048～0.1967。2023年，北京市创新投入强度（R&D经费投入占GDP比重）达到6.7%，天津市为3.6%，而河北省仅为2.1%，低于全国平均水平2.7%。无论是创新投入得分还是产出得分，津冀两地和北京均存在明显差距。

二、处于区域一体化与市场化初期

京津冀地区作为中国的"首都经济圈"[②]，政府主导的发展自然催生"政策高地"，但也相对弱化了市场化作用，进而导致京津冀区域的市场化发展落后于珠三角、长三角城市群。相关数据显示，京津冀非国有企业上榜91家，占全国的18%；较长三角地区（148家）、粤港澳大湾区（108

---

① BOEKE J H. Economics and economic policy of dual societies as exemplified by indonesia [M]. New York：Institute of Pacific Relations, 1953.

② 京津冀[EB/OL]. [2025-01-10]. https://baike.baidu.com/item/%E4%BA%AC%E6%B4%A5%E5%86%80/7504899.

家）均有一定差距。《中国城市群一体化报告》显示，2019 年，京津冀以
ACEP 指数衡量的一体化得分为 33.41 分，低于珠三角（72.13 分）、长三
角（70.98 分）和山东半岛（39.67 分）城市群。从区域协同来看，京津冀
城市群内部差异不降反增。2006—2020 年，除京津冀以外的 11 个城市群
地区内的发展差距均在缩小，其中长三角、成渝、武汉、长株潭、哈长、
关中、中原 7 个城市群地区内人均 GDP 基尼系数均减少超过 0.06。

三、要素单向流动趋势显著

京津冀三地资源禀赋各有优势，如北京人口高度密集，创新人才数量
众多，高精尖产业发达；天津科教、医疗资源底蕴丰厚，基础原材料工业
及制造业有相当大的规模，并拥有天津港这样的大型国际性港口；河北自
然资源与人力资源丰富，市场潜力与产业发展空间巨大。但整体来看，北
京的配置资源能力远超津冀，尤其是人才的虹吸效应显著。《国际科技创
新中心指数 2023》《2023 自然指数—科研城市》显示，北京蝉联国际科技
创新中心全球第三、科研城市全球第一，其拥有全国近 1/2 的院士、近 1/3
的国家级实验室、近 1/4 的双一流高校及近半数的独角兽企业，科技服务
业规模、创业投资机构数量、技术合同成交额等指标均居全国前列。在自
组织作用下，创新要素在北京形成更强大的集聚效应，从而在一定程度上
形成"强者越强"的局面。

四、空间呈现"中心—外围"格局

在空间格局上，京津冀区域的"中心—外围"特征明显①。从科技创新
维度来看，京津两直辖市作为"中心区"，集聚各类要素和优质资源，故
而也成为科技创新、技术创新的重要来源；其他地区则作为外围对"中心
区"有依附性。从高等教育资源情况来看，北京拥有 985 高校 8 所，211
高校 26 所；天津拥有 985 高校 2 所，211 高校 3 所。从高层次创新人才来

---

① 魏丽华. 城市群协同发展的内在因素比较：京津冀与长三角[J]. 改革，2017（7）：86-96.

看，北京市拥有两院院士911人，位列全国第一；天津市拥有两院院士38人，位列全国第六。从科技基础设施与平台情况来看，北京拥有各类科研院所412所，建设78家国家工程研究中心，依托怀柔综合性国家科学中心建设，布局三大类共37个科技设施平台项目，是京津冀地区当之无愧的科技创新核心力量。

五、向创新驱动转型的成效不断显现

近些年，我国经济进入新常态时期，经济增速维持在6%～7%。为突破发展桎梏，国内整体经济发展方式由粗放型的投资驱动向集约效益型的创新驱动转变。2016年5月，《国家创新驱动发展战略纲要》正式印发，标志着此后的一个时期我国经济增长要更加注重科技进步、协同创新和全面创新。根据2024年前三季度数据测算，京津冀地区实现地区生产总值79 039.9亿元，北京、天津和河北的GDP分别为33 462.0亿元、12 673.9亿元和32 904.0亿元，同比增长5.1%、4.7%和5.0%。近年来，三地政府在科技创新方面的投入不断加大，京津冀区域的经济发展正处于由投资驱动向创新驱动转型的关键期。从创新投入强度来看，京津冀区域的整体投入强度从2017年的3.1%增长至2023年的4.3%，是全国平均投入强度增幅的2倍（表6-2）。其中，2023年北京、天津两市创新投入强度均增加1.1个百分点，河北省投入强度增加0.8个百分点，均超过全国投入强度增幅（图6-1）。

表6-2 京津冀R&D经费投入占GDP比重情况

项目	2017年	2018年	2019年	2020年	2021年	2022年	2023年
全国	2.1%	2.2%	2.2%	2.4%	2.4%	2.6%	2.7%
京津冀	3.1%	3.4%	3.9%	4.0%	4.1%	4.2%	4.3%
北京	5.6%	6.2%	6.3%	6.4%	6.5%	6.8%	6.7%
天津	2.5%	2.6%	3.3%	3.4%	3.7%	3.5%	3.6%
河北	1.3%	1.4%	1.6%	1.8%	1.8%	2.0%	2.1%

资料来源：《2023京津冀科技统计年鉴》。

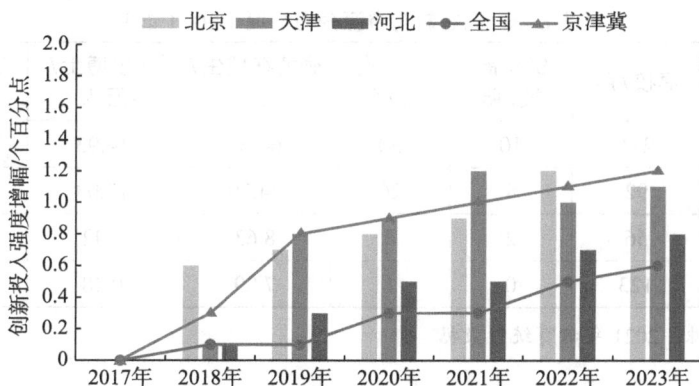

图 6-1 京津冀创新投入强度增幅

（注：创新投入强度增幅＝当年创新投入强度－2017年创新投入强度）

第 3 节 京津冀科技协同创新的现状

党的十八大以来，科技创新在京津冀协同发展战略中的核心地位日益凸显，京津冀科技协同创新不断取得重要进展。区域协同创新机制不断优化，京津冀科技协同创新在实现高水平科技自立自强中发挥着越来越重要的作用。

一、京津冀科技创新资源是我国最密集的区域之一

（一）京津冀高校院所情况

京津冀地区高校科技创新资源丰富。2021 年，京津冀地区拥有清华大学、北京大学、中国科学院大学等高等学校 271 所，占全国总数近 10%；其中，985 高校 10 所，211 高校 30 所，硕博在校生人数超 60 万人，均处于国内区域领先地位（表 6-3）。

京津冀高校科技创新能力出众。2022 年，京津冀 R&D 人员全时当量为 120 560 人年，占全国总数的 16.6%；R&D 经费内部支出为 415 亿元，占全国总数的 17.2%；发表科技论文 217 435 篇，占全国总数的 13.1%；有效发明专利为 115 293 件，占全国总数的 15.8%。各项指标均处于国内区域领先地位（表 6-4）。

表6-3　高等教育资源分布情况（2021年）

地区	高校/所	985高校/所	211高校/所	硕博在校生/万人	在校博士/万人	在校硕士/万人
京津冀	271	10	30	60.62	14.93	45.69
北京	92	8	26	44.70	13.03	31.67
天津	56	2	3	8.63	1.42	7.21
河北	123	0	1	7.29	0.48	6.81

资料来源：2021年教育统计数据。

表6-4　京津冀高等学校基本情况（2022年）

项目	R&D人员全时当量/人年	R&D经费内部支出/亿元	发表科技论文/篇	有效发明专利/件
京津冀	120 560	415	217 435	115 293
北京	83 037	312	140 824	89 152
天津	18 671	48	41 282	15 073
河北	18 852	55	35 329	11 068
京津冀占比	16.6%	17.2%	13.1%	15.8%

资料来源：《2023京津冀科技统计年鉴》。

（二）京津冀创新投入与产出情况

京津冀整体创新投入情况处于国内领先地位。2022年，京津冀R&D人员总数约96.5万人；R&D人员全时当量约63.5万人年，全国占比约10.0%；R&D经费内部支出为4261亿元，R&D经费投入占GDP比重为4.2%，远超全国平均水平的2.6%（表6-5）。

表6-5　京津冀研究与实验发展（R&D）情况（2022年）

项目	R&D人员/人	R&D人员全时当量/人年	R&D经费内部支出/亿元	R&D经费投入占GDP比重
全国	9 401 258	6 353 570	30 783	2.6%
京津冀	965 399	635 447	4261	4.2%
北京	546 747	373 235	2843	6.8%
天津	160 846	103 499	569	3.5%

项目	R&D人员/人	R&D人员全时当量/人年	R&D经费内部支出/亿元	R&D经费投入占GDP比重
河北	257 806	158 713	849	2.0%
京津冀占比	10.3%	10.0%	13.8%	

资料来源：《2023京津冀科技统计年鉴》。

京津冀整体创新活动高质量产出。2022年，京津冀地区国内发明专利申请受理数达到23万余件，占全国的16.0%；当年国内专利授权量为11万余件，占全国的16.1%。截至2022年底，京津冀累计国内有效发明专利为58万余件，占全国的17.3%，较2015年翻了2倍多（表6-6）。

表6-6　京津冀国内发明专利情况（2022年）

项目	国内发明专利申请受理数/件	国内专利授权量/件	国内有效发明专利数/件
全国	1 464 605	695 591	3 351 453
京津冀	234 846	111 894	580 911
北京	189 198	88 127	477 790
天津	21 466	11 745	51 162
河北	24 182	12 022	51 959
京津冀占比	16.0%	16.1%	17.3%

资料来源：《2023京津冀科技统计年鉴》。

（三）京津冀科技基础设施与平台情况

截至2022年底，京津冀地区高校院所参与建设全国重点实验室75个，占全国的31.0%；京津冀拥有国家工程技术研究中心91个，占全国的47.6%（表6-7）。

表6-7　京津冀全国重点实验室和工程技术研究中心情况

地区	全国重点实验室数量/个	占全国的比重	国家工程技术研究中心数量/个	占全国的比重
京津冀	75	31.0%	91	47.6%
全国	242	100.0%	191	100.0%

二、京津冀科技创新协同现状

（一）目标一致、层次明确、相互衔接的协同创新规划政策体系初步形成

以中央规划为引领。中央制定的《京津冀协同发展规划纲要》提出，以促进创新资源合理配置、开放共享、高效利用为主线，以深化科技体制改革为动力，推动形成京津冀协同创新共同体，有序疏解北京非首都功能；《"十三五"时期京津冀国民经济和社会发展规划》印发实施；《中华人民共和国国民经济和社会发展第十四个五年规划和2035年远景目标纲要》提出，以京津冀等为重点，提升创新策源能力和全球资源配置能力，加快打造引领高质量发展的第一梯队。

地方法规实现突破。京津冀三地人大先后出台了《关于加强京津冀人大立法工作协同的若干意见》等协同立法规范性文件，建立了立法协同机制，特别是天津市出台了《天津市人民代表大会常务委员会关于推进京津冀协同创新共同体建设的决定》，实现了协同创新地方立法的突破。

配套政策逐步完善。京津冀三地编制《京津冀重点产业链协同机制方案》等实施方案，联合印发《京津冀协同发展产业转移对接企业税收收入分享办法》《京津冀优化经营主体跨区域迁移登记实施方案》等政策文件，协同推进创新共同体建设。

（二）资源共享、优势互补、分工协作的京津冀协同创新体系基本建立

在空间协同上，核心城市的创新增长极功能不断强化。一是北京国际科创中心原始创新策源能力显著提升，全社会R&D经费投入强度连续多年保持6%以上，超过纽约、柏林等国际知名创新城市，跻身全球百强科技集群前3名；每万人发明专利拥有量是全国平均水平的10倍左右，涌现出一批世界级重大原创成果，获得的国家科技奖项占全国30%左右。二是雄安新区科技创新取得重大阶段性成果，积极开展雄安新区科技创新

规划编制，研究设立支持雄安新区创新的科技专项，积极推动央企总部、部委所属高校、科研院所、医院在雄安新区落户建设。三是天津进入国内领先的创新型城市行列，综合科技创新水平指数保持全国领先，全社会研发投入强度连续多年位居全国第三，国家高新技术企业、科技型中小企业均突破 10 000 家；天津滨海—中关村科技园"一园一城"等重点载体建设取得重大突破，谋划推动天开高教科创园建设，打造区域科技创新协同新支点。

在平台协同上，高效链接的创新平台网络不断完善。一是京津冀国家技术创新中心初见成效，作为我国第一个综合类国家技术创新中心，已与近 20 所全球一流大学建立合作关系，聚集 100 多名世界一流学者，组建 200 多人的高水平专职工程技术团队，延伸组建多个技术创新平台及产业化基地，每年实施近 50 项世界一流的重大科研项目。2023 年，京津冀国家技术创新中心天津中心、河北中心、雄安中心签署战略合作协议，积极推动京津冀国家技术创新中心的优势资源与京津冀科技创新资源、应用场景、产业需求有效衔接，助力京津冀协同创新和产业协作。二是设立基础研究合作平台，连续 8 届举办京津冀青年科学家论坛，在"京津冀一体化交通""智能制造""精准医学"等重点领域资助基础研究项目 68 项，"遗传性视网膜变性基因诊断和基因治疗研究"等项目相关成果已在药物临床开发方面进行了转化应用，转化金额均达到 1000 万元。三是共建一批重大科技平台，如北京航空航天大学与河北长城汽车联合成立首个京津冀联合实验室、中国医学科学院与天津共建中国医学科技创新体系核心基地天津基地、设立大气环境综合治理联合研发平台等，推动创新资源共享和联合研发。四是共建各类创新联盟，京津冀成立节能环保、智能制造、新一代信息技术、新材料、钢铁等诸多领域的创新联盟，促进区域创新资源流动与优化配置。2024 年，聚焦重点产业链，三地分别牵头成立生物医药产业链联盟、信创和网络安全产业链联盟及新能源和智能网联车产业链联盟（表 6-8）。

表6-8 京津冀共建创新联盟情况

序号	名称	成立时间
1	京津冀信息技术应用创新产业联盟	2024年
2	京津冀低空经济产业联盟	2024年
3	京津冀生物医药产业链联盟	2024年
4	京津冀信创和网络安全产业链联盟	2024年
5	京津冀新能源和智能网联车产业链联盟	2024年
6	京津冀现代商贸物流金融合作发展联盟	2023年
7	京津冀新型显示产业发展联盟	2021年
8	京津冀数字经济联盟	2021年
9	京津冀超低能耗建筑产业联盟	2018年
10	京津冀水肥一体化产业创新联盟	2017年
11	京津冀蔬菜产业联盟	2017年
12	京津冀地理信息科技创新联盟	2017年
13	京津冀智能制造产业技术创新联盟	2017年
14	京津冀协同创新联盟	2016年
15	京津冀农业科技创新联盟	2016年
16	京津冀建筑产业现代化联盟	2016年
17	京津冀纺织服装产业协同创新高校联盟	2015年
18	京津冀中医药产业创新战略联盟	2015年
19	京津冀石墨烯产业发展联盟	2015年
20	京津冀钢铁行业节能减排产业技术创新联盟	2015年
21	中国电谷第三代半导体产业技术创新战略联盟	2015年

在创新创业服务协同上，区域创新创业活力不断被激发。设立12支总规模达22亿元的天使子基金及7支总规模达43亿元的京津冀科技成果转化子基金，创新科创金融产品230余个。联合举办京津冀创投峰会、京

津冀青年科学家论坛、京津冀外籍人才招聘洽谈会等品牌活动，营造良好的创新创业氛围。截至 2022 年底，京津冀专精特新小巨人企业共计 1117家，培育带动省市级专精特新中小企业近万家，占全国比重达到 12%；独角兽、潜在独角兽企业共 233 家，数量占全国近 1/4，并拥有字节跳动等 3 家估值超百亿美元的超级独角兽企业。

在教育协同上，优质教育资源在区域内的辐射力度不断加大。2023 年，三地政府教育部门签署《京津冀教育协同发展行动计划（2023 年—2025 年）》，大力提升教育领域协同发展水平，共享教育资源。国家发展改革委发布《京津冀一流营商环境建设三年行动方案》，着重指出促进教育资源协同发展。三地积极完善京津冀教育协同发展合作机制，推动京津优质中小学、幼儿园与河北省学校开展区域合作办学，以合作办学、组建联盟、联合培养等多种方式，推动京津优质资源助力河北发展。

在知识产权体系上，区域知识产权一体化程度不断提高。三地签署《京津冀营商环境一体化发展知识产权领域合作框架协议》《京津冀知识产权法治建设协同框架协议》，持续提升京津冀知识产权保护合力。2023 年，成立京津冀知识产权保护联盟，联合科创中国知识产权服务中心及京津冀 14 家企业创新主体，积极利用政府、企业、高校和科研机构等各方资源，有效构筑跨地域跨部门的知识产权"严保护、大保护、快保护、同保护"格局。

（三）有序流动、开放融合、优化配置的区域创新要素市场逐步形成

区域科技成果转化不断加速。建立科技成果供需清单机制，设立国投京津冀科技成果转化创业投资基金，建立三地技术交易数据信息共享和工作联动机制，推动技术合同额稳步增长。2013—2023 年，北京输出天津技术合同成交额由 38.8 亿元增长至 82.1 亿元，年均增长率达 8.7%，有力带动两地新材料、生物医药、电子信息和先进制造领域发展；北京输出河北技术合同成交额由 32.4 亿元增长至 274.8 亿元，年均增长率为 26.8%（图 6-2）。

图 6-2　2013—2023 年北京技术流向津冀情况

　　创新资源的共享圈逐步扩大。建立京津冀科技创新券合作机制，互认开放实验室，推动大型仪器开放共享，鼓励三地企业跨区域利用科技资源。天津市大型科研仪器开放共享平台资源单位总量达到 104 家，大型仪器达到 3766 台（套），与京冀共享平台实现互联互通。三地科技创新券互认机构达到 1155 家。

　　科技人才的循环流动不断加快。2023 年，三地政府人力资源社会保障部门签署《人才工作协同发展合作框架协议》，包括深化职称资格互认、加强职业技能评价合作等 15 项合作事项，推进政策协调、促进交流互鉴，实现人才政策、资源、信息互通共享。

　　科技金融协同推动力度逐步加强。建立京津冀三地协调机制，签订《京津冀三地人民银行建立防范重大金融风险联席会议机制合作备忘录》，加大区域金融风险监测、防范与处置工作力度。2024 年，三地签署《推进京津冀协同金融领域合作框架协议》《优化完善京津冀协同发展人民银行三地协调机制合作框架协议》《深入推进京津冀金融监管协同合作备忘录》《关于推进京津冀资本市场协同发展合作备忘录》等新一轮合作协议，继续健全金融协同工作机制，在促进信息共享、推进区域金融市场深度融合、防范化解金融风险、加强地方金融监管等方面进一步加强合作。

（四）优势互补、强强联合、产创联动的产业链创新链融合格局不断深化

联合开展重大科技攻关。设立京津冀基础研究合作专项及对接国家2030京津冀环境综合治理重大工程专项，三地积极推进重点领域协同创新，京津冀基础研究合作专项累计投入超5000万元，资助项目100余项。聚焦重点领域组建创新联合体，推进重大科技成果转化。例如，唐山百川智能机器股份有限公司联合14家高校院所、企业组建京津冀智能机器人创新联合体，汇集京津冀地区科研力量、产业资源与市场需求，聚焦机器人应用中的机器视觉和传感器技术、智能化与系统集成、多智能体协同控制等开展联合攻关。

推动北京优质资源向区域辐射。一是推动北京先进适用技术产品在京津冀示范应用，聚焦化工、钢铁等传统产业转型升级，形成京津冀钢铁产业协同创新共同体。例如，建立京津冀钢铁行业节能减排产业技术创新联盟，依托北京科技大学等成立产业共性技术创新平台，依托京津冀钢铁联盟（迁安）协同创新研究院建立科技成果转化平台等。二是支持首都科技资源优势与河北张家口农业资源条件紧密结合，初步形成"示范园+科技特派站+产业示范基地"产业模式，助力乡村振兴。三是大力支持集成电路、网络安全、生物医药、电力装备、安全应急装备等战略性新兴产业发展，"京津冀生命健康产业集群"和"保定市电力及新能源高端装备集群"入选"国家先进制造业集群"。

大力推动科技园区共建共营共享。依托中关村强大的科技创新能力与产业发展优势，立足各自比较优势，聚焦能源、互联网、高端制造、生物医药、智能制造、科技服务业等细分方向，在区域内建立多个科技园区，不断强化京津冀产业协作和资源共享。雄安新区中关村科技园揭牌运营，天津滨海—中关村科技园、宝坻京津中关村科技城、保定·中关村创新中心等京津冀产业转移承接重点平台招引超5000家科技型企业落地。

（五）统筹协调、有效链接、互促共赢的协同创新体制机制不断探索

区域政策统筹机制。自 2013 年习近平总书记在天津考察时提出京津两地"双城记"的战略思维后，国家政府部门层面陆续出台了推动京津冀协同发展的纲要、规划及部署，建立了区域政策统筹机制。2015 年 6 月，《京津冀协同发展规划纲要》发布，从把握战略意义、明确总体要求、规划定位布局、有序疏解北京非首都功能、推动重点领域率先突破、促进创新驱动发展、统筹协同发展相关任务、深化体制机制改革、开展试点示范、加强组织实施等方面描绘了京津冀协同发展的宏伟蓝图。这是指导京津冀协同发展的基本依据，是凝聚各方力量、推动形成强大工作合力的行动指南。

区域协调工作机制。为贯彻落实《京津冀协同发展规划纲要》，三地建立多层次的区域协调工作机制，齐心协力推动京津冀科技创新协同发展。2015 年 9 月，天津市科委印发《关于建设京津冀协同创新共同体的工作方案（2015—2017 年）》，对建设共同体的指导思想、思路目标、重点任务做出规定。2018 年 11 月，北京市科委与天津市科技局、河北省科技厅签署了《关于共同推进京津冀协同创新共同体建设合作协议（2018—2022 年）》。2023 年，三地人大常委会陆续发布《关于推进京津冀协同创新共同体建设的决定》，为深化科技创新全链条合作提供有力保障。

区域利益分配机制。国家层面出台《京津冀协同发展产业转移对接企业税收收入分享办法》《关于京津冀范围内纳税人办理跨省（市）迁移有关问题的通知》等文件，迈出了破除区域产业转移过程中政府间的财政收入利益藩篱的第一步，从总体原则与实际操作两个角度，为企业区域合理流动提供便利，为京津冀协同创新创造条件。地方层面积极推动非首都功能疏解与区域产业对接合作，开展先行先试。例如，中关村海淀园与秦皇岛经济技术开发区共建海淀园秦皇岛分园，探索"4∶4∶2"利益分配机制，约定入驻海淀园秦皇岛分园的中关村海淀园企业所实现财政收入的地方分成部分，海淀园秦皇岛分园、中关村海淀园各得 40%，剩余 20% 用于建立产业基金以扶持企业发展。

第 4 节 京津冀科技协同创新的经验做法

京津冀作为引领全国高质量发展的三大重要动力源之一，拥有数量众多的一流院校和高端研究人才，创新基础扎实、实力雄厚。为发挥利用好区域的天然资源优势及三地的比较优势，京津冀积极探索，形成了一些行之有效的经验做法。

一、以国家战略部署为顶层牵引

京津冀协同发展是习近平总书记亲自谋划、亲自部署、亲自推动的区域重大战略，是党的十八大以来的第一个重大区域发展战略。不同于长三角"自下而上"的实现机制，京津冀作为以首都为核心的国家战略承载区域，更突出体现的是"自上而下"的谋划布局。从"首都圈"到"环渤海"再到现在的"京津冀"，京津冀区域发展战略是深入调研、科学分析、谨慎研判之后的"谋定而后动"。自 2014 年以来，习近平总书记多次到京津冀三地视察，多次召开重要会议，多次做出重要指示批示，对京津冀协同发展的每一个关键环节、重要阶段都亲自定向把脉。国家对京津冀协同发展的战略部署为京津冀协同创新提供了顶层牵引与根本遵循。

二、以疏解北京非首都功能为核心任务

京津冀协同发展是一个系统工程，不可能一蹴而就，要做好长期作战的思想准备。京津冀协同创新也不是简单的资源叠加、政策叠加，要以稳妥有序疏解北京非首都功能为"牛鼻子"，在区域全局视角下权衡各方利益、配置创新资源、提升区域创新体系效能。京津冀立足三地资源禀赋情况，围绕疏解北京非首都功能这一核心任务来破题，寻求首都视角与区域视角的"可持续成长"。北京市作为完全的输出地区，以"四个中心"定位为标尺，坚持严控增量和疏解存量相结合，内部功能重组和向外疏解转移双向发力，稳妥有序推进实施。自 2014 年京津冀协同发展战略实施以来，北京市疏解了一般制造业企业 3000 家，疏解提升区域性专业市场和

物流中心近 1000 家。中国三峡、中国船舶、中国电子总部从北京分别迁移到武汉、上海、深圳，优化全国经济布局。河北省是主要转入区域，依托雄安新区建设，印发实施交通等 20 多个专项规划及财税等 20 多个配套政策，打造了一批承接北京非首都功能疏解的标志性工程项目。目前，北京交通大学、北京科技大学、北京林业大学、中国地质大学（北京）4 所高校的雄安校区，北京大学人民医院的雄安院区都已经开工建设，中国中化、中国华能、中国矿产等央企雄安总部正在加快建设，首批疏解央企——中国星网于 2024 年 10 月 15 日正式迁驻雄安新区。天津市兼具转入与转出双重属性，抢抓北京的示范带动效应和知识、技术、人才等创新辐射溢出效应，强化吸引北京各类创新要素，打造了一批区域协同创新的重要节点，形成了若干个首都创新资源密集区。全市打造滨海新区，共建天津滨海—中关村科技园、宝坻京津中关村科技城和武清京津产业新城等 22 个产业承接平台，2023 年引进北京企业 476 家，签约落地央企二、三级子公司 17 家，助力北京非首都功能疏解。以天开高教科创园高质量建设为载体，不断加强与北京创新资源互动。依托中关村硬创空间链接中关村资源，为创新成果的转化提供 7 个方面全生命周期的科技服务，持续增强内生动力。

专栏 6-1 京津冀·沧州生物医药产业园

京津冀·沧州生物医药产业园位于沧州临港经济技术开发区西区，前身为北京·沧州渤海新区生物医药产业园。2015 年 1 月，为承接北京医药产业转移，京冀两地合作共建北京·沧州渤海新区生物医药产业园。2017 年 10 月，园区与天津医药集团签订入园协议，成为承接天津医药产业转移的范例。2024 年 4 月，为推动京津冀三地产业转型升级、实现三省市协同创新发展，京津冀三地工业和信息化部门签订了《共建京津冀·沧州生物医药产业园合作框架协议》。目前，园区吸引了国内外 60 家知名医药企业入驻，总投资 200 亿元，初步形成了"医药中间体+原料药+制剂"的产业链条 ①。

产业园在加大北京药企引进力度的同时，重点深化与津冀生物医药产业协同合作，充分发挥渤海新区在京津冀协同发展中的战略平台作用，推进京冀产业协作向更深层次拓展。积极开展体制机制创新。在国内首开"生产在河北、监管在北京"的区域管理体制先河，探索实行医药产业转移异地监管模式，打破阻碍京企外迁的政策壁垒，畅通产业承接转移渠道，园区生物医药产业加速集聚。积极加强与高校科研力量的联动。充分利用政策优势，与清华大学、中国科学院、南开大学等京津高校和科研院所开展合作，吸引创新资源集聚，分别与南开大学、天津工业大学共建南开大学—沧州渤海新区绿色化工研究院、天津工业大学沧州研究院，推动产学研深度融合，为生物医药、膜材料等产业发展提供支撑，为创新成果提供丰富的应用场景。积极打通科技成果转化的关键环节。临港经济技术开发区根据南开大学—沧州渤海新区绿色化工研究院、化学药品研究开发公共实验平台等科技创新平台的功能定位，重点打造中试熟化基地。基地主要服务于化工、生物医药、新材料等战略性新兴产业领域创新发展需要，为研发机构及创新型企业提供扩大实验和中试验证平台，加速科技成果产业化进程。

三、以"优势互补、合作共赢"为共识

"行政区划并不必然就是区域合作和协同发展的障碍和壁垒。行政区划本身也是一种重要资源，用得好就是推动区域协同发展的更大优势，用不好也可能成为掣肘。"在思想层面上，京津冀三地有必要也必须改变过去各自为战的状态，加大对协同发展的推动，自觉打破自家"一亩三分

---

① 沧州市发展和改革委员会 . 京津冀·沧州生物医药产业园揭牌成立 [EB/OL]. (2024-05-13) [2025-01-10]. http://fgw.cangzhou.gov.cn/fgw/c101710/202405/1e4155e2131c474e836579765ccfa23c.shtml.

地"的思维定式，抱成团朝着顶层设计的目标一起做，不断增强协同发展的自觉性、主动性、创造性[①]。在优化区域产业布局方面，三地各自找准定位、凝聚共识，北京市聚焦面向未来的转型发展，结合"疏解"，构建"高精尖"经济结构；河北省以形成与京津鼎立的第三极为目标建设雄安新区[②]，积极构建有利于增强北京非首都功能吸引力的制度体系，持续完善"政策＋机制""行政＋市场"的集中承接疏解方式和机制，吸引大量市场化疏解项目安家落户，打造"疏解北京非首都功能集中承载地"；天津市强调与雄安新区错位联动承接疏解，坚持互惠互利、合作共赢的市场化方式，发挥独有的制造业、海洋资源等优势，吸引中海油、中石化、中铁建、中交建、通用技术、联想、360科技、京东等一批央企和民企及高科技企业在津布局。在金融支持京津冀协同发展方面，三地人民银行设立"京津冀协同发展人民银行三地协调机制"，明确北京金融管理、天津金融创新运营、河北金融后台服务功能；构建区域科技金融创新体系，统筹研究支持科技金融创新发展的各项政策；联合签署《借助银行间市场助推京津冀协同发展战略合作协议》，研究制定《金融支持京津冀协同发展行动计划（2020—2022）》等文件，落地实施自贸试验区改革创新政策，推动区域金融资源优化配置和金融业协同发展。

清华大学天津电子信息研究院（简称"清华电子院"）是滨海新区政府、中新天津生态城管委会与清华大学合作设立的新型研发机构，聚焦北京创新资源与天津研发转化的优势互补、紧密衔接，构建了协同发展的"五新模式"。

1. 新定位：以清华大学电子信息学科的成果转化基地为核心，形成"四位一体"功能定位

机构职责定位清晰明确，清华电子院定位为"清华大学电子工程系成

---

① 肖金成，张燕．京津冀协同发展 [M]．沈阳：辽宁人民出版社，2023.

② 孙久文．走向区域繁荣：新时代京津冀协同发展研究 [M]．北京：北京出版社，2020.

果转化办公室"和"清华大学电子信息学科成果转化基地",始终坚持初心和使命不动摇。

机构功能定位准确,明确企业孵化／成果产业化、应用研发、人才培养、金融支持的"四位一体"功能,形成覆盖成果转化全周期的专业服务体系。

机构的性质鲜明,清华电子院的性质为公益二类事业单位,无行政级别,不设编不占编,无固定经费。

机构的联动体系完备,建设清华电子院、电子系、校友会"三位一体"的联动体系,实现相互赋能和紧密合作的双向互动,打造最佳的成果转化与科技创新生态系统。

2. 新机制:以市场化运行机制为支撑,培育具有特色的新型研发机构

清华电子院采用市场化用人机制,建立以院长席位制为核心的管理体系。工作人员全球招聘,全员采用合同制管理;院长采用席位制,组建由清华大学、天津滨海新区、中新天津生态城管委会组成的领导小组,对"三重一大"重大事项采取民主集中制的决策制度。

建立知识产权收益分配制度,按照清华大学知识产权管理办法规范管理,进行合理收益分配,激发各个主体活力。

建立面向市场的业务运行机制,自我造血能力明显提升,2021年,清华电子院累计实现业务收入5000万余元,为今后逐步实现市场化运营打下了基础。

3. 新模式:以重大项目为牵引,推动高质量科技成果落地转化

探索和创新高校科研成果转化机制,建立了科研成果从 idea(创意)→ paper(论文)→ demo(样机)→ product(产品)→ commodity(商品)的制度保障,构建"社会信息输入高校和高校科研成果输出转化"新模式。

探索 GBT(政府 – 企业 – 清华)产业平台模式,着重促进电子系科研与产业应用合作,形成 GBT 成果转化创新模式。

建立产学研协同创新机制，从市场需求出发，大力开展原创科技研发，通过市场化、公司化的方式运行孵化项目，以市场需求驱动技术创新，以技术创新推动产业升级。

建设科技成果转化资本服务体系，设立专属基金管理公司，专注于早期项目公司投资，持续扩大基金规模，吸引优秀社会资本加入清华电子院的资本服务体系。

4. 新平台：以中试平台建设为基础，建设开放式的产业公共技术平台

加大技术平台开放共享力度，清华电子院建设三大技术平台，开展设计研发、检验检测、建模及仿真等服务，面向全社会开放，已累计为500余家机构提供研发服务。高端光电子芯片创新中心中试平台，目前已建立100余人的技术服务团队，FIB、EBL工艺能力已达到世界级水平。

提升应用平台承接大项目的能力，面向产业应用，建立以需求为导向的应用平台，加大与产业界的沟通对接力度，服务生命健康、城市发展和国家重大需求。例如，先进科技创新中心组建工程化专业团队及总师级人才队伍，自2020年成立以来对接50余家相关单位，承接科研项目30项。

5. 新方式：以校地合作机制为核心，建立长期合作关系

强化战略合作，2015年，中新天津生态城与清华大学签署了合作协议；2020年，滨海新区政府与清华大学、中新天津生态城管委会与清华大学电子工程系分别签署了未来5年的第二期合作协议，继续支持清华电子院在滨海新区的发展。

强化绩效考核，清华电子院通过与中新天津生态城管委会签订绩效奖励实施协议、制定年度考核指标、组织年终考核，确保保质保量完成中新天津生态城管委会依据协议制定的"科技类""经济类"13项绩效考核指标。

强化政策支持，市级部门和滨海新区持续加大政策支持，在科技创新政策的引导下，各级各类人才资助补贴成功申报合计超350万元。

四、以合作项目为重要抓手

京津冀协同发展作为"自上而下"的谋划布局，需要明确政策着力点及有效地组织实施，以推动协同创新活动的顺利进行，提高创新效率和成功率。在实践层面，三地政府积极探索聚焦科技创新协同发展的关键环节，以合作项目为重要抓手，发挥各方优势形成发展合力，拓展协同创新的广度与深度。聚焦基础研究，三地制定《京津冀基础研究合作专项实施方案》，针对区域热点、难点科学问题和产业共性关键技术需求，开展实质性研究合作。建立"五统一"合作研究机制，共同确定重点领域指南，共同组织优势研究力量，共同开展联合攻关，共同推进成果利用。累计投入经费8600余万元，资助合作项目177项，促成三地500多个科研团队开展合作研究。聚焦京津冀协同创新，实施"京津冀协同创新推动专项"，2023年支持课题95个，累计投入科研经费近2.4亿元。支持重点平台承接创新资源项目，对天开高教科创园、天津滨海—中关村科技园、宝坻京津中关村科技城、武清京津产业新城等京津冀重点承接载体分别立项7个，财政支持资金达870万元，对在园区落地的北京优质成果择优给予支持。聚焦院市合作专项，中国科学院与天津市人民政府依托"中国科学院天津市合作创新科技重大专项"建立全面科技合作关系，围绕信创、新能源、新材料等重点领域，构建形成"天津出卷、中国科学院答卷、市场阅卷"的合作模式。以天津市新能源产业链为例，2020—2021年组织凝练形成大功率风电机组智能控制系统研发与应用等6项重点攻关项目。天津市牵头组织实施"合成生物技术创新能力提升行动"，目前到位经费4.66亿元，攻克了酶蛋白理性设计、DNA合成等多项生物底层技术。

五、以中关村科技园区为核心进行带动

中关村原始创新策源能力出众，高精尖产业发展迅猛，在京津冀协同创新的过程中，中关村的核心带动作用至关重要。从20世纪80年代的电子一条街到目前的中关村国家自主创新示范区，其依托良好区位优势与

政策机遇，发挥科技发展前沿焦点、要素流动洼地、人才集中高地三大效应，成为区域科技创新"金名片"。《中关村指数2023》显示，其现有国家重点实验室77个，国家企业技术中心110个，国家工程研究中心78个；2022年，中关村拥有国家高新技术企业16 378家，年收入亿元以上企业4245家，独角兽企业114家，全年获得发明专利授权量43 016件，占全市企业的75.5%。中关村在形成集聚效应后，大力发挥对京津冀协同创新的辐射作用，通过建立共建共营共享机制，作为京津冀区域发展的重要增长极"以点带面"拉动区域经济发展[1]。津冀现有10个中关村共建园区，涉及能源、互联网、高端制造、生物医药、智能制造、科技服务业等多个产业方向。三地设立企业子公司或分支机构以推动资本互流，截至2022年，三地企业累计在京津冀区域互设子（分）公司超过9万家，其中中关村企业在津冀两地累计设立分支机构超过1万家，其中在河北设立分支机构5163家。聚焦新能源和智能网联汽车、生命健康等领域，共同培育世界级产业集群。成立京津冀国家高新区联盟，并于2024年正式上线京津冀科技创新服务平台地图，集中呈现京津冀范围内的成果转化平台、创业孵化平台、产业创新平台、科技服务平台、产业空间载体等五大类337个创新资源，推动创新链、产业链、供应链、园区链深度融合，吸引创新主体来京津冀开展技术研发和落地产业化。

专栏6-2　滨海—中关村北塘湾数字经济产业园

滨海—中关村北塘湾数字经济产业园，作为天津市首个成规模的新型产业用地项目，瞄准滨海中关村零工业用地的短板。项目的建成将切实解决企业从种子期、成长期向高速增长期迈进的产业化需求，为落地企业提供更多的生产空间，切实打造"北京研发、天津转化"的最佳承载平台，形成具备京津冀协同特色的"类中关村生态体系"[2]。

---

[1] 肖金成，张燕．京津冀协同发展[M]．沈阳：辽宁人民出版社，2023．
[2] 光明日报调研组．让每一份创新活力都能充分迸发[N/OL]．光明日报，2023-12-01[2025-01-10]．https://baijiahao.baidu.com/s？id=1784054458820265189&wfr=spider&for=pc．

> 项目用地面积 25.1 万平方米，总开发建筑面积 42.7 万平方米，一
> 期工程开发用地面积 10.3 万平方米，开发建筑面积 17.4 万平方米，目
> 前已基本完成主体结构建设，2024 年第三季度项目具备进驻条件。该
> 产业园以自主创新为主攻方向，重点面向研发、中试、检测、医疗器
> 械等生物医药产业及工业机器人、智能设备研发制造等智能制造产业
> 发力，做好科技服务类项目引进，以强化科技小试、中试环节、促进
> 科技成果转化，打造低噪声、低污染，高原创性、高成长性、高产出
> 的自主创新示范高地。

第5节　京津冀科技协同创新的问题与挑战

作为国家与城市发展中的必要探索与有益实践，京津冀协同创新不断
推进演化，并取得了新进展。但从构建完善区域创新体系、提升区域协同
创新效能出发，现阶段仍有许多问题与挑战。

一、区域协同创新能级有待进一步提升

面向世界科技前沿是科技创新的根本和长远大计[1]，是京津冀协同创
新的首要任务。近年来，三地科技创新实力不断提升，科技成果不断涌
现，飞腾 CPU、麒麟操作系统、华海清科半导体装备等一大批关键核心技
术实现突破，但从区域协同创新来看，其与长三角等区域相比还存在一定
差距。

战略科技力量尚未充分实现共建共享。实验室体系共建不充分，与
长三角国家实验室区域内互设基地相比，京津冀区域内基地建设有待进一
步布局。北京拥有多家国家实验室，但均未在津冀充分布局基地，区域内
合作共建的国家重点实验室数量还有提升空间。重大科技基础设施尚未实

---

① 坚持"四个面向"的战略导向 [EB/OL]. (2024-07-08)[2025-01-10]. http://www.xinhuanet.
com/politics/20240708/df5aa60b2eb14fd0ae1d5bf66073a67e/c.html.

现有效共享，津冀重大科技设施虽然实现"零"的突破，但与北京 22 个、上海 15 个相比差距较大。北京怀柔综合性国家科学中心已初步形成重大科技设施平台集群，但其科技服务能力和前沿技术研发能力向津冀辐射得还不多，尚未形成高效能的京津冀重大科技基础设施网络。

区域联合攻关有待突破。在联合攻关机制上，当前尚未建立跨行政区主体联合申报重大科研项目的专属通道及以龙头企业为主导的关键核心技术攻关体系，仍存在京津冀协同攻关发起者、组织者相互间的"黏合力"不足，龙头企业对区域协同攻关的组织强度有待进一步激发，创新联合体和产业技术创新联盟中津冀两地机构参与度较低等问题。在联合攻关科技项目方面，尽管建立了京津冀基础研究合作专项，但还是三省市自己出资、自己实施的方式，存在不能跨省市联合申报等问题；缺少类似长三角地区设立的联合攻关项目①，即由企业出题，共同发榜、共同揭榜、共同支持、共同管理，以便强化任务联动、资金联合、管理联通"三位一体"，实现高效能的区域联动。

京津冀国家技术创新中心的作用有待进一步提升。京津冀国家技术创新中心的效能发挥相比于长三角地区的国家技术创新中心存在一定差距。长三角地区的国家技术创新中心依托上海长三角技术创新研究院建立了专业化、市场化的运行模式，布局建设了 94 个研发载体，实施原创性、颠覆性技术创新项目 57 项，其中氮化镓射频技术等 5 个项目估值超过 10 亿元，转移转化技术成果 9000 多项，累计衍生孵化不同领域的科技企业超过 1500 家。

二、区域内科技成果转化效率和比重有待进一步提高

京津冀地区作为引领全国高质量发展的三大重要动力源之一，肩负以

① 关于印发《长三角科技创新共同体联合攻关计划实施办法（试行）》的通知[EB/OL]. (2023-04-07) [2025-01-10]. https://www.thepaper.cn/newsDetail_forward_22620175？commTag=true.

科技创新催生新动能、实现创新驱动的内涵型增长的重大任务[①]。区域内科创成果丰富，但"孔雀东南飞""墙内开花墙外香"等情况时有发生，这说明在科技成果转化和产业化方面仍有很大的提升空间。

服务区域科技成果转化的活动平台效能有待提升。为服务区域科技成果转化，三地建立了京津冀技术转移协同创新联盟、科技成果展示交易运营中心等技术转移信息对接平台，组织了"科技成果俏津门""百家院所进天津"等科技成果转化对接活动，但对接效果和影响力有待进一步提升，三地的高等教育协作和产学研合作有待进一步深入。例如，中关村硬创空间顺利落户天津河北区，但从企业调研来看，其小批量产线订单量有限，离实现"持续造血"尚有一定距离，亟须借助各类活动平台与天开高教科创园、高校院所、重点产业需求进一步对接，融通区域科技成果转化网络。

区域内服务科技成果转化的"硬科技平台"力量不足。北京作为全国科技成果最多的城市，成果中试和二次开发的需求非常迫切，但北京缺乏中试设施和空间，而津冀政策支撑与保障力度有限，导致现有中试基地等"硬科技平台"参与动力不足、北京重大成果"接不住"，区域内科技成果转化效能受到严重限制。例如，北京机器人的样机需求量大，可京津冀范围内缺少相关支撑，深圳、东莞、昆山等地虽然可以解决相关需求，但两地往返找设计、做电路板、开模具等时间成本极高，并不利于区域科技创新成果的高效转化。

区域内缺乏有效场景链接创新成果与产业需求。北京研发导向是国际高端、科技前沿，而天津、河北需要的更多是传统产业转型升级，区域内科技成果与产业需求缺乏有效链接，"就近转化"效果并不显著。从科技成果转化的流向布局来看，北京在全国范围内的技术转移具有"跳跃式"

---

① 习近平经济思想研究中心．准确把握科技创新和经济发展的关系　更好服务国家发展大局 [J/OL]．习近平经济思想研究，2022（5）：47.（2023-01-17）[2025-01-10]. https://www.ndrc.gov.cn/xwdt/ztzl/NEW_srxxgcjjpjjsx/jjsxyjqk/sxlt/202301/t20230117_1363349_ext.html.

传播的特点，其技术主要流向科技服务更完善、产业链条更成熟的长江经济带地区；而河北则与江苏、山东的产业链更为密切，与北京互动具有很大的提升空间。

三、区域内创新要素流动有待进一步激活

京津冀协同发展要求区域内创新要素一体化，畅通各类创新要素的内部良性循环，释放更大动能。当前，区域要素流通依托京津冀交通一体化程度的提高而不断加强，但身份不互认、标准不统一等现象仍旧制约着区域创新效能提升，区域内优质创新资源的链接与流动亟待进一步改善。

缺少高通量的创新空间布局和动力源。相较于长三角以 G60 科创走廊为核心承载，规划"一廊九区"空间布局，京津冀三地就协同创新共同体建设的功能定位和分工有待进一步优化。当前，三地虽然明确了"2＋4＋46"个承接平台，但是缺少统筹部署，平台间存在同质化竞争。京津冀协同创新缺少共同参与的战略大平台，导致大政策落实、大资源部署、大工程建设等方面缺乏统一部署，缺少京津冀协同创新的"火车头"，总体上并没有形成显著的集聚效应与带动效应。

优质创新资源向区域的辐射力度不够。京津冀优质创新资源主要集中于部分地区，虽然形成一些良好有效的协同互动模式，但对区域的辐射力度有待加强。以科技金融为例，北京在中国证券投资基金业协会登记备案的股权投资机构达 4381 家，管理资金规模超 3 万亿元，规模占全国近 1/4，投资案例数和金额占全国近 1/3，汇聚约 2 万天使投资人，但相较于江浙地区的南方先进城市，北京科技金融资源对津冀的关注程度较低，形成的合作规模较小。

部分地区的主动承接、精准配套能力有待提升。京津冀三地公共服务落差较大，特别是河北由于缺乏优质教育、医疗等公共服务资源，不能满足高层次人才的高品质生活需求，造成高端创新人才严重流失。调研显示，近年来北京一些科技型企业在将生产环节转移的同时，也尝试将研发

环节同步转移至周边区域，但部分企业"水土不服"，高层次研发人员纷纷跳槽，使得企业不得不将研发中心又迁回北京。例如，宝坻京津中关村科技城、天开西青园等平台都存在缺少优质教育资源，大型商业综合体、三级甲等医院等配套不足的问题。

四、科技创新和产业创新融合程度有待进一步加强

京津冀以建设"以首都为核心的世界级城市群"为指引，发挥京津冀独特优势，打造具有区域特色的世界级产业集群。在新时代背景下，新型工业化和制造业高质量发展要求新的制造范式，对区域科技创新和产业创新融合提出新的要求。现阶段，京津冀世界级先进制造业集群建设小有成效[①]，但区域内"断链""产业链碎片化"等问题依旧突出。

区域内缺少深层次的产业协作。虽然"五群六链五廊"的区域产业格局初步构建，但部分地区之间产业选择趋同、结构差异小等问题仍旧存在，部分产业疏解转移停留在物理空间改变，离形成产业集聚、产业联动和产业协作效应仍有差距，构建基于产业链的协同发展格局仍任重道远。产业链区域协同还不够深入，联合招商力度需进一步加强，区域内成龙配套水平有待提升。例如，渤海新区的生物医药产业园目前承接的只是北京医药企业原料药生产环节，生产出的原料药甚至需要运回北京再制成制剂。

区域内创新资源和产业布局"错轨"。津冀两地产业结构整体偏重偏旧，新兴产业比重不高，导致创新资源和产业布局出现"错轨"。北京市企业重要产品关键零部件在京津冀地区"零配套"比例高达28%，相较而言长三角、珠三角地区的产业配套率远高于京津冀地区。以集成电路产业链为例，京津冀集成电路主链集中在芯片设计和制造及设备两个环节。其中，北京和河北集成电路主链占比最大的是芯片设计，天津集成电路主链集中在芯片设计和制造及设备，而在集成电路上游的半导体材料、半导体

---

① 吴巧君.《京津冀产业协同发展十周年报告》发布 [N/OL]. 天津日报, 2024-10-27 [2025-01-10]. http://epaper.tianjinwe.com/tjrb/h5/html5/2024-10/27/content_143078_1435964.htm.

设备，中游的半导体封测，以及下游的消费电子等应用产业比较薄弱，使得区域间集成电路产业滚动发展、自主发展、集群发展的能力受到较大限制 [①]。

双链融合枢纽环节存在短板。中试基地、产业承接平台等协同创新平台的带动作用尚未充分发挥，"北京研发—津冀制造" [②] 的格局还未建立完全。已形成的产业链与人工智能、新材料、生物医药等高新技术产业上下游融合难度大，上下游配套率不高。

五、关键领域的深化改革有待进一步推进

从首次将京津冀协同发展上升为国家战略时的"加快破解双城联动发展存在的体制机制障碍"，到 2024 年提出的"深入推进区域一体化和京津同城化发展体制机制创新"，体制机制创新始终贯穿在京津冀协同创新的发展历程中。2014 年至今，京津冀已然出台了许多改革创新措施，但"独木不成林""小马拉大车"等问题仍旧存在，束缚区域高质量发展。

市场对创新资源配置的作用尚未充分发挥。京津冀三地政府在协同创新方面做了很多有益的探索，但对接工作以政府牵头组织为主，协会、联盟和服务机构等市场化中介组织参与不足。在发挥政府引导作用的同时，三地在充分调动市场积极性方面仍然有巨大的潜力和空间。北京仅中关村就集聚了近 600 家联盟协会和民办非企业单位（组织）及上千家法律、会计、知识产权服务机构，天津也形成了一定规模的市场化服务机构，但联通三地实施的科技服务较少。中关村新兴科技服务业产业联盟链接大量科技服务业高成长企业，这些市场化服务机构业务广、能力强，但缺少与津冀建立联系的渠道。

区域治理体系还有待完善。京津冀在高新技术企业整体搬迁资质互

---

① 周维富 . 京津冀产业协同发展的进展、问题与提升路径 [J]. 中国发展观察，2023（5）：9-13.

②"北京研发　津冀制造"三地经济总量超十万亿 [EB/OL].（2024-02-28）[2025-01-10]. https://baijiahao.baidu.com/s？id=1792102384273392814-&wfr=spider&for=pc.

认、大型科研仪器开放共享等方面实现了政策互通互认，但仍有一些资质互认存在堵点（如医疗器械许可证、游戏制作许可证、个税及社保缴纳证明、购买新房资质等），导致一些机构或人员的"北京身份"难以保证。中关村国家自主创新示范区的先行先试政策受行政区界线的限制较大，在津冀地区尚无法同时适用，限制了科技要素向津冀地区的流动。以创新券试点区域通用通兑政策为例，三地科技创新券政策的申请限额、使用要求和适用范围等政策要点不同，执行效果也就存在差异。

区域利益共享机制不够健全。京津冀产业协同和一体化发展有赖于跨行政区转移的利益协调机制，以税收为代表的实际利益协调需三地政府达成一致，并为适应不同发展阶段不断调整，以动态机制维持产业协同的可持续性。

第6节 提升京津冀科技协同创新能级的对策建议

京津冀协同发展创新承载多重国家战略使命。以北京国际科技创新中心建设为引领，打造我国自主创新的重要源头和原始创新的主要策源地。京津冀打造高质量发展动力源，要求从系统视角出发谋划区域发展，提升创新体系效能，从"优势互补、合作共赢"理念出发强化三地互动、链接与融合，实质性推进区域科技创新协同，打造建设科技强国的核心支柱。从城市发展角度出发，向外拓展、对外合作是必然趋势，三地谋求高质量发展都要求在更大范围内寻求新的发展思路。以京津冀协同创新为纽带"抱团发展"，实现中国式现代化发展的底层支撑。

一、加强京津冀协同创新顶层设计

以系统化思维开展全局谋划，加强顶层设计，有利于更好地发挥京津冀的核心优势，科学布局科技创新与产业协作，推进新型工业化和加快科技强国建设。

谋划出台京津冀协同（创新）法律法规。区域协同立法是实现区域协同发展的重要保障，建议全国人大出台《京津冀协同发展促进法》，对涉及区域协同发展和区域协同创新的内容予以法律规定，推动区域协调发展迈向更高水平。

高水平编制科技创新区域规划。开展战略性研究，高水平编制科技创新区域规划，明确三地的科技创新协同的功能定位，加强区域创新体系建设的规划引导，在区域规划、科技资源配置、政策制定和重大科技项目布局上统筹协调。

联合开展重大创新政策研究，全力破除合作体制机制障碍。围绕科技创新中的共性问题，从中央层面组织开展跨省跨部门协商。在科技特派员选派、科技评价与评估、政府采购新产品和科技服务等方面实行统一的扶持政策，在重大科技创新、重大基础设施建设等方面统筹规划，减少重复建设。在天津滨海—中关村科技园、宝坻京津中关村科技城、雄安新区中关村科技园等重点园区推行重大政策先行先试，探索中关村国家自主创新示范区先行先试政策向津冀两地重点区域辐射的机制。

二、打造京津冀科技创新走廊

聚焦"建成具有世界影响的京津冀城市群""建成世界主要科学中心和创新高地"这一重要使命，京津冀协同创新亟须重要抓手，强化科技与产业融合的广度、深度和效能。着眼于国内外优秀实践，在京津冀打造如美国硅谷、波士顿128公路、G60的科技创新走廊，有利于以"廊道"为空间骨架，进一步延伸协同联动范围，整合区域资源，提升区域一体化的质量与效能，将区域优势转化为高质量发展的动能。

构建"一廊两中心八核多节点"空间布局。其中，一廊即京津塘高速、京津城际等复合型的交通通道，两中心即北京、天津"双引擎"，八核即中关村科学城、怀柔科学城、廊坊经济技术开发区、天开高教科创园、天津泰达经济技术开发区等八大核心创新平台，多节点即亦庄永清高新区、大兴国际生命健康产业园、宝坻京津中关村科技城、廊坊临空经济区等 18 个区域创新节点。

形成"两核源起、双向对接、相向而行"的建设策略。以天津经济技术开发区和北京怀柔科学城作为先导区双向对接，联动"北京科技创新"和"天津先进制造研发"，打造"一个扁担挑两头"的格局。

"以点带轴、以轴扩面"，建设"四强"走廊。做好走廊布局建设的规划引导，建立区域协同程度高、政策标准一体化程度高的"京津冀标准"，谋划建设雄安中关村科技园、静海健康科创城等一批产业、创新、人居相融合的京津冀创新微中心，聚焦类脑智能、氢能与储能等前沿领域建设昌平"生命谷"、滨海"信创谷"等产业集群，借鉴河套深港科技创新合作区等创新模式打造通武廊毗邻区、京津冀海洋经济发展示范区等战略性新平台，强化三地"内链接"，合力打造"科创能力强、制造能力强、协同效用强、改革示范能力强"的京津冀科创走廊。

三、完善区域协同创新体系

区域协同创新体系是国家创新体系的重要组成部分，完善区域协同创新体系一直是我国科技创新战略与政策的重要内容。京津冀要从战略高度重视和支持区域协同创新体系的发展，构建开放式区域协同创新网络。

实施京津冀协同创新专项计划。引导推动京津冀三地间科技计划体系的衔接与重构，组织实施"京津冀基础研究合作"专项深化基础研究联合攻关。设立京津冀联合攻关专项，发挥龙头企业的核心带动作用，组建任务型区域创新联合体、成立区域产业技术创新联盟等，形成区域联合攻关机制，建设"卡脖子"技术解决地和产业共性技术研发的"产业公地"。

建设区域重大科技创新平台和"创新枢纽"。共建高水平国家实验室体系、重大科技基础设施群、中试基地群，推动京津冀技术创新中心"旗舰型、枢纽型、网络化"升级，打造京津冀版"弗劳恩霍夫"顶级应用研究机构，形成代表国家参与全球竞争的战略科技力量体系。

建设京津冀产业创新体系。谋划建设京津冀产业公共技术平台群，依托通用技术集团等载体建设工业母机产业创新平台，依托中汽中心建设汽车检测公共服务平台，依托新奥集团建设智能传感产业创新平台等，建立京津冀科技资源共享创新服务平台、京津冀科技创新公共服务平台、京津冀共享制造平台等资源共享平台，探索跨行政区的"共享工厂"，建设京津冀场景示范区，推动"北京产品＋天津场景"模式。

共建区域协同创新基金体系。借鉴长三角优秀实践经验，发挥北京国际科技金融创新中心、天津金融创新运营示范区等平台作用，谋划建设国家社保基金京津冀科技创新股权投资基金，打造京津冀科技成果转化基金"升级版"。

建设区域创新创业服务体系。发挥中关村新兴科技服务业产业联盟、中关村国基条件科技资源共享服务创新联盟、首都知识产权服务业协会等各类科技社团、创新联盟的作用，打造一批科创服务集聚区，大幅增强北京科创服务对区域的辐射力度。

四、构建区域协同创新治理体系

当前京津冀协同创新处于需要推陈出新的关键阶段，形势瞬息万变，挑战层出不穷。无论是为了适配区域协同发展的动态变化，还是为了更好地应对国内外的风起云涌，都需要不断创新京津冀区域协同创新治理的关键机制，持续提升协同创新治理能力。

完善区域协同创新治理机制。区域协同强调多层次、多领域的共同规划，参考长三角形成的"高层次领导小组＋三级运作机制＋区域合作办公室"的协调管理机制，探索京津冀更高规格的协同创新治理新机制。综合"揭榜挂帅""里程碑管理""悬赏制激励""赛马争先"等多种模式机制，优化项目组织实施机制，完善关键核心技术攻关新型举国体制。依托京津冀国家技术创新中心，建立天津中心、雄安中心等的实体化运营统筹推进机制，打造具有差异化特征的枢纽型平台。

健全区域利益共享机制。设计跨省市产业转移、跨省市技术成果转化的税收分享机制，探索地方 GDP 等主要经济指标分享机制，如对于北京落户津冀的企业或科研机构按一定比例返还财政税收。完善高新技术企业区域迁移资质资格互认清单，对政府规划的生产基地搬迁、共建园区和技术成果产业化等探索实施"共建共管共享"。探索建立京津冀新技术新产品（服务）采购平台，发布创新产品目录，为首台（套）装备、首批次新材料、首版次软件的推广应用链接国内最优服务。

重点强化市场化机制。发挥市场在资源配置中的决定性作用，鼓励企业及社会力量加大科技投入，引导全社会科技投入向基础研究、应用研究倾斜。用好市场化科创服务机构资源，推动律师事务所、人才等市场化机构通过设立分支机构等方式批量辐射津冀，为区域科技成果转化提供"保姆式""伴随式"专业化服务。加强科技中介等第三方社会组织创新网络治理能力和参与意识，促进科技创新成果社会化市场化发展。

第七章

长三角一体化发展的科技协同创新

长三角一体化发展是我国区域协调发展战略体系中的重要组成部分。长三角区域具有城市群密集、经济发展优势明显和配置效率较高等特点，推进长三角一体化发展势必能带来创新资源要素的集中和优化配置，有利于长三角在创新和完善区域协调发展机制、消除要素流动壁垒、构建新发展格局等诸多方面发挥引领和示范作用。因此，作为以区域协同创新推动区域协调发展战略的重要实践承载地，长三角区域协同创新的研究具有重要意义。本章将系统回顾长三角协同发展的历史脉络，把握区域协同创新的关键节点，通过总结长三角一体化协同创新的特征，提出可供毗邻区域协同创新复制推广的经验启示，并在发展新质生产力的背景下，初步提出长三角协同创新共同体效能提升的对策建议。

第 1 节　长三角一体化发展的历史回顾

长三角地理相近、人文相亲、发展阶段相似，长三角一体化发展国家战略，是基于长三角区域联动发展顺势而为提出并逐渐升级的。以国家层面首次提出"长三角"概念为起点，长三角一体化发展大致可以划分为3 个阶段：1982 年开始，长三角经历了扩容、搁置、重启，区域协同发展在艰难探索中不断前行；2003 年，时任浙江省委书记习近平与上海、江苏的党政领导签署经济合作协议，拉开了三省市高层频繁互访的序幕；2018年，长江三角洲区域一体化发展正式上升为国家战略，标志着长三角一体化掀开了新的发展篇章。

一、长三角区域经济协作探索期（1982—2002 年）

这一时期，国家层面创新性地设立了上海经济区，长三角跨省级行政区的协同发展在曲折中探索。区域协作经历了沪苏浙皖闽赣一市五省的合作巅峰期，度过了上海经济区被撤销的沉寂期，并在浦东开发开放的热潮中再次掀起民间合作的热情，长三角经济圈初显雏形。

1982 年 12 月，国务院发布《关于成立上海经济区和山西能源基地规划办公室的通知》，探索建立一个不同于以往行政区划、经济协作区式的新的经济区域和经济网络，上海经济区规划办公室由此成立。这是国家层面首次提出"以上海为中心建立长三角经济圈"的概念，也是国家在战略层面推进长三角一体化发展的首次尝试。

1983 年 3 月，上海经济区规划办公室正式挂牌，长江三角洲地区迎来了一次合作的高峰。上海经济区最初范围为 10 个市[①]，包括上海市、苏州市、无锡市、常州市、南通市、杭州市、嘉兴市、湖州市、宁波市和绍兴市，上海市作为整个经济区的中心。1984 年 10 月，经济区首次扩区，调整为上海市、江苏省、浙江省和安徽省，即现在长三角经济区的三省一市。同年 12 月，第二次扩区将江西省纳入，形成四省一市的格局。1986 年 8 月，福建省的加入使上海经济区变为五省一市，这是长江三角洲区域范围最为广泛的一次。

1988 年 6 月，在国务院进行机构改革的大背景下，上海经济区规划办公室被撤销，上海经济区试验退出历史舞台。上海与长江三角洲地区之间的经济联合进入暂时的沉寂期，但自发的区域经济合作一直未中断。

---

① 蒋云倩．上海经济区：30 年前的"长三角"试验 | 改革开放亲历者说 [EB/OL]．(2018-12-17) [2025-01-10].http://dangjian.eastday.com/n1129148/n1129149/u1ai12083542.html.

1990 年，随着国家宣布开发开放浦东，长三角的协同发展迎来了新的重大契机。1992 年 10 月，中央批准设立浦东新区，旨在推动长江三角洲和整个长江流域地区经济的新发展。这一轮的协同发展起初由城市之间的自发经济合作推动，最初的上海等 10 个"元老"城市，加上舟山、扬州、南京、镇江，共 14 个市的经济协作办公室发起组织，成立了长三角十四城市协作办（委）主任联席会。至 1996 年，该联席会共召开了 5 次会议。

1997 年，原有的 14 个城市的市政府与新成立的泰州市政府通过平等协商，自愿组成新的经济协调组织——长江三角洲城市经济协调会，标志着长三角经济圈再次启动 [1]。

二、长三角经济圈时期（2003—2018 年）

这一时期，自长三角元年开启了经济圈时代，"泛长三角"概念被广泛关注，长江三角洲地区的区域范围和沪苏浙皖三省一市的城市群范围逐步明晰。区域开始探索以科创走廊建设推动区域协同的新路径，区域协同创新引领区域协同发展的动能初显。

2003 年被称为"长三角元年"，浙江省党政代表团的沪苏之行拉开了长三角地区高层频繁互访的序幕。3 月，在时任浙江省委书记习近平的提议下，长三角地区党政主要领导就建立定期会晤机制达成共识。沪苏浙高层领导签订了一揽子协议，并提出共同建设以上海为主导的"区域经济一体化试验区"。8 月，长三角正式扩容，接纳浙江台州为新成员，"15＋1"的新格局出现。这是地理概念的首次突破，真正意义上的经济圈开始形成。

2005 年 12 月，首次长三角两省一市主要领导座谈会在浙江杭州召开，长三角区域合作正式纳入三省市最高决策层的视野。

2008 年，"泛长三角"进入中央视野，原本由沪苏浙两省一市主要领导参加的座谈会迅速做出响应，邀请安徽省加入，奠定了当前的格局。9

---

① 长江三角洲城市经济协调会 [EB/OL]. (2004-11-02) [2025-01-10]. https://news.sina.com.cn/o/2004-11-02/13164116175s.shtml.

月，国务院印发《关于进一步推进长江三角洲地区改革开放和经济社会发展的指导意见》，正式明确了长江三角洲地区包括上海市、江苏省和浙江省共两省一市的范围。

2010年5月，国务院正式批准实施《长江三角洲地区区域规划》，对该区域的发展空间布局进行了规划，确立了以上海为核心的"一核九带"空间格局。规划明确了长江三角洲地区发展的战略定位，即成为亚太地区重要的国际门户、全球重要的现代服务业和先进制造业中心及具有较强国际竞争力的世界级城市群。

2016年5月，国务院常务会议通过《长江三角洲城市群发展规划》，明确了长江三角洲城市群范围，包括上海市、江苏省9市、浙江省8市和安徽省8市。除沪苏浙外，安徽合肥都市圈也被纳入长三角城市群，使长三角的范围从两省一市扩展到目前的三省一市，区域面积达21.17万平方千米。同年，G60上海松江科创走廊正式启动建设。

2018年初，长三角区域合作办公室成立。6月，长三角地区主要领导座谈会审议并原则同意《长三角地区一体化发展三年行动计划（2018—2020年）》。

三、上升为国家战略，开启协同创新时代（2018年底至今）

这一时期，长三角一体化发展正式上升为国家战略，锚定"高质量"和"一体化"两个关键词，长三角一体化发展进入新时期，长三角区域科技创新进入新阶段。

2018年11月，习近平总书记在首届中国国际进口博览会上宣布，支持长江三角洲区域一体化发展并将其上升为国家战略，同"一带一路"建设、京津冀协同发展、长江经济带发展、粤港澳大湾区建设相互配合，完善中国改革开放空间布局。同月，沪苏浙皖三省一市人大常委会发布《关于支持和保障长三角地区更高质量一体化发展的决定》，并于2019年1月1日起实施。

2019年5月13日，中共中央政治局审议了《长江三角洲区域一体化发展规划纲要》，提出长三角一体化发展要紧扣"一体化"和"高质量"两个关键词，带动整个长江经济带和华东地区发展，形成高质量发展的区域集群。随后，沪苏浙皖三省一市分别制定了各自的行动计划，积极推进一体化发展。5月22日，首届长三角地区主要领导座谈会在安徽芜湖举行，会议以"共筑强劲活跃增长极"为主题，全面分析了长三角一体化发展上升为国家战略后的新内涵和新要求。12月，中共中央、国务院正式印发《长江三角洲区域一体化发展规划纲要》，规划范围包括上海市、江苏省、浙江省、安徽省全域，面积达35.8万平方千米。

2020年6月5日，第二届长三角地区主要领导座谈会在浙江湖州举行。会议以"战疫一盘棋、夺取双胜利"为主题，全面分析了新形势下长三角一体化发展的新要求和新使命。8月20日，习近平总书记在安徽合肥主持召开扎实推进长三角一体化发展座谈会并发表重要讲话。至此，长三角一体化发展新局面已经形成。

2021年5月26日，第三届长三角地区主要领导座谈会在江苏无锡举行。会议全面分析了新阶段长三角一体化发展面临的新形势和新任务，重点围绕探索形成新发展格局的路径、夯实长三角地区绿色发展基础、增强区域协同高质量发展动能等方面进行了深入讨论，并达成了广泛共识。

2022年8月16日，第四届长三角地区主要领导座谈会在上海举行。会议以"共担新使命、同谱新篇章"为主题，聚焦高效统筹疫情防控和经济社会发展、推动高水平科技自立自强和产业协同发展、持续提升基础设施服务保障水平、打造改革开放新高地、携手共建绿色美丽长三角、努力建设幸福和谐长三角、加快推动区域协同发展、完善区域合作机制等方面进行了深入讨论。会议明确了当前和今后一个时期共同推进长三角更高质量一体化发展的若干重大事项。

2023年6月5日，第五届长三角地区主要领导座谈会在安徽合肥举行。会议以"携手高质量一体化、奋进中国式现代化"为主题，全面总结了长三角一体化发展上升为国家战略 5 年来的工作成效与经验。会议明确表示，将进一步深化更多重点领域、重点区域的协同合作，推动更多重大平台和重大项目落地见效，为长三角更高质量一体化发展注入强大动力。

第 2 节　长三角科技协同创新的特征

《2024"中国 100 城"城市创新生态指数报告》数据显示，创新生态指数排名前 20 的城市中，长三角地区占 7 席。长三角集聚效应显著，区域城市创新生态处于全国领先水平。长三角区域协同创新具有"强政府+强市场"的"双强"驱动型、以科创走廊为轴的"轴线"布局型、"产学研民"四体联动创新型、新型举国体制攻关型的特征。

从动力来源看，长三角区域的市场化程度整体较高，市场在资源配置中起到了主导作用。同时，沪苏浙皖三省一市从政策制定和落实、体制机制改革和创新等方面进行了一系列探索，释放了市场活力，政策落实成效显著。

从空间结构看，长三角自发探索并构建了我国成功的科创走廊——G60 科创走廊。通过空间优化，形成错位化发展的产业分工与协作体系，促进高端生产要素在更大空间尺度上流动和优化组合，成为长三角一体化的创新引擎。

从创新主体看，长三角拥有丰富的科研和高校资源，产业链深度融合且分工协作能力强，行业协会和联盟众多，创新服务体系健全。企业、高校、科研院所和民间机构建立了密切的协作网络。

从特色功能看，长三角在战略使命、国家级研发载体数量、重点领域的产业布局等方面具有优势，聚焦集成电路、生物医药、人工智能领域，具备率先探索发挥关键核心技术攻关新型举国体制优势的基础。长三角要在"卡脖子"技术国产化上率先取得突破。

一、区域整体的市场化程度较高且发展差距较小

根据北京国民经济研究所发布的《中国分省份市场化指数报告（2021）》[①]，综合政府与市场的关系、非国有经济的发展、产品市场的发育程度、要素市场的发育程度、市场中介组织的发育和法治环境等方面分析，2019年江苏、上海、浙江、安徽市场化总指数分别在全国31个省份（不含港澳台地区）中列第1、第3、第4、第11位，显示长三角地区整体的市场化指数较高。从时间范畴来看，长三角三省一市人均GDP平均值由2010年的4.90万元增长到2023年的13.57万元，同时，5组数列逐渐收敛，离散系数[②]由2010年的0.442缩小到2023年的0.350（表7-1）。这表明区域一体化发展取得了重大进展，各地间的共性与个性、合作与竞争、集聚与辐射迈向了更高质量的新均衡。在区域范畴上，长三角的人均GDP离散系数低于京津冀和粤港澳，说明长三角三省一市之间的发展差距较小（表7-2）。

表7-1　长三角人均GDP及其离散系数

年份	上海人均GDP/万元	江苏人均GDP/万元	浙江人均GDP/万元	安徽人均GDP/万元	四地均值/万元	离散系数
2010	7.33	5.20	5.00	2.06	4.90	0.442
2013	9.01	7.46	6.85	3.17	6.62	0.374
2016	11.36	9.53	8.35	3.91	8.29	0.383
2019	15.73	12.36	10.76	5.85	11.18	0.368
2023	19.03	15.05	12.50	7.68	13.57	0.350

资料来源：历年《中国统计年鉴》。

表7-2　2023年重点区域人均GDP及其离散系数

区域	京津冀			长三角				粤港澳		
省份	北京	天津	河北	上海	江苏	浙江	安徽	广东	香港	澳门
人均GDP/元	200 278	122 752	59 332	190 321	150 487	125 043	76 830	106 985	358 822	483 817

[①] 中国市场化指数数据库，https://cmi.ssap.com.cn/。

[②] 离散系数又称变异系数，是测度数据变异程度的相对统计量，用于比较平均数不同的两个或多个样本数据的变异程度，是标准差与其平均值之比，比值越小，说明离散程度越低。

续表

区域	京津冀			长三角				粤港澳		
省份	北京	天津	河北	上海	江苏	浙江	安徽	广东	香港	澳门
区域内均值/元	127 454			135 670				316 541		
离散系数	0.554			0.350				0.606		

资料来源：各地统计公报。

二、创新链条完整，从知识生产到知识应用之间的耦合度高

从经济活动视角看，创新行为可分为两个阶段：大学及科研机构把资金转化为原创知识的"知识生产"阶段，以及企业把知识转化为资产并加以应用的"知识应用"阶段。科技成果转化能够将各主体在不同创新环节的行为统一起来，实现这两个环节的深度耦合，推动科技创新与产业创新的融通发展。为解决科技成果转化这一世界级难题，沪苏皖浙在区域内加速布局各类概念验证、中试平台及共性技术研发载体等。长三角科技资源共享服务平台显示，长三角共有国家级科研基地 372 个，占全国的 20%以上。同时，长三角产业链上下游衔接度高，产业体系完备，配套能力强，产业创新服务体系完备。通过构建场景触发与技术驱动相结合的创新生态系统，在各类平台体系的协同协作下，创新主体跨越创新的"死亡之谷"的风险被极大降低。

三、聚焦重点领域、关键环节的"卡脖子"技术，攻关能力强

对比三大重点区域的规划纲要，京津冀要打造全国创新驱动经济增长新引擎，其战略核心是有序疏解北京非首都功能，调整经济结构和空间结构。粤港澳要构建开放型区域协同创新共同体，重点要吸引和对接全球创新资源，建设开放互通、布局合理的区域创新体系。长三角要联合提升原始创新能力，加强科技创新前瞻布局和资源共享，"集中突破一批卡脖子核心关键技术，打造全国原始创新策源地"是科技强国建设赋予的历史

使命。在长三角科技创新共同体建设过程中，重点瞄准集成电路、生物医药、人工智能这三大领域开展联合攻关。这些产业不仅代表着世界尖端制造工艺水平，而且涵盖了下一代产业革命的发展方向[①]，也是中美经贸摩擦后被"卡脖子"的大部分领域。由于其产业科技门槛高、产业链构成复杂、创新风险相对较大，需要政府和市场双重发力，切实形成支持创新的强大合力。长三角地区是我国重大装备和关键零部件的生产基地，拥有众多国家级科研机构，具备创新资源禀赋，并建立起多元的合作投入机制和有效的风险分担机制。因此，长三角应在重大科技攻关上做开路先锋和全国的排头兵。

四、区域创新的虹吸效应呈现转型发展

研究表明[②]，长三角地区虽经济发展差距整体呈拉大趋势，但极化水平保持稳定。这表明长三角区域内虹吸效应呈现转型发展，存在虹吸效应和扩散效应的混合作用。从经济发展差距来看，长三角周边城市与上海的经济发展差距整体呈扩大趋势。但从经济极化水平来看，长三角地区自 2004年开始呈现下降态势，且一直保持相对稳定的极化水平。从创新能力来看，长三角创新发展较为均衡，《中国区域创新能力评价报告 2024》数据显示，2022 年上海、江苏、浙江、安徽的区域综合科技创新水平指数分别居全国第 2、第 4、第 6、第 9 位，因此经济极化水平在近几年一直保持相对稳定。

第 3 节　长三角科技协同创新的发展现状

上升为国家战略 5 年多来，长三角一体化发展为三省一市注入强劲动力。作为中国经济发展最活跃、开放程度最高、创新能力最强的区域之一，长三角地区以不足 4% 的国土面积，连年保持全国约 1/4 的经济总量。

---

① 李清娟. 长三角：领跑"硬核"产业创新[M]. 北京：中国社会科学出版社，2023：59.
② 柳卸林，杨博旭. 区域创新：极化、追赶与共同富裕[M]. 北京：光明日报出版社，2023：117.

在区域协同创新、基础设施联通、生态环境协同共治、民生保障等多个方面，长三角地区均取得了显著成效。

一、长三角总体发展概况

（一）经济总量占比不断攀升，头雁效应显现

长三角区域的整体实力和综合竞争力位居全国前列。自 2018 年以来，三省一市地区生产总值（GDP）占全国比重始终保持在 24% 左右[①]，呈稳定发展态势。GDP 万亿城市从 6 个增加到 9 个，占全国万亿城市的 1/3，为全国经济稳增长发挥了"压舱石"作用。

综合报告数据，2023 年长三角 GDP 达 30.5044 万亿元（保留小数点后四位）（表 7-3），约占全国的 24.2%。横向比较，长三角 GDP 平均增速为 5.65%，高于全国增速 5.2%，高于京津冀平均增速 5%。纵向比较，2023 年长三角 GDP 增量超 1.4 万亿元，稳居"GDP 万亿俱乐部"。从世界范围来看，2023 年长三角经济总量已与德国、日本相当，人均 GDP 超过 1.8 万美元，世界级城市群地位进一步巩固。

表 7-3　2023 年长三角三省一市主要经济数据

指标	江苏	浙江	上海	安徽
地区生产总值/亿元	128 222.2	82 553.0	47 218.7	47 050.6
增速	5.8%	6.0%	5.0%	5.8%
第二产业增加值/亿元	56 909.7	33 953.0	11 613.0	18 871.8
增速	6.7%	5.0%	1.9%	6.1%
第三产业增加值/亿元	66 236.7	46 268.0	35 509.6	24 682.2
增速	5.1%	6.7%	6.0%	5.8%
固定资产投资增速	5.2%	6.1%	13.8%	4.0%
工业投资增速	9.1%	—	5.5%	22.7%
社会消费品零售总额/亿元	45 547.5	32 550.0	18 515.5	23 008.3
消费增速	6.5%	6.8%	12.6%	6.9%

[①] 长三角区域经济总量突破 30 万亿元 [EB/OL].（2024-01-29）[2025-01-10]. https://baijiahao. baidu.com/s？id=1789425117773744585&wfr=spider&for=pc.

续表

指标	江苏	浙江	上海	安徽
进出口总额/亿元	52 500.0	49 000.0	42 121.6	8052.2
进出口总额增速	−3.2%	4.6%	0.7%	7.8%
规上工业总产值增速	7.6%	6.8%	1.5%	7.5%
装备制造业增速	7.8%	9.4%	—	13.3%
战略性新兴产业产值占规上工业比重	41.3%	33.3%	43.9%	—
"新三样"出口/亿元	1819.8	1401.8	1677.9	390.6
增速	14.5%	11.0%	42.2%	11.6%

注："—"表示未规划相应数据。

资料来源：长三角各地统计局及《长三角年鉴》。

在经济总量实现突破的同时，长三角区域在优化经济结构方面也取得了突出进展：2023年，上海有58个投资额10亿元以上的重大产业项目开工建设，C919国产大型客机、首艘国产大型邮轮实现了商业运营；江苏制造业高质量发展指数达91.9，位居全国第一；浙江数字经济核心产业制造业增加值同比增长8.3%；安徽省新能源汽车产量达86.8万辆，同比增长60.5%。

（二）建成要素自由流动的统一开放市场，初步形成区域一体化发展新格局

对外开放水平更高。作为外向型经济的代表区域，长三角在2023年进出口额达15.16万亿元，占全国进出口总值的比重为36.3%。上海口岸进出口额为10.66万亿元，占全球贸易的比重约为3.6%，进一步巩固了其作为"全球最大贸易口岸城市"的地位。截至2024年1月底，上海集聚的跨国公司地区总部达到962家，上海始终是外商投资首选地之一。5年来，长三角举办了5届进博会，累计成交额达3457.8亿美元，展商数超过1.5万家，溢出带动效应持续放大。

区域金融市场形成重要支撑。到2023年底，三省一市在科创板挂牌上市272家硬科技企业，占全国比重为47.9%。科创金融服务效能提升。在全国率先试点以企业信用信息报告代替行政合规证明的新机制，有效降低了企业向各行政部门"求证"的沟通成本和时间成本。五市共建科创金融改革试验区。中国人民银行联合国家部委发布《上海市、南京市、杭州市、合肥市、嘉兴市建设科创金融改革试验区总体方案》,鼓励银行在试验区设立科技金融事业部、科技支行、科创金融专营机构等,提高科创金融服务的专业化程度,推动长三角"金融+科技+产业"融合发展。

公共服务日益便利。长三角地区是全国铁路最密集的区域之一。截至2023年底,长三角高速铁路里程超7000千米,陆域所有地级市都有动车通达。世界级的港口群正在加快构建。在空中交通方面,长三角41个城市中有23座已建成机场,远超粤港澳和京津冀地区,比肩拥有25座机场的纽约湾区。长三角"一网通办"应用于152项政务服务事项或场景,实现了41个城市跨省市通办。

(三)产业发展实力不断增强,产业集群竞争力突出

长三角集聚全国约30%的高新技术企业,2022年高技术产业利润高达4661亿元,较2018年增长34.32%,占全国高技术产业利润的1/4。现代化产业体系加快建立,经济结构不断优化。目前,长三角在集成电路、生物医药、人工智能和汽车等战略性新兴产业和先进制造业领域已形成具有竞争力的产业集群。其中,集成电路、生物医药、人工智能的产业规模分别占全国的3/5、1/3和1/3(表7-4)。

表7-4 高精尖产业承载区发展情况

产业	发展情况
集成电路	长三角地区是我国集成电路产业基础最扎实、产业链最完整、技术最先进的区域,总营收占全国60%以上。其中,上海拥有完备的全产业链,江苏在封测业方面发达,浙江以集成电路设计为主,安徽具备制造优势
生物医药	长三角在产业实力、创新能力、资源要素、国际影响等方面位居全国前列,贡献了近29%的医药工业营收总额和46%的国内已上市创新药及海外上市产品。近5年,融资总额占全国的50%,全球许可交易总额占全国比重超过70%,全国超3000家与生物技术、制药相关的企业,接近一半都位于长三角,拥有全国1/3生物医药产业园区,充分体现出长三角生物医药产业集群的全国竞争优势①

① 白静.协同产学研医智慧力量推进生物医药产业创新:2023首届长三角生物医药产业大会暨第四届中国生物医药产业链创新转化国际峰会侧记[J].中国科技产业,2024(1):10-13.

续表

产业	发展情况
人工智能	长三角是国内人工智能发展最卓越、创新实力最强、与实体经济结合最紧密的区域，企业数量占全国的30%。在产业载体方面，上海、杭州、合肥、苏州和浙江省德清县已入选国家新一代人工智能创新发展试验区；工业和信息化部先后批复建设9个国家人工智能创新应用先导区，上海、杭州位列其中
新能源汽车	长三角已成为观察全球新能源汽车动态走势发展的窗口，特斯拉、蔚来、极氪、零跑的全球总部或中国总部均位于长三角地区，理想、比亚迪等车企的大型生产基地也落户江苏与安徽。长三角地区新能源汽车年产量达380万辆，全国每3辆新能源汽车中，就有1辆产自长三角地区
新能源	长三角的储能产业一体化建设不断推进，相关储能企业数量占全国的40%，使其成为储能产业发展基础最坚实、要素最集聚的区域之一

推动区域间产业创新深度协作。长三角地区地市依托自身基础，不断深化横向联合，强化优势互补，开展错位竞争，使得区域产业协作更加紧密。汽车、生物医药、船舶和航空高端装备等产业的协同发展水平不断提升。其中，最具代表性的当属体现现代化产业体系特征的长三角新能源汽车"4小时产业圈"（表7–5）。

表7–5 产业链区域协作情况

产业	发展情况
新能源汽车	在长三角地区，一家新能源汽车整车厂可以在4小时车程内解决大部分所需配套零部件的供应。各地发挥比较优势联合协作，上海依托自身技术创新优势提供芯片、软件的研发；江苏常州提供动力电池；浙江宁波提供完成车身的一体化压铸模具；安徽则负责整车组装
生物医药	上海依托张江生物医药产业园区，专注于生物医药研发和成果转化；泰州已形成化学药、生物制品、诊断试剂、现代中药等主导产业，疫苗产业集聚度全国最高；连云港在新型抗肝病及抗肿瘤药物、新型中药及制剂等新医药领域具有显著优势；无锡则在生物医药研发服务外包、特殊医学配方食品等领域发力。城市间进一步强化产业协作，泰州在上海张江建有离岸孵化中心，其"全球研发、上海孵化、泰州产业化"的创新链条已初步构建；阿斯利康在上海张江设有全球研发总部，并在无锡、泰州建有生产基地；连云港豪森（翰森制药）全球研发总部也落地上海张江，区域协作能力大幅提升

金融服务支撑产业集群壮大。2018年，上海国际集团联合沪苏浙皖国有企业、金融机构和社会资本，发起设立了长三角协同优势产业基金，基金规模72亿元，目前已完成全部投资。现启动二期基金，目标规模100

亿元，在跨行政区域、跨不同行业、跨所有制企业间实现了资本合作。一方面，该基金提供资金支持。通过对"硬科技"子基金、"完善产业链"子基金、"明星项目"3 个方向的投资，基金聚焦人工智能、生物医药、集成电路三大先导产业，布局近 10 个前沿领域，推动了如盛合晶微、华大智造、汇禾医疗、派拉软件等超过 100 个掌握关键核心技术的"专精特新"企业在长三角落地生根，并在若干细分产业链形成了集群效应。另一方面，基金提供金融升级服务。根据企业发展的需要，基金积极对接政府资源和产业资源，寻找到产业链上下游的合作伙伴，为企业匹配不同发展阶段所需要的金融服务。

二、协同推进科技创新，打造长三角协同创新共同体

长三角地区研发投入强度高达 3.11%，超过全国平均水平近三成。全国 22 个科技集群进入全球百强，其中 4 个科技集群来自长三角，占全国 18%，其中上海—苏州跻身全球五大科技集群，排名超过美国最佳科技集群加州—圣弗朗西斯科。在 2022 年中国科学十大进展中，长三角占 6 项，在全国占比超 50%。

（一）创新资源加快聚集

长三角地区拥有全国 1/4 的"双一流"高校，以及上海张江、安徽合肥两个综合性国家科学中心，104 个全国重点实验室，50 个国家工程研究中心，19 家中国科学院研究机构，并有 400 余位两院院士。长三角创新投入持续增加，基础研究经费投入逐年提升，其在全社会研发投入中的占比整体上呈现平稳上升趋势（图 7-1、图 7-2）。该地区研发投入强度达 3.23%，超过全国平均水平近 0.7 个百分点。每万人拥有研发人员 76.20 人年，是全国平均水平的近两倍。《长三角区域协同创新指数 2024》显示，自 2018 年长三角一体化发展上升为国家战略以来，指数年均增幅达 9.26%，可见长三角协同创新引领示范作用不断加强，科技创新共同体建设迈向新阶段。5 项一级指标中，成果共用指标增幅最大，从 2018 年的

159.24 分提高到 2023 年的 409.89 分，年均增速达到 20.82%。

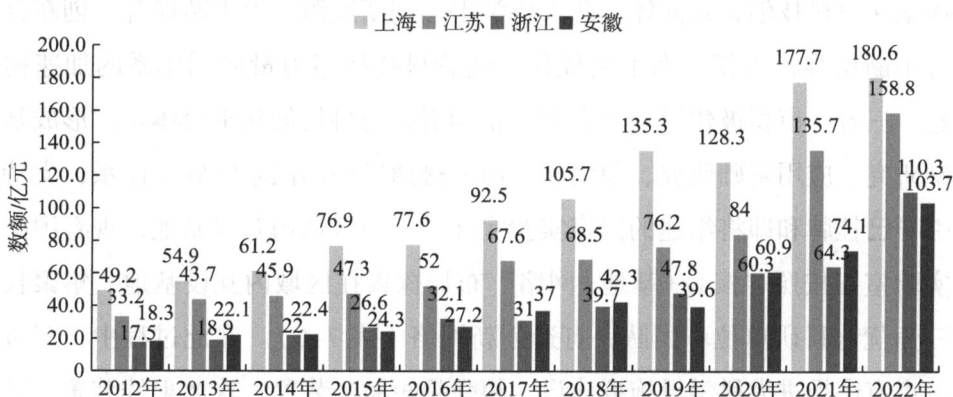

图 7-1　2012—2022 年长三角三省一市基础研究经费投入
（资料来源：历年科技统计年鉴及全国科技经费投入统计公报）

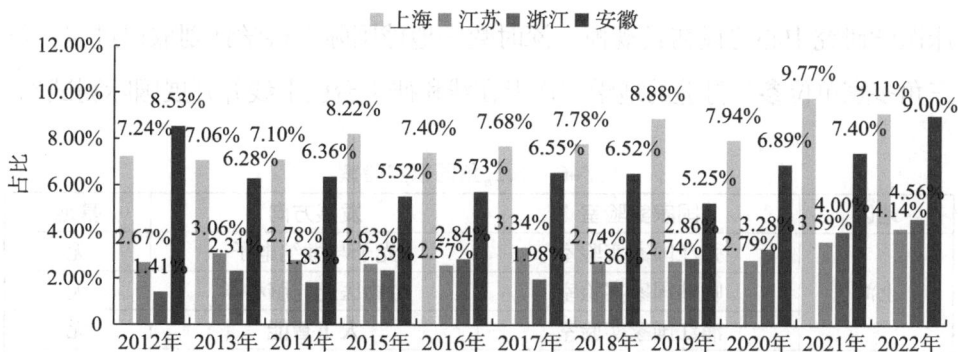

图 7-2　2012—2022 年长三角三省一市基础研究经费占全社会研发投入比重
（资料来源：历年科技统计年鉴及全国科技经费投入统计公报）

（二）战略科技力量引领全国

在大科学时代背景下，国家战略科技力量的提升是实现国家目标和战略需求的必然要求。放眼中国创新版图，综合性国家科学中心作为国家科技竞争力的象征备受瞩目。从布局来看，4 个综合性国家科学中心有 2 个分布于长三角地区。依托上海张江、安徽合肥两大综合性国家科学中心，共同构建世界一流重大科技基础设施集群和区域重大科技基础设施网络，是集聚优势资源推动国家战略科技力量合力共建的重要方式。围绕原始创新能力建设、科技与产业创新深度融合、构建开放创新生态等重点任务，探索建设科技创新共同体，两大科学中心创新策源能力不断提升，创新合力不断增强，创新生态不断优化。随着科技战略力量协同体系的加速构建，三省一市积极建设以国家实验室为引领的科技创新平台体系，形成基础研究、应用基础研究、前沿技术研究融通发展的国家实验室体系，支持引导已挂牌和即将组建的国家实验室在长三角区域内互设基地，现有国家实验室正按照"核心+基地+网络"布局探索在区域内互设基地，集聚长三角优势科研单位和团队，打造创新网络（表7-6）。在此过程中，三省一市有序推进大科学设施群建设，超强超短激光装置、软X射线装置、转化医学设施等一批重大科技基础设施已投入试运行，加快建设未来网络试验设施、光源二期线站、聚变堆主机关键系统综合设施等。此外，国家临床医学研究中心建设初具规模，深时数字地球国际大科学计划取得进展，长三角多家单位参与打造的地学工作者在线科研平台已上线并开展国际测试[①]。

表7-6　长三角国家实验室

地区	国家实验室	发展方向	基地
上海	张江国家实验室	光子与微纳电子	无
	临港国家实验室	生物医药与脑科学	无
	浦江国家实验室	人工智能	无
合肥	合肥国家实验室	量子信息科学	济南、上海、深圳基地
苏州	苏州国家实验室	材料	无
杭州	乾元国家实验室	电磁科学	无

（三）协同创新机制和载体不断健全

部省市"三位一体"联合攻关新突破率先实现，科技部、三省一市紧密互动，企业出题，共同发榜、共同揭榜、共同支持、共同管理，实现部省市任务联动、资金联合、管理联通"三位一体"，打破了长三角区域20

---

①"两心同创"强动能：长三角加快科技创新跨区域协同观察[EB/OL].(2023-12-26)[2025-01-10]. http://news.cyol.com/gb/articles/2023-12-26/content_wd8PXBuRVK.html.

年的联合攻关壁垒。自 2022 年以来，三省一市累计发布"企业出题"的48 项重点揭榜任务，全国揭榜单位数量超过 380 家，其中长三角占比达85%，研发投入超过 10 亿元。2021 年揭牌的长三角国家技术创新中心，通过探索"项目经理制""团队参股""拨投结合"等创新举措，构建起一套以企业为主体、市场为导向、产学研深度融合的技术创新体系，引进 16家在华外资研发中心、项目经理 315 名，与行业龙头企业共建联合创新中心 317 家，开展 460 项行业技术研发合作，推动了科技创新和产业创新的区域协同。此外，建设长三角一体化科创云平台，推进科技创新"数治"，以长三角科技协同治理需求为导向，聚焦科研项目管理、科研诚信、研发资源共享、科技协同标准化等领域。该平台通过加强区域数据集成应用与交互对接，实现线上协同管理、数据共享、云上展示，为长三角开展联合攻关提供支撑，构建区域科技协同治理体系。

（四）区域科技成果转化生态不断完善

长三角地区通过成立国家科技成果转移转化示范区联盟、长三角科研院所联盟和 InnoMatch 全球技术供需对接平台，积极推动区域创新合作与成果转化。长三角国家科技成果转移转化示范区联盟，由浙江省牵头，联合上海闵行、江苏苏南、浙江、安徽合芜蚌、宁波 5 个国家科技成果转移转化示范区组成，在全国首次采用了共派师资、共设课程、统一考试、共同发证的深度融合培训模式，形成多维度的技术转移人才培养生态体系。长三角科研院所联盟由上海科学院、上海长三角技术创新研究院、江苏省产业技术研究院、浙江大学杭州国际科创中心、安徽省科学技术研究院共同发起成立[1]，致力于破解共性技术难题，强化区域协同创新。联盟聚焦集成电路、生物医药、人工智能三大先导产业，成立了联盟数字经济专业委员会、实验动物与生物技术专业委员会和长三角集成电路关键共性技术（服务）平台，打破地域限制，推动专业领域创新联合攻关和成果转化，

---

[1] 长三角科创共同体发布创新需求面向全球揭榜 [EB/OL]. (2022-08-28) [2025-01-10]. https://www.gov.cn/xinwen/2022-08/28/content_5707196.htm.

加强专业资源的整合与共享。InnoMatch 全球技术供需对接平台首创面向全球的技术贸易专业特色生产性互联网服务平台，以智能算法与科创数据底座为基础，按照产业化垂直领域分类，形成"主动发布、全程跟踪"的业务模式，在全球范围内匹配对接解决方案和资源，促成 211 项签约，签约金额共计 6.92 亿元，实现集聚全球技术、资本、人才、信息等要素和多维度服务体系的技术贸易和转化生态。2022 年，上海向长三角输出的技术合同达 976.80 亿元[①]，较 2018 年的 172.79 亿元增长了 4.6 倍，占上海对外技术合同输出的比重从 32.34% 提高至 42.63%。同年，上海向长三角地区输出专利 3891 件，较 2018 年的 932 件增长了 3.2 倍，上海创新策源成果，在长三角实现孵化转化，已经成为串联创新链、产业链、人才链、资金链的区域合作新范式，为助推我国高水平科技自立自强提供了长三角模式。

（五）区域科技资源共享网络持续深化

通过长三角科技资源开放共享平台建设、"科技创新券"跨地域通认通用等多种方式，推动创新服务与研发需求的区域对接，推进科技创新资源区域汇聚，构建了"研发－技术－人才－市场－服务"的创新链条。长三角科技资源共享服务平台依托上海研发公共服务平台，在"资源集聚、人才挖掘、服务模式、科技创新券"等方面进行了探索，完成了长三角科技创新资源数据池的搭建，实现了长三角仪器设施、机构等创新资源数据共享，为区域科技创新资源管理提供了协调基础。平台为企业提供六大类服务和智能化搜索功能，精准匹配创新资源，形成了"科技资源+科技服务+科技政策"的服务模式。同时，平台在 10 家园区设立线下服务站点，根据各园区的区位优势和产业定位，为高端人才和科技成果与园区产业的深度对接提供平台，实现线上服务的线下落地。长三角科技资源共享服务平台自 2019 年开通以来，已经集聚 4 万余台大型科学仪器、22 台大科学装置，以及 2377 个服务机构和 3180 家科研基地。长三角"科技创新券"利用区域内财政科技资金，支持本地科技型中小企业跨地域购买专业技术

① 沈湫莎.上海策源长三角孵化，协同创新跑出新范式[N].文汇报，2024-02-01（2）.

140

服务，降低了区域创新成本，提高了区域创新效率。自 2021 年启动以来，累计申领企业超 3000 家，申领额超 2 亿元，兑付金额超 6700 万元，为推动开放创新合作提供了重要支撑。此外，长三角"感存算一体化"超级中试中心拥有 10 多个专业中试平台，整合四地中试设备超 500 台（套），价值超 55 亿元，进一步支持区域创新和产业发展。

第 4 节　长三角科技协同创新的经验做法

长三角紧扣"一体化"和"高质量"两个关键词，从顶层规划入手，充分发挥市场机制优势，在体制机制创新上积极探索实践。通过大力推动区域要素一体化，长三角提升了区域市场一体化水平，实现了科技创新与区域协同发展的深度融合。

一、以完善的规划衔接机制，明确区域发展方向

长三角区域协同发展的难点在于打破行政区划限制，协调各方利益并确保执行有效。在从区域合作的试行时期到上升为国家战略的过程中，长三角一体化协同发展形成了以国家推动为主、以地方点式探索推进相结合的全面联动态势。规划和机制的协同为高质量一体化发展提供了重要支撑。一方面，通过"目标 – 定位 – 行动 – 机制"的传导，明确协同的行为准则和共同抓手。从 2019 年 12 月，《长江三角洲区域一体化发展规划纲要》提出了发展目标和整体战略定位；到 2020 年 12 月，《长三角科技创新共同体建设发展规划》明确了长三角科技创新共同体的战略定位；再到 2022 年 9 月，《三省一市共建长三角科技创新共同体行动方案（2022—2025 年）》明确了具体的建设路径。至此，长三角区域确立了协同创新的一体化发展框架和方向。另一方面，长三角建立多层级区域协同创新机制，科技部与三省一市建立"4＋1"工作机制，并组建长三角科技创新共同体建设办公室，设立工作专班推进实体化运作。

为此，跨行政区域的协同发展要兼顾目标导向与问题导向，科学谋划一体化发展蓝图，构建体系化的政策供给和衔接性强的规划体系。在此基础上，加快对重大战略、重大安排、重点项目的统筹协调，建立中央部委和省级政府引导、地方政府间合作的多层级治理体系。明确央地互动合作模式，探索形成"高层次领导小组+三级运作机制+区域合作办公室"的协调管理机制，建立实施决策层、协调层、执行层的"三级运作"合作模式。通过联席会议、合作办公室等机制，以实体化运作等方式进行运作管理，为跨地域协同处理事务提供强有力的组织机制保障。

二、将市场机制的强动能，释放到科技创新全链条

在政府引导下，区域协同发展要充分发挥市场配置资源的决定性作用，以实现科创要素的自由流动和对接，充分激发市场主体的创新能力。首先，从市场需求出发，开展技术研发。长三角科技创新共同体联合攻关计划，开辟跨地域"揭榜挂帅"路径，推动企业成为创新决策、科研投入、组织科研和成果转化的主体，体现"创新需求从企业来""解决方案由企业选""何时实施由企业定"，项目实施实行"清单式管理"，引入科技成果市场化评价机制，提升财政资金使用效率。其次，借助市场规则，打通科技成果转化"梗阻"。长三角聚焦市场供需对接，着力破解科研力量分散、产业化水平低，产业布局重复等问题[①]，围绕建设量子科技、机器人、节能与新能源汽车、新型显示等世界级产业集群布局创新链，支持以龙头企业为链主带动大中小企业融合创新；聚焦科技成果估值，连续 5 年举办长三角 G60 科创走廊科技成果拍卖会，破解科技成果走进市场的难题，实现了技术价值最大化和流动方式市场化。此外，长三角充分发挥市场化机构的资源整合能力，促进产业链上下游协同。围绕当前长三角地区产业规模大、生产环节成熟、内生创新动力强劲的四大重点产业成立四大产业链联盟，搭建交流平台，开展政策培训，实施重大课题研究，促进资

---

① 徐海涛，陈刚，陈诺，等. 科技成果转化"梗阻"咋打通？[N]. 新华每日电讯，2023-06-08（5）.

源共享。

为实现区域协同创新，要强化企业创新主体地位。在联合攻关项目立项阶段就面向市场所需提出题目，建立"揭榜挂帅"等以企业需求为牵引的联合研发、产业项目落地机制，加快科研推动产业升级的步伐。同时，要以市场需求为导向，打通科技成果估值、市场需求对接、科技成果跨地域转化等科技成果向产业转化的路径，构建有利于技术创新和成果转化的新型运作机制，完善区域科技成果转化体系。此外，要充分发挥行业协会、创新联盟和中介组织等社会化市场化机构对创新资源的整合、联络功能，引导和推进本领域内龙头企业之间形成紧密协作网络，以市场化、轮值制为原则，通过搭建政府与企业之间的交流沟通平台，促进产业链创新平台和科研资源的共享。

三、充分发挥龙头企业带动引领作用，塑造区域产业链优势

龙头企业具有领先的生产能力、技术水平、市场份额和品牌影响力，兼具研发实力和市场敏锐性。在当下构建现代产业体系的过程中，尤其需要龙头企业发挥整合、带动作用，推动产业链分工协作、有序竞争，实现整体提升。长三角地区是我国重要的先进制造业基地，通过引导和培育"链主"企业，推动产业创新发展、整合产业链优势资源、引领供应链企业协同发展。发挥龙头企业引领作用，增强产业链供应链韧性，通过中芯、华虹和格科微等龙头企业加速在长三角区域布局，不断强化产业链协同能力，降低因局部环节受阻而断链的风险。依托中国商飞等产业生态龙头企业，九城市千家企业被纳入 G60 大飞机供应商储备库，带动中小企业协同发展。

专栏 7-1　长三角区域通过培育链主企业，提升产业整体价值

长三角三省一市通过链主企业掌控和整合产业链群，形成了一系列特色策略。苏州建立"八个一"链长制，依托"产业大脑"大数据

云平台，创建涵盖全市所有产业数据的产业主题库，精准开展关键企业招引或培育，促进产业布局优化和产业结构调整。杭州全市域实施产业链链长制，提出打造视觉智能、智能计算、生物医药与健康、集成电路等九大标志性产业链，强化数字技术赋能，重点推动关键核心企业加快培育冠军型"链主工厂"，推动制造业转型升级。宁波立足本地产业基础，打造十大标志性产业链，通过开展"一链一策"分析，摸清不同产业链的短板和发展方向，精准选取出十大产业链标志性培育主体，打造枢纽型链主企业。温州实施"十个一"链长制，围绕电气、汽车零部件等五大传统产业，数字经济、新能源等五大战新产业及 N 个重点产业，破解产业链卡口堵点和核心环节等问题，个性化培育链主企业。

资料来源：《长三角是怎么锻造链主企业的？》广州市工业和信息化局，https://gxj.gz.gov.cn/zt/gzzzygzlfz/gzqk/content/mpost_8746529.html。

为此，要充分发挥龙头企业对于区域产业链提升的关键作用，采取垂直协同、区域横向协作、优化产业链供应链生态等举措，不断提升产业集群化水平，增强产业链供应链抗冲击能力。打造龙头企业、配套企业、高等院校、科研院所和金融机构协同联动、竞合共生的生态发展格局，不断优化产业链供应链生态，锻造有竞争力的区域产业集群。

四、以体制机制创新大胆破题，打造全国制度创新"试验田"

跨行政区域的协同发展，重要的是构建区域协同创新体系，有效促进区域内人才、技术、资金等创新要素的共享共用，为实现高质量发展、提高区域发展能级提供关键支撑。长三角着力破除体制机制藩篱，上海出台《关于进一步深化科技体制机制改革 增强科技创新中心策源能力的意见》（科改"25条"），人才评价破"四唯"、经费"包干制"……通过政策松绑解绑激发创新主体活力；探索科技成果转化赋权改革、深化转制院所改革发展……提升成果转移转化效率；提高基础研发投入占比、改革完善科技计划管理……构建主体多元、开放协同的科研力量布局和研发体系。长三角建设长三角国家技术创新中心（简称"国创中心"），以"研发作为产业，技术作为商品"聚焦产业链价值链高端环节优化产业结构，在创新机构建设、人才引进激励、财政科研资金使用上破除制约创新要素流动和科技成果转化的壁垒。长三角出台"三位一体"联合攻关计划，部省市携手突破创新，实现统一发布、统一规则、统一管理，部省市、区域协同，推动重点产业链关键核心技术自主可控，分批布局、协同攻关。

专栏 7-2 基础研究管理制度革新，创设基础研究先行区

为健全完善基础研究布局体系，进一步营造有利于科学家和团队潜心开展基础研究的环境，上海于 2021 年出台了《关于加快推动基础研究高质量发展的若干意见》，提出试点设立"基础研究特区"（简称"特区"），鼓励更多"引领型研究"。迄今共开展两批试点，资助了复旦大学、上海交通大学、中国科学院上海分院、同济大学、华东师范大学、华东理工大学 6 家单位的上百个基础研究项目。2023 年底，进一步提升对基础研究的支持能级，设立"基础研究先行区"（简称"先行区"）。地方政府和试点单位携手改革创新，通过长期稳定的高投入和充分的科研选项立项自主权，打破对科研管理模式的路径依赖，让科研人员心无旁骛地从事风险较大的原创性基础研究。

一是地方政府给足"政策支持"和"权限保障"。基础研究耗时长、投入大、难度大、风险大。上海市政府在全国率先破题，从经费上突破，每年向每个试点单位投入 1000 万～2000 万元，并要求试点单位以不少于 1：1 的比例进行经费配套；从支持周期上突破，传统基础研究项目通常最多得到 3 年的支持，而特区明确以 5 年为一个周期进行稳定支持。同时，首次将地方政府立项权直接赋予高校和科研机构，作为特区主体的科研机构和院校拥有充分的自主权，可以自由选

题、自行组织科研、自主使用经费，让科研人员敢于"种自己的树"，而不是"摘别人的果"。

二是试点单位大胆探索符合基础研究项目的"选""评"机制。根据基础研究难度大、周期长、不确定程度高等特点，一方面要营造学者潜心开展长线研究的宽松容错环境；另一方面又要建立高风险、高价值基础研究的合理考核体系。在地方政府的充分放权下，特区实行试点单位区长负责制，拥有充分科研组织自主权，减少申报过程中的各种限制，形成了以"具有探索精神的青年学者为主导、鼓励颠覆性创新和交叉研究"的项目遴选机制，和"重同行评价，轻考核"的考核体系。

三是先行区进一步突破体制机制束缚。首先，和特区依托既有高校院所不同，先行区会设立新型研发机构等专业机构作为运行管理主体，进一步突破高校体制机制和高校教师人才评价方面的限制。其次，特区和先行区都会注重支持青年科技人才，但后者更加注重"选人"而不是"选项目"。在人才的遴选、管理、跟踪、评价方面的体制机制改革步伐会更大。再次，先行区在支持力度和支持范围上还会有进一步突破，其目前仅支持生命科学、化学等有限领域的学者，后续会进一步扩大支持范围。

资料来源：《支持基础研究 上海为何要设"两个区"？》四川日报，https://cj.sina.com.cn/articles/view/3167104922/bcc62f9a02001is8c。

为此，要持续推进区域协同创新体系建设，从战略规划、资源共享、创新载体等方面开展改革创新，加速创新资源的集聚与共享。在揭榜挂帅、创新联合体、科技成果市场化评价等方面形成区域协同路径；通过区域统合性实施方案、互通的科创激励政策，以及配套的区域性资金支持等，实现真正的区域联合攻关合作；在适应地区间差异化要求的同时，构建起政府、企业、投融资机构等共同参与的多元化科技创新投入体系。

五、打造多元化新型科技创新载体，实现创新要素加速流动与快速集聚

打破区域壁垒、实现创新要素的流动，并推进创新资源的区域间整合，是实现区域科技协同创新的必要条件。在三省一市的实践中，涌现出众多空间载体的探索：长三角生态绿色一体化发展示范区在绿色一体化发展制度体系、一体化金融支持政策和人才互认政策方面先行先试；G60科创走廊缘起于交通大动脉，走出了一条科创引领转型发展、产业和治理体系深度融合的新路径；"飞地经济"打破区划限制，采用跨地域行政管理和经济开放的方式，实现两地资源互补和协调发展……长三角以空间为切入口，促进高端生产要素在更大空间尺度上流动和优化组合，从创新要素流通与整合方面进一步提升了区域一体化的质量与效能，解决了区域一体化和同城化的体制机制问题，形成了错位化发展的产业分工与协作体系，将区域优势转化为高质量发展的动能。

专栏7-3 长三角"飞地经济"

近年来，长三角"飞地经济"蓬勃发展，对促进区域协调发展发挥了重要作用。"产业飞地""科创飞地"等"新飞地"持续升级，不断畅通了人才、技术等资源要素流动，成为一体化发展新模式。一是以产业园区合作为主的"产业飞地"。发达地区在欠发达地区共建的产业园区，推动区域间的产业联动、转移和承接，通常包括开发区间缔结友好园区、飞地自建、股份合作、产业招商等多种模式。例如，上海漕河泾开发区先后与武汉经济技术开发区、合肥经济开发区、上饶经济开发区、盐城经济开发区等多家开发区结成友好开发区，通过设立飞地实行统一品牌管理，加快园区外部空间拓展，带动提升区域内、跨地域间成果转化效率和科技创新能力。二是以"反向飞地"或"双向飞地"为主的"创新飞地"。苏浙皖在上海设立的一系列人才中心、创新中心，吸纳一线城市的科创资源，飞地逐渐呈现"反向化"

"双向化"，以及开发运营机制与管理模式的多元化等。例如，长三角G60科创走廊芜湖（上海）产业创新中心，采用购地自建的模式在上海松江设立飞地，芜湖积极打造"孵化在上海，产业化在芜湖；研发在上海，生产在芜湖；前台在上海，后台在芜湖"的两地协同创新模式，帮助芜湖制造业企业与上海的科技和人才资源相结合，推动两地产业合作、协同发展。

为此，区域协同创新可以从空间布局入手，借鉴长三角多元化科创载体建设经验，通过空间优化，打造区域政策高地，不破行政隶属，打破行政边界，重塑经济地理，实现市场要素在更大范围内的自由流动。通过建设科技体制改革试验田、一体化制度创新试验田、一体化金融合作示范区等，降低创新合作的制度成本，助力创新活动、创新市场在区域范围内的良好发育，从而推动区域协调发展。

六、长三角科技协同创新的典型案例

（一）区域体制机制改革，建设长三角国家技术创新中心

为集聚更多高水平创新资源，坚持发挥市场在创新资源配置中的决定性作用，更高质量地服务长三角产业的创新驱动发展，以国创中心为"试验田"，进行长三角区域科技体制机制改革创新，形成"五高"特色。一是高起点规划布局。国创中心由上海市牵头，协同苏浙皖三省共同组建，致力于打造长三角科技体制改革的试验田，创新平台/专业研究所、关键核心技术集成攻关、高水平区域创新服务的集中地，以及区域创新资源的集聚网络和产业研发的高地，定位明确且较高。上海长三角技术创新研究院作为国创中心建设运行主体，其运营管理团队拥有多项自主权，包括内部机构设置、专项经费使用、成果处置、人员聘用、薪酬分配与激励、设备采购，以及所属独立法人机构的设立、变更、撤销等，确保自主权的高度灵活性。二是高协同运行模式。由上海市牵头，协同苏浙皖三省共同组

建。中心按照"一个核心团队、一套运行机制、一体化建设管理、一个创新体系"的模式，探索建立一体化高效运行发展的新机制。例如，上海长三角技术创新研究院和江苏产研院，在招聘专家时避免重复招聘同一类型，而是结合各地优势吸引不同领域的新专家加盟；经过中心评议的项目在落户不同区域时，无须进行第二次评议[①]。三是高能级创新政策支持。出台《上海市人民政府办公厅关于本市推进长三角国家技术创新中心建设的实施意见》《关于支持上海长三角技术创新研究院建设和发展的若干政策措施》等一系列政策，在运行模式、经费使用、人才引聚、机构建设等方面大胆破题。通过团队控股、混合所有制的研发载体建设，以项目经理制，创新实施高水平人才团队引进和培育的评价机制。以"拨投结合"的方式支持引领性、颠覆性技术项目，以产业需求为导向建立应用技术类项目支持机制，并以产教融合发展为着眼点，联合海内外高校培养产业基础人才。四是高水平创新载体建设。国创中心旗下已设立上海长三角技术创新研究院和江苏产研院，浙江、安徽两地相应机构正在筹建中。在空间上，启动南京江北、苏州相城和上海张江3个创新综合体的建设，预计到2025年底，将在长三角区域内布局建设10家创新综合体（表7-7）。五是高质量的创新资源集聚区。重点引聚以下4类机构：具备核心技术研发能力、集成创新能力的专业研究所、功能型平台、技术创新中心等研发载体类机构；产品细分领域龙头企业研发中心，上市企业研究院等产业需求类机构；世界顶级高校、海外知名研究机构和创新组织等创新资源类机构；科技投融资机构、技术转移与知识产权服务机构、新型研发机构等创新服务类机构。

[①] 长三角国家技术创新中心：研发当产业 扩大高水平科技供给 [EB/OL]. (2021-10-18) [2025-01-10]. https://baijiahao.baidu.com/s？id=1713922651469358417&wfr=spider&for=pc.

表7-7　长三角国家技术创新中心载体建设情况

	上海张江创新综合体	南京江北创新综合体	苏州相城创新综合体
位置	地处上海张江科学城中区城市副中心，国家自主创新示范区核心区	地处国家级新区——南京江北新区核心区、中国江苏自由贸易试验区内	苏州相城区
建筑面积	2.5万平方米	10万平方米	30余万平方米
特色产业	集成电路、人工智能、生物医药	集成电路设计、智能制造研发、大数据云计算人工智能	先进材料、能源环境、智能制造、智能驾驶、大数据、工业互联网
区位优势	毗邻陆家嘴金融贸易区和上海迪士尼乐园	毗邻南京应天大街长江隧道、南京定淮门长江隧道、南京大胜关长江大桥、南京五桥等	紧邻京沪高铁苏州北站，45分可抵达南京、21分可抵达上海虹桥、45分可抵达杭州；6条地铁途经此处
产业	集成电路、生物医药、信息技术、智能制造等重点产业集群。生物医药领域拥有新药研发、药物筛选、临床研究、中试放大、注册认证、量产上市完备创新链①	先进制造、新材料、生物医药、信息技术和能源环保	数字金融、智能车联网、工业互联网、先进材料、区块链、生物医药
创新资源优势	周边有国家、市、区级研发机构440家，拥有上海光源、国家蛋白质设施、上海超算中心、张江药谷公共服务平台等一批重大科研平台，以及近20家高校和科研院所，为企业发展提供研究成果、技术支撑和人才输送	园区拥有下一代互联网国家工程中心南京创新中心、中德智能制造研究院、国家健康医疗大数据中心等一批重点项目。作为江苏省产业技术研究院的本部所在地，已建有专业研究所61家，与海外61家和国内56家知名高校与研发机构，与江苏144家龙头企业建立了战略合作关系	积聚了长三角先进材料研究院、脑机融合智能技术研究所、有机功能材料与应用技术研究所、维纳自动化与装备技术研究所、荷兰Sioux、丹麦Topsoe、清华汽车研究院等高端研发平台、研发公司和投资机构，创新综合体周围聚集了高分子、纳米、光电、金属、碳纤维等众多材料领域的专业研究所

① 袁凯.上海张江：从"科技"走向"科学"[EB/OL].（2023-11-30）[2025-01-10].https://baijiahao.baidu.com/s？id=1783983296229978472&wfr=spider&for=pc.

续表

	上海张江创新综合体	南京江北创新综合体	苏州相城创新综合体
支持政策	•《上海市政府办公厅关于推进长三角国家技术创新中心建设的实施意见》 •《关于支持上海长三角技术创新研究院建设和发展的若干政策措施》	• 针对注册在园区并正常纳税的企业，给予载体支持、高企支持、创新创业、知识产权专项资金、灵雀计划、人才安居、人才公寓等八大方面的普适性政策服务，针对集成电路产业、区块链产业等提供专项支持政策	• 围绕长三角科创一体化、产业一体化，设立材料领域专项资金池和专项基金，提速优质成果产业化进程
配套服务优势	• 长三角国创中心总部所在地 • 全创新要素和资源导入 • 项目经理培育孵化 • 项目路演推介 • 展览展示、商务办公、成果发布一站式综合服务	• 江苏产业研究院本部办公所在地 • 精装交付、拎包入住的办公环境 • 会议及会务服务展览展示、项目路演产品发布等空间支持 • 专家公寓等全要素创新服务支持 • 周边酒店、会议中心、体育馆、商业住宅等配套设施齐备	• 综合性材料检测测试公共服务平台 • 展示中心、会议中心、人才公寓等配套设施 • 一站式、专业化、国际化、全方位创新服务 • 社区周边配置智能驾驶公交系统。周边高端公共设施正在有序推进，包括酒店展会中心，文化体育艺术中心等

（二）G60 科创走廊

G60 科创走廊缘起于交通大动脉，壮大于制造业强链，紧扣"一体化"和"高质量"两个关键词，推动产业和治理体系协同，全力建设"中国制造迈向中国创造的先进走廊、科技和制度创新双轮驱动的先试走廊、产城融合发展的先行走廊"，初步实现了跨越式高质量发展。

G60 科创走廊推动治理体系协同，共筑多层跨区一体化发展格局。为有效解决地方政府间组织形式松散、合作动力缺失等难题，发挥中国特色的政府主导优势，G60 科创走廊构建国家战略支持、中央部委和省级政府有为引导、地方政府积极合作的多层级政府间合作治理网络。一是央地互动引领多层级政府协同治理。由中央政府赋权赋能，地方政府和科创走廊平台借助"上下互动式"扩权策略，积极与相关部委沟通协调，不断争取中央的空间排他性授权，以持续增强科创走廊的政策优势与平台凝聚力，从根本上激发跨行政区域科创合作的内生动力与积极性。二是推动行政区域之间一体化发展。为破解"行政区经济"体制这一阻碍跨域合作的根本性障碍、重塑地方政府间合作关系，九城市调整和整合各自行政运行机制，通过跨域治理体系、财政体制及人事安排的创新性探索来打破行政壁垒。科技部、国家发展改革委、工业和信息化部等六部委成立了推进长三角 G60 科创走廊建设专责小组及其办公室，出台了相关工作制度，专责小组组长由科技部和上海市相关领导共同担任。此外，实体化运作长三角 G60 科创走廊联席会议办公室，出台《长三角 G60 科创走廊联席会议工作制度》等区域协同工作制度。九城市还分别成立 G60 推进办，不断健全联席会议、平台共建、信息互通、干部挂职等机制，推动形成信息互通、资源共享、合作共赢的区域协同方式。

G60 科创走廊推动产业深度协作，共建错位互补的制造业集群。为破解邻近区域发展基础、要素资源相似而易造成的产业同质化发展问题，提升区域资源利用效率，实现产业链上下游企业产业协同和技术合作攻关，充分发挥龙头企业稳定区域产业链供应链的重要作用，G60 科创走廊构建产业协同发展机制，推动产业链区域深度融合。一是以规划协同引领九城市产业错位发展。瞄准国际先进产业体系，九城市联合编制并发布《长三角 G60 科创走廊"十四五"先进制造业产业协同发展规划》，制定产业链核心技术攻关清单，实现各地优势产业协同错位发展。二是强化空间布局规划对产业发展和项目落地的引领作用。绘制产业地图，围绕"一廊九区"进行产业空间布局。其中，"一廊"是 G60 高速周边的企业集聚区，是东西向联结主要科创节点的科创产业带，是空间联结、产业联动、功能贯穿的主要轴线，也是创新节点功能溢出和生活服务共享的主要联系通道。"九区"是科创大走廊沿线分布的具备不同功能的创新区块，九大板块既有各自清晰定位和鲜明特色，又协同发挥效应。三是强化"1＋7＋N"产业联盟体系的支撑作用。为推进资源整合，共享优质科技资源，九城市聚焦战略性新兴产业和"专精特新"中小企业，成立了 16 个产业（园区）

联盟、13 个产业合作示范园区，实施汽车零部件、生物医药、智能物流装备等产业链高质量发展专项行动，绘制产业链图谱，开展要素对接，提升了区域产业集群的全球竞争力。四是强化头部企业的引领带动作用。发挥龙头企业直通市场需求、促进产业链上下游资源联动、提升区域产业链供应链整体稳定性和竞争力的重要作用，以头部企业为引领，带动区域内要素更自由流动，推动九城市千家企业纳入 G60 大飞机供应商储备库，为中芯国际搭建百家产业链合作企业储备库，为大飞机装机设备领域输送的合格（潜在）供应商增幅超过 40%。

G60 科创走廊推动技术攻关协同，共筑高水平科技创新策源地。为构建长三角原始创新先发优势，破解区域科技攻关动力机制问题，促进科技资源开放共享，G60 科创走廊打造了多元化科技创新矩阵。一是加快建设重大创新平台。安徽合肥综合性国家科学中心、苏州市国家生物药技术创新中心、之江实验室等"国字号"重大研发平台及松江 G60 脑智科创基地、科恩实验室、优图实验室等成为创新动力源。二是建立联合攻关机制。制定实施《长三角 G60 科创走廊联合攻关行动方案》，开展任务型、体系化关键技术联合攻关，促成九城市与中国科学院上海分院、上海科学院战略合作项目化、清单化、制度化，重大科创成果持续涌现，推动重点产业链关键核心技术自主可控。三是共推成果转化落地。设立长三角首支跨省级行政区科技成果转化基金，由国家引导基金参与设立、九城市共同出资、社会资本共同投入，推动项目、平台、资金一体化配置。连续举办 5 届长三角 G60 科创走廊科技成果拍卖会，交易总额累计近 180 亿元。

G60 科创走廊推动体制机制协同，共享高效便捷的创新生态。为了避免各行政区为增强本地区发展的比较优势而制定不同优惠程度的招商政策和不同补贴水平的公共政策，G60 科创走廊不断健全促进创新要素在区域内流动的统一政策体系。一是推动基本公共服务制度衔接。建立九城市"一网通办"机制，实现九城市 89 个综合服务通办专窗全覆盖，发出全国首批跨省异地办理工商登记执照，被国务院确定为全国首批长三角政务服务"一网通办"试点区域。二是促进人才一体化发展。建立"基地+中心+峰会+培训"融合工作机制,打造国家移民政策实践基地,建设产业人才协同中心,轮值举办 G60 人才峰会,联合开展高层次人才培训等,实现人才认定标准在九城统一。三是提供高质量的金融服务。三省一市联合推出 28 条金融支持政策,完善 G60 科创贷、园区贷、质量贷、标准贷、人才贷等金融产品矩阵,利用上交所资本市场服务 G60 科创走廊基地,精准服务 100 余家登陆科创板的企业融资。成立 G60 科创板企业家联盟,构建 G60 综合金融服务平台,实现 6 个城市线上互联。长三角 G60 科创走廊建设发展取得了一定的突破和成效,但更高质量的发展还存在一些挑战。例如,部分地市为确保创新成果不外流,制定了更大力度的税费优惠和地价补贴等地方性保护政策,因此创新要素的跨区流动仍存在障碍;作为区域间产业一体化的重要形式,共建园区已经形成了一定规模,但完善的市场化利益分配机制还未真正建立;九城高新技术企业互认等协同政策仍未真正落地,增加了企业运营负担等。

第5节 长三角科技协同创新面临的挑战

"新质生产力"概念的提出,对长三角一体化发展提出了新的要求和挑战。在长三角一体化座谈会上,进一步提出"大力推进科技创新,加强科技创新和产业创新深度融合,催生新产业新业态新模式,拓展发展新空间,培育发展新动能,更好联动长江经济带、辐射全国。"长三角区域要抓住新一轮科技革命和产业变革深入发展的机遇,在率先推进新质生产力发展上还存在诸多难题需要解决。

一、因地制宜与同构化的矛盾,创新体系一体化有待深化

要因地制宜发展新质生产力,在依据本地优势确定发展重点方向的基础上,实现产业链与创新链的"共融共舞"(表7-8)。然而,长三角地区仍存在部分产业项目同构化的问题,出现各地"抢跑道"现象,部分高端产业、前沿产业在区域内的布局相似度较高且资源分散。具体表现在以下两个方面。

表7-8　长三角2024年政府工作报告关于新质生产力相关内容

省市	关于"新质生产力"的要求	2024年关于产业发展的计划
上海	坚持以科技创新推动产业创新，聚焦智能化、绿色化、融合化，加快建设"（2+2）+（3+6）+（4+5）"现代化产业体系，大力发展新质生产力	积极推进新型工业化，巩固提升工业经济比重，推动重点产业链高质量发展，全力落实新一轮集成电路、生物医药、人工智能"上海方案"，培育提升新能源汽车、高端装备、先进材料、民用航空、空间信息等高端产业集群，加快打造未来产业先导区。推动工业互联网赋能制造业高质量发展。引导研发设计、供应链管理、检验检测、知识产权服务等生产性服务业向专业化和价值链高端延伸，促进现代服务业与先进制造业深度融合
江苏	加快发展新质生产力。持续打造"51010"战略性新兴产业集群，积极开展省级融合集群试点，大力发展生物制造、智能电网、新能源、低空经济等新兴产业	聚焦"1650"产业体系建设，加快打造具有国际竞争力的先进制造业基地。持续壮大先进制造业集群，着力构建新型电力装备等世界一流集群、高端装备等国际先进集群、航空航天等全国领先集群的方阵。广泛应用数智技术、绿色技术，深入实施传统产业焕新工程。坚持以未来产业开创产业未来，开辟未来网络、量子、生命科学、氢能和新型储能、深海深地空天等产业新赛道。力争在前沿新材料、高端芯片、重载机器人、关键装备等领域取得新突破，推动工业母机、工业软件等高质量发展。更大力度发展数字经济，打造人工智能创新应用先导区。促进现代服务业和先进制造业深度融合
浙江	大力发展新质生产力，"一链一策"推动新兴产业提质扩量，前瞻布局一批未来产业，支持杭州、宁波争创未来产业先导区，战略性新兴产业增加值增长10%以上	以深入实施数字经济创新提质"一号发展工程"为牵引，大力实施"415X"先进制造业集群培育和服务业高质量发展"百千万"工程，扎实推进新型工业化，加快打造数字经济高质量发展强省、现代服务业强省，建设全球先进制造业基地。大力发展数字经济，做优做强集成电路、人工智能、高端软件等产业集群。紧密对接制造业高质量发展需要，培育壮大研发设计、检验检测、科技服务、法律会计、节能环保等生产性服务业
安徽	加快构建现代化产业体系，发展壮大新质生产力。把高质量发展的要求贯穿新型工业化全过程，建设具有国际竞争力的先进制造业集群，加快打造智能绿色的制造强省	乘势而上壮大汽车"首位产业"。支持汽车"皖军"做强做大，建设世界一流企业。加快新兴产业集群发展、未来产业前瞻布局。加快建设先进光伏和新型储能产业集群。实施氢能产业高质量发展三年行动计划。培育壮大新材料优势产业。加快发展医药健康产业。增强高端装备产业自主可控、基础配套、服务增值、智能制造能力。抢占空天信息产业制高点。积极开辟未来产业新赛道，加快布局量子信息、人工智能、元宇宙、聚变能源、化合物半导体、合成生物、人形机器人等产业。推动数字经济创新发展。推进现代服务业提档升级

资料来源："三省一市"2024年政府工作报告。

各地产业规划布局存在重复建设问题。长三角地区科技创新资源和重点产业布局重合度较高，存在一定程度的重复建设、同质化竞争现象。纵观2024年三省一市政府工作报告，三省一市均将数字经济和现代服务业作为产业重点发展方向之一，苏浙皖均提出要建设具有国际竞争力的先进制造业集群或基地，沪苏皖均提出要发展高端装备、新材料、航空航天相关产业。三省一市科技创新资源和重点产业布局存在重复交叉和同质化竞争。例如，围绕人工智能，三省一市在规划中均将其作为未来产业重点发展方向之一，且在长三角多个地区布局建设相关研究机构和产业园区。

区域一体化布局尚未形成。各类科创园区虽然都有明确的产业定位，但产业链关联度不够强，聚焦特色优势产业进行针对性的育链、强链、延链、补链的产业招商不足，具有世界级影响的特色产业集群不够多。例如，共建园区作为区域间产业一体化的重要形式[①]，已经形成了一定的规模，而完善的市场化利益分配机制一直没有建立起来，制约了合作园区进一步发展；此外，G60科创走廊，九城创新体系相对独立，彼此间关联度仍较弱，高端创新要素分布不平衡，松江的策源能力需要增强，一些中小城市吸引力不强，引入高端创新资源不多，创新能力有待提升，亟须破解资源分布不平衡、条块分割等瓶颈，提升地区的整体创新能力。

二、新型生产关系与当前生产要素流通效率的矛盾，制度一体化有待深化

新质生产力呼唤新型生产关系。新质生产力由技术革命性突破、生产要素创新性配置、产业深度转型升级而催生，以全要素生产率大幅提升为核心标志[②]。着力打通束缚新质生产力发展的堵点卡点，让各类先进优质生产要素向发展新质生产力顺畅流动和高效配置。然而，当前长三角还存在

---

① 李湛，张彦. 长三角一体化的演进及其高质量发展逻辑 [J]. 华东师范大学学报（哲学社会科学版），2020，52（5）：146-156，187-188.

② 尹西明，陈劲，王华峰，等. 如何释放新质生产力澎湃动能？[J]. 科学大观园，2024（8）：24-27.

以下三个方面的问题。

深层次体制机制障碍还没有破除，区域政策落差依然存在。在九城市经济总量增长的同时，虽然从国家到省市级别都制定了相关规划、制度、行动方案，但由于行政级别没有隶属关系，各地区配套机制仍需进一步完善，存在干部绩效考核、行政管理体制和资源配置，以及财权、事权与人事权的不匹配问题。杭州、合肥等部分地市为确保创新成果不外流制定了带有明显本地保护色彩的政策，迫切需要破解区域协同创新方式，打破行政区划限制，进一步推动科技创新、产业布局、人才引进等一体化发展，增强区域内在的联动性、互补性。

治理体系在部分环节还存在欠缺，科技创新缺乏高质量协同机制。长三角虽有"长创联办（长三角区域创新体系建设联席会议办公室）"的体系架构，但缺少专门的机构负责具体工作[①]。与珠三角区域的创新协同相比，长三角区域没有珠三角行政无壁垒的优势，作为三省一市的跨省区域，经济体量相当，产业结构基本相似，科技创新资源与能力各有所长。因此，更需要优化顶层设计，加强组织保障，进一步发挥政府引导、社会和市场协同推进的机制优势，加强政府与市场的协调链接，建立国家层面和省市间协同的机制和机构[②]。

制度环境一体化有待深化，创新环境存在短板。各地产城融合发展有待加强，交通支撑能力有待提升。一些平台产城融合发展不足，科创园区生活配套服务不够完善。例如，与上海松江在人才互认共享、社会保障互联互通等方面还存在差距，就学就医等配套设施还不完善，影响对上海等地高端人才的吸引。人才共享与跨区流动缺乏机制支撑，三省一市各自拥有独立的人才交流平台，但仍未能完全落实区域人才平台共建共享，制约了长三角地区人才的培养、共享和流动[③]。开放共享理念有待深化，G60科

① 曾刚，曹贤忠. 推进长三角创新共同体建设的体制机制创新建议[J]. 张江科技评论，2020(6)：36-38.
② 李颖，陈迪琳. 基于长三角一体化的科技创新共同体建设路径研究[J]. 决策咨询，2024(2)：15-20.
③ 曹贤忠，曾刚. 长三角区域科技创新资源空间效应及共享路径研究[M]. 北京：中国财政经济出版社，2021：188.

创走廊九城的相关管理、标准等尚未完全统一，一些事项仍无法跨地域办理，制约了行政效率的提升，给企业发展增加了一定的经济成本和时间成本。例如，九城高新技术企业认证各有差异，导致一些企业多次多地申请，增加了运营负担。

三、先进生产力质态与当前科技创新水平的矛盾，新动能引育有待提升

新质生产力是创新主导、科技创新作为核心要素的先进生产力质态，由技术革命性突破、生产要素创新性配置、产业深度转型升级所催生，其特点是创新，关键在于质优[①]。科技创新作为新质生产力的核心要素，为发展新质生产力提供体系化动能。然而，长三角还存在以下问题。

国家战略科技力量的牵引作用还不明显，策源能力有待提升。国家战略科技力量是新质生产工具的应用者、人才等新质创新主体的培育者、创新成果的开拓者，关乎中国新发展格局的构建，已经逐步成为新质生产力发展的强劲动能。长三角地区作为我国半数综合性国家科学中心的承载地，拥有的国家级资源数量与产出的引领性成果并不匹配，在全球科技竞争形势愈发复杂的背景下，长三角应进一步加强对原创性技术、颠覆性技术的引领及对"卡脖子"技术的突破。

科技成果转化率有待提升，科技成果转化生态不够健全。技术转移机构市场化程度不高。科技成果转化需依赖科技中介服务机构，但科技中介服务机构总体规模偏小，且相当一部分是从政府部门分离出来的，在运行方式上存在着机制不活、服务内容单一等问题。技术转移机构的工作人员虽然学历、技术职称高，但缺乏专业咨询、专利转化和市场开拓等经验。

四、新型生产要素与产业体系现代化水平的矛盾，全要素生产率有待提升

全要素生产率的大幅提升是新质生产力的核心标志。全要素生产率的

---

①丁明磊，薛美慧.强化国家战略科技力量牵引作用加快发展新质生产力[J].科技中国，2024（4）:53-56.

提升需要落实到产业上，特别是有赖于关键节点产业的提升。在现代化产业体系构建中，新兴产业等关键节点产业的技术突破和全要素生产率的提升，可以通过产业链和生产网络传导到所有产业，从而提升产业体系和整体经济的全要素生产率[①]。长三角地区作为我国的工业发展重镇，在以新质生产力推动传统产业转型、优势产业做强、新赛道产业抢跑、未来产业布局方面，仍存在以下不足。

外部冲击下的产业链自主性问题亟待解决。一方面，出口依靠外部需求拉动的增长模式难以为继；另一方面，产业链上游的高技术核心产品仍主要依赖从发达国家进口。整体来看，早日实现产业链自主可控成为目前亟待解决的问题。

传统贸易拉动模式无法带动产业链升级。传统依赖出口的经济增长模式遭受挑战，贸易对实体经济的带动作用逐步减弱。整体来看，产业链协同升级过程中需进一步向价值链上游靠拢，通过技术升级与区域整合培育新的增长极。

第6节　强化长三角科技协同创新的对策建议

一、在因地制宜上下功夫

（一）各地要明确自身的核心竞争力

长三角科技创新共同体应当形成一个创新网络、创新链，三省一市在创新网络中处于不同的节点，各地要找到自己最优位置、最佳节点，发挥比较优势、创新优势，从而形成区域核心竞争力。例如，上海依托科教资源优势，打造成为中国新一代信息技术产业、现代服务业和生物医药产业的龙头。江苏发挥制造强省的优势，成为智能装备制造、集成电路制造、

---

① 龚斌磊，代首寒. 新质生产力的催生因素与核心标志：理论解释与现实经验 [J]. 应用经济学评论，2024，4（2）：119-137.

新能源等产业的龙头。浙江在互联网+、生命健康、新材料等领域拥有深厚积淀，是全国产业发展的标杆。安徽致力于打造新兴产业发展高地，"芯屏汽合"和"集终生智"（集成电路、新型显示、智能汽车、应急安全、生物医药、人工智能等产业）是重要突破口。四地产业互补性较为明显，有利于加强产业协同，推动形成具有长三角地区核心竞争力的产业，引领全国产业发展。

（二）各地应根据创新决定的区域竞争优势来进行产业分工和布局

长三角三省一市之间具有明显的互补优势，上海科技教育发达，江苏实体经济基础好，浙江市场活力强，安徽在新技术方面有后发优势。要结合各省市的互补优势，加强区域融合合作，而不仅仅局限于考虑一些个别产业和狭小地理空间的利益。以顶层设计为引领，共同打造包括集成电路、人工智能、生物医药、高端装备、新材料、新能源汽车等产业在内的世界级产业集群，从全球生产网络节点向创新网络节点转型。一是加快出台长三角产业协同发展的指导意见和专项规划，突出产业发展的"空间相对集聚+功能深度耦合"，突出产业链区域整合与升级。结合空间布局、资源要素等，谋划长三角区域整体产业集群、产业带及关键节点。二是组建"长三角制造强区建设领导小组"[①]，成员包括"三省一市"相关部门主要领导，加强对长三角产业布局的统筹谋划和顶层设计，审议推动制造业发展规划、政策、工程的跨地区、跨部门协调，加强对重要事项落实情况的督促检查。

二、建成全国区域一体化发展示范地

（一）需要建立财政投入、利益共享的一体化机制

支持长三角建立成本共担的财政投入机制，建立利益共享的税收分享机制，建立区域财税分享相关配套制度，建立长三角科技创新发展基金，促进科技创新与产业创新协同发展。探索构建区域统一的"多规合一"的

---

① 刘诚 . 长三角一体化体制机制改革的主要障碍和推进策略 [J]. 区域经济评论，2023（3）：5-14.

改革试点，强化规划规范和标准统一，推动长三角城市群国土空间规划等的编制。对三省一市科技创新资源布局、高新技术产业、战略性新兴产业、技术转移成果转化、公共科技基础资源、科技服务业等相关政策措施进行梳理，统筹协调长三角区域科技创新资源有效供给，构建更为高效的政策手段以强化创新支持、加速技术转移与成果转化进程，并优化科技创新资源的配置与利用[①]。

（二）进一步畅通科技创新运营机制

借鉴欧盟地平线计划的协调机制——除了构建欧盟总部、成员国、成员国地区的政府间协调机制，还建立了企业、高等院校、研究机构、科技服务机构等利益相关方之间的协调机制，极大地消除了行政化分割现象。为此，建议在"长创联办"的体系构架下，建立类似长三角区域科技创新示范区管理委员会等专门的机构负责具体工作的统一协调、管理和督查[②]，理顺"三省一市"的管理权责，避免各地政策"对冲"；建立省市间高校院所、产业联盟、科技服务协会等民间组织间的协调机制，提升创新资源的流通效率，提高科创的投入产出效率，打造更高效能的长三角科技创新共同体。

（三）进一步破解要素自由流动的体制机制障碍

进行人才互认和流动、金融服务同城化、创新券通用通兑、地方政府债券跨区域发行、知识产权受理一体化、营商环境标准规范互认等。依托新型研发机构等创新载体，进一步解除体制对科研人员的束缚，兼顾市场化激励与体制内科研生态的保留，充分调动科研人员的积极性。进一步推进科技成果赋权改革，提高研发人员成果转化收益的分享比例，优化科技研发人员税收优惠政策。通过产学研一体化，构建长三角区域创新体系，着力打通长三角区域创新合作网络的人才流动通道，形成"以产引才、以

---

① 曹贤忠，叶雷，易臻真，等.长三角区域科技创新资源空间差异及创新效应[J].科技导报，2021，39（24）:22-29.

② 曾刚，王丰龙.长三角区域城市一体化发展能力评价及其提升策略[J].改革，2018（12）:103-111.

才促产、产才融合"的良性循环,实现人才的自由流动与最优配置。

三、引领全国科技创新发展

(一)联合提升原始创新策源能力,引领中国建设世界科学中心

在基础研究上,协同培育国家战略科技力量。发挥三省一市各自科研优势,牵头发起重大科技项目或大科学计划。集中资源在长三角地区高校院所打造一批具有世界领先水平的大规模国家实验室[①],面向颠覆性技术、前沿技术和未来产业,支持优先布局国家重大科技基础设施和国家重大战略项目。强化三省一市国家实验室深度合作,打造国家实验室集群。探索构建重大科技基础设施共建共享机制,积极推动重点产业集群与重大科技基础设施对接。发挥高校和科研机构创新溢出效应,鼓励高校院所根据研发需求,在长三角区域设立研发中心,打造更多类似上海光机所与江苏产研院合作在南京设立专业研究所的成功模式。在创新主体上,支持民营企业参与国家战略科技力量建设。引导支持行业龙头企业,创建以基础研究为主的国家重点实验室。支持行业龙头企业、创新型领军企业,围绕关键技术和共性技术突破,面向主导产业,建设以应用基础研究为主的工程类省级重点实验室,从而带动行业技术进步。支持行业龙头企业与高校、科研院所等共建联合实验室,逐步形成实验室经济圈。鼓励企业布局建设专业化的技术创新中心,支撑重点产业集群发展与产业链现代化水平提升。

(二)携手跨越"死亡之谷",共建长三角科技成果转化体系

注重产业需求导向,围绕产业界亟待突破的一批关键核心技术,成立开放型的联合工业研究院,加强企业和研究机构在先进技术领域更紧密的合作,鼓励并支持工业界围绕更广泛的共同的目标,自主提出创意、自主启动项目、自主管理与协调,形成科技创新"簇团项目"计划,助力中小企业的研发成果在商业阶段的市场转化,促进创新链与产业链深度融合。

---

① 孔令君.彰显长三角北翼门户的"新担当"[N].解放日报,2021-04-08(1).

（三）营造良好科技创新生态，探索具有中国特色的全球科创走廊建设模式

更好发挥 G60 区域大学和科研机构的原始创新能力，通过人才合作和共建实验室等途径加强科研机构与科创园区的联系。重点培育创新链链主等科创领军企业，发挥其在科创走廊生态系统构建、创新平台领导、价值网络整合等方面的功能，培育类似美国 101 号公路科创走廊中的谷歌、苹果、英特尔等科技巨头，推动 G60 科创走廊的创新链整体向上攀升。同时，借鉴美国 128 号公路科创走廊税收优惠政策，给予以创新研究或者新产品开发为特征的科技型企业一定的税收减免，在税收优惠基础上推动 G60 科创走廊税收政策区域协同，提升科技创新支持政策一体化水平，更好支撑 G60 科创走廊发挥创新生态涵养功能。

四、打造世界级产业集群

（一）编制长三角产业地图，明确产业链协同合作的空间路径

以产业集群为基础编制长三角整体产业地图①，明确产业集群、产业园区信息，清晰展示产业链上下游核心企业及高新技术企业空间分布情况。基于差异化的发展水平和产业布局，提出区域产业链协同合作的方向和路径，打造长三角的产业梯度格局。通过三省一市的不同优势构建产业耦合的大中小微企业协同创新的现代产业集群。同时，在全球产业链从大分工向有限全球化转变的大背景下，长三角应率先研究全球产业地图的变迁，主动链接全球资源布局产业体系，打造重大开放平台，携手提升全球高端资源配置能力。

（二）打造具有国际竞争力的产业链集群

聚焦制约国家重点产业发展的关键领域，梳理长三角产业转型升级的共性技术瓶颈，借鉴季华实验室"璀璨行动计划"成功经验，聚焦"卡脖子"技术及关键领域，建立由三省一市政府组织部署、国家实验室牵头、

---

① 陈长江. 探索长三角产业协同发展新路径 [J]. 群众, 2022 (4)：40—41.

联合产业领域优势研究单位和产业链上下游企业，推动产业规模跃上新台阶的机制。组建区域创新联合体，以市场化方式打通产业链、供应链中的关键断点、堵点，进一步增强产业链供应链自主可控能力，打造具有国际竞争力的产业链集群。

（三）强化区域产业合作生态

发挥金融在产业发展中的润滑剂作用，发挥上海国际金融中心功能优势，不断进行金融创新，提升适合战略性新兴产业发展的金融服务品质，提高金融服务经济的质量。进一步强化区域产业链、供应链韧性，在三省一市各市区"链长制"基础上，推动区域的"链长合作"和"链主合作"，鼓励龙头企业进行区域布局，设立分支或进行兼并收购重组。建立产业集群平台，推动产业集群融合发展，围绕集成电路、人工智能等环节众多、攻坚难度巨大的产业，探索成立"产业集群联盟"或"产业集群融合共建网络"。通过促进企业家、科学家联动协同，搭建以专家、技术、资金、项目为一体的产业集群融合共建网络与平台，助推创新链与产业链精准对接。

第八章

粤港澳大湾区科技协同创新

建设粤港澳大湾区是习近平总书记亲自谋划、亲自部署、亲自推动的国家战略。粤港澳大湾区作为我国布局的三大国际科技创新中心之一，是区域科技协同创新体系的重要组成部分，是国家"3＋4"区域创新格局中的重要一极。新时期，粤港澳大湾区被赋予"新发展格局的战略支点、高质量发展的示范地、中国式现代化的引领地"新的战略定位，迎来新的发展机遇。科技协同创新不仅对粤港澳大湾区的高质量发展意义重大，同样是全球化背景下我国科技竞争力和创新能力提升的重要支撑。

本章首先分 4 个阶段对粤港澳大湾区协同创新发展的历史脉络进行了梳理，之后总结提炼了粤港澳大湾区协同创新的典型特征，继而对大湾区协同创新现状和经验做法进行了阐述，最后分析了当前粤港澳大湾区发展面临的挑战，并从协同创新体制机制、基础研究和应用基础研究、创新链产业链融合、科技创新重大平台建设、融入全球创新网络等视角出发，对粤港澳大湾区未来的科技创新协同发展提出了对策建议。

第 1 节 粤港澳大湾区科技协同创新的历史脉络

一、1979－1996 年：从"前店后厂"走向产业协同

改革开放之后，珠三角对外开放程度不断提高，珠三角地区科技水平

初步提升，但此时自主创新尚处于萌芽阶段。在这一阶段，珠三角充分利用毗邻港澳的区域优势，逐步引进海外技术、承接港澳的一些产业转移，粤港澳合作逐步走向产业协同。

1979 年，珠三角地区成为改革开放的先行区，实施对外开放的特殊政策和灵活的措施，积极引进外资，工业化程度不断提高，技术创新突飞猛进。珠三角九市紧紧把握国际产业转移的机遇，承接发达国家和港澳地区的产业转移，与港澳形成"前店后厂"制造业分工模式，发展"三来一补"式的出口型制造业配套加工，逐渐形成了完整的技术创新链，此时主要采用技术引进、成果转让、合作发展等方式。20 世纪 90 年代，外商大量赴内地投资发展加工贸易生产，珠江三角洲凭借毗邻港澳的区位条件和成本优势建立起庞大的制造业基地，粤港澳三地逐渐形成以加工制造业为主，协同高效的加工贸易链条。

二、1997—2010 年：科技创新合作机制逐步建立

1997 年香港回归之后，中国政府提出了"一国两制"方针，香港充分发挥连接内地与世界的桥梁作用，同时为内地提供技术和资金支持，粤港澳科技创新合作机制初步建立并逐步深化，三地科技合作和人才交流愈发紧密，为后续粤港澳大湾区的科技创新协同打下了良好的基础。

2001 年，我国加入世界贸易组织（WTO），参与国际经济技术合作的程度加深，全球价值链的重心逐渐从香港转移至广州、深圳等城市，内地科技创新开始对接全球。华为、中兴等高科技企业快速发展，高校、科研院所的科技研究成果大量涌现。

2004 年，科技部与香港工商及科技局签订《内地与香港成立科技合作委员会协议》，2005 年内地与澳门签订《内地与澳门成立科技合作委员会的协议》，内地与港澳科技创新合作机制体制初步建立[①]。

---

① 谢来风. 国际科技创新中心建设：粤港澳大湾区的模式与路径 [M]. 北京：社会科学文献出版社，2023.

2004 年 6 月，深港签订《关于加强深港合作的备忘录》八项合作协议，标志着两地在官方层面科创合作关系的建立，协议提出深港之间"建立科技合作协调机制，共同策划科技合作计划，促进两地技术平台、研究设施和科技资讯共享，相互加强知识产权保护，联合发展一些重大科技合作项目"，"双方鼓励两地高新技术企业间的合资合作和人才交流"。同年，香港与广东推出"粤港科技合作资助计划"，推动两地高科技研究成果的转化，2004—2010 年，双方联合资助科研项目 30 余项，拨款额约 2 亿元。

2007 年，香港特区与深圳市签订了《关于"深港创新圈"合作协议》，联合发布《深港创新圈三年行动计划（2009—2011）》，设立"深港创新圈专项资助计划"，支持香港高校与深圳企业开展产学研合作，同时打造若干创新基地、服务平台等重大项目。该时期深港科创合作以官方引导为主，呈现出"前研后产"互补合作特征[①]。

三、2011—2018 年："粤港澳大湾区"规划逐步实施

从"十二五"规划到"十三五"规划时期，粤港澳科技合作逐步向纵深推进。创新平台加快布局，粤港澳三地充分发挥比较优势，高校、企业等多主体跨地域科技合作增多。这一时期，粤港澳大湾区建设逐步上升为国家战略，科技合作方面的顶层设计随之加强。

2011 年，"十二五"规划纲要颁布，明确要求"深化粤港澳合作，落实粤港、粤澳合作框架协议，促进区域经济共同发展，打造更具综合竞争力的世界级城市群"，在"十二五"规划期间，粤港澳科技合作不断深化，科技创新合作平台加快布局。例如，香港大学深圳医院、前海深港青年梦工场、香港中文大学（深圳）等逐步落成。同时，广东省科技企业逐步进入港澳地区，粤港澳科技创新合作走向"政府+高校+科创企业"混合驱

---

① 深港科创合作现状与未来展望 [EB/OL]. (2023-01-14) [2025-01-07].https://mp.weixin.qq.com/s？__biz=MjM5MjkwMzQwMQ==&mid=2662977400&idx=1&sn=b05697a94fb32864ffc4467c39f2ffc2&chksm=bdd256fe8aa5dfe868875f4eff24ab2c58a2f6fecd58d6ac2d7cf507674318b3e9cc028c0af8&scene=27.

动的发展模式。

2016 年，"十三五"规划纲要提出，要"推动粤港澳大湾区和跨省区重大合作平台建设"，《国务院关于深化泛珠三角区域合作的指导意见》指出，要"携手港澳共同打造粤港澳大湾区，建设世界级城市群"，大湾区建设上升为国家战略。这一时期，粤港澳三地科技创新合作更加紧密，广东省的科技计划、重大科技基础设施等积极向港澳开放。

2018 年，政府工作报告首次将"粤港澳大湾区"纳入"区域协调发展战略"，提出要扎实推进区域协调发展战略，出台实施粤港澳大湾区发展规划纲要，全面推进内地同香港、澳门互利合作 ①。

四、2019 年至今：全面建设国际科技创新中心

《粤港澳大湾区发展规划纲要》的实施为粤港澳大湾区的科技创新合作指明了方向，提供了行动指南。这一时期，国际科技创新中心建设成为重中之重。粤港澳三地纷纷出台系列支持政策，加快推进国际科技创新中心建设，打造更具影响力的全球科技创新高地，从此大湾区科技创新合作全面推进。

2019 年 2 月 18 日，中共中央、国务院正式印发《粤港澳大湾区发展规划纲要》，纲要明确提出，粤港澳大湾区要"建设国际科技创新中心"，"深入实施创新驱动发展战略，深化粤港澳创新合作，构建开放型融合发展的区域协同创新共同体，集聚国际创新资源，优化创新制度和政策环境，着力提升科技成果转化能力，建设全球科技创新高地和新兴产业重要策源地"。

2021—2022 年，中共中央、国务院全面规划部署横琴、前海、南沙 3 个重大合作平台建设，并出台《横琴粤澳深度合作区建设总体方案》《全面深化前海深港现代服务业合作区改革开放方案》《广州南沙深化面向世

① 范钟铭，方煜，赵迎雪，等. 2017—2018 粤港澳观察蓝皮书：粤港澳大湾区的未来与共识[M]. 北京：中国建筑工业出版社，2019：7.

界的粤港澳全面合作总体方案》等文件。2021 年，香港提出"北部都会区发展策略"，计划与深圳紧密合作发展科创产业，构建"香港硅谷"新田科技城①，为粤港澳大湾区国际科技创新中心建设提供有力支撑。

第 2 节　粤港澳大湾区科技协同创新的特征

"一国两制三关"是粤港澳大湾区不同于其他湾区的重要特征。粤港澳大湾区创新驱动和国际化特征明显，港澳在基础研究、人才、现代金融等方面具有优势，珠三角是具有全球影响力的制造业基地，粤港澳三地在创新功能上的互补性强。在功能定位上，粤港澳大湾区为国际科技创新中心，在国际科技合作方面肩负着重要使命。在空间结构上，大湾区具有多中心网络化特征，粤港澳三地在人才教育、基础研究、技术创新、产业创新等领域具有广阔的合作前景。

一、具有制度特殊性的世界级湾区，国际化和开放程度高

粤港澳大湾区是首个横跨两种制度的世界级湾区。大湾区建设涉及1 个国家、2 种制度、3 个关税区和 3 种货币，这是粤港澳大湾区与其他湾区相比最大的特殊性，也是最大的优势。香港、澳门具有自由的经济政策、灵活的市场机制、开放的金融市场，国际化程度高，能够充分连接国内外创新资源，打通"全球 – 港澳 – 内地"创新人才、资源和信息的互融共通渠道，同时能够吸引汇聚全球创新资源，为大湾区发展注入源源不断的动力。

粤港澳大湾区是具有多重定位的综合性湾区。在产业发展方面，相比纽约湾区"金融湾区"、旧金山湾区"科技湾区"、东京湾区"制造业湾

---

① 湾区视角系列一：粤港澳大湾区历史沿革探析 [EB/OL]. (2023-06-26) [2025-01-07].https://mp.weixin.qq.com/s？__biz=MzI4NjM3MTg2OQ==&mid=2247522255&idx=2&sn=0be35ca5c7b845caa07865d8c0f7c93b&chksm=ebdf2ebddca8a7abc3a4101d55bf292cd1c0fa854963b76701771d9ab4c36d1a68f3abcae160&scene=27.

区"的标签，粤港澳大湾区既有发达的金融业，又具备较强的科技创新能力和完备的产业体系，被称为"世界制造业基地"，是一个综合性湾区。粤港澳大湾区不仅是"一国两制"的探索与实践，同时承担着支撑"一带一路"发展的重要任务，将国际一流湾区和世界级城市群建设有机地结合，为打造世界级发展平台提供重要支撑。

二、定位国际科技创新中心，成为国家科技创新重要战略区域

粤港澳大湾区是中国开放程度最高、经济活力和创新活力最强的区域之一，肩负着我国实现高水平科技自立自强的使命和责任。《粤港澳大湾区发展规划纲要》指出，大湾区战略定位之一是建设"具有全球影响力的国际科技创新中心"。国际科技创新中心不仅是城市或区域高质量发展的核心动力引擎，更是在国家科技发展战略、国际科技合作等方面承担着特殊的、重要的责任与使命。

香港是国际金融与航运中心，广州是国际商贸中心，深圳科技创新优势明显，珠三角是世界制造业基地，粤港澳大湾区国际科技创新中心的独特之处在于能够发挥"全球金融中心＋全球创新高地＋全球制造业中心＋全球商贸中心"的多重优势。粤港澳大湾区国际科技创新中心与北京、上海两大实力雄厚的国际科技创新中心形成互补关系，为我国建设创新型国家提供重要支撑。

三、产业科技创新中心功能突出，硬件创新和应用创新是大湾区科技创新的典型特征

强大的科技创新能力和完善的产业体系是粤港澳大湾区的典型特征。硬件创新在大湾区科技创新中占据重要地位，大湾区内的企业、高校和科研机构等在人工智能、大数据、云计算等前沿技术领域创新成果显著。大湾区拥有华为、中兴等创新力极强的芯片公司，深圳作为"硬件产业的硅谷"，拥有完善的生产生态系统，为"设计—孵化—生产—运营"提供一

站式服务。

应用创新是大湾区科技创新的一大优势，强大的科技成果转化能力是大湾区创新的突出特点，大湾区强大的制造业基础和完善的产业链，能够将各种技术创新快速嫁接应用到产业链上，并转化成产品。广东不断突破核心技术，及时将科技成果应用到具体产业和产业链上。大湾区加快构建"基础研究+技术攻关+成果转化+科技金融+人才支撑"全过程创新链，以科技创新推动产业创新，不断增强高质量发展硬实力。

四、具有多中心网络化空间结构

粤港澳大湾区有香港、澳门、广州、深圳 4 个核心城市，还有其他一些节点城市，具有多中心网状结构。一是具有"三体性"与"圈层性"特征①。从地理范围来看，粤港澳大湾区共包含 11 个城市，即珠三角九市和港澳地区。香港、广州、深圳三地协同合作，共同参与全球产业分工与竞争，引领大湾区高质量发展。三大中心城市通过构建高度重叠的圈层结构，实现功能上的互补与协同，共同推动大湾区的整体发展。二是呈现"强流动"与"节点性"的网络化特征。相较于京津冀、长三角地区，粤港澳大湾区的人口流动活跃度更高，其中广佛之间通勤人口规模达 51 万人次，深莞跨城通勤量达 34 万人次，分别在三大城市群日均跨界通勤总量中居第 1、第 2 位。核心湾区凭借要素资源的高度聚集与快速流动，依托机场、港口及各类新开发区域，逐步形成服务大湾区乃至全球的关键功能节点，推动广州、深圳等核心城市的功能辐射范围持续扩大，中心集聚效应显著增强。与此同时，东莞、中山等城市也逐渐由市域中心城市转化为区域节点城市。

---

① 方煜，石爱华，孙文勇，等. 粤港澳大湾区多维空间特征与融合发展策略[J]. 城市规划学刊，2022（4）：78-86.

第3节　粤港澳大湾区科技协同创新的现状及主要做法

一、粤港澳大湾区创新现状

（一）科研经费投入不断增加

粤港澳大湾区作为我国改革开放的前沿阵地，科技创新资源集中，科技投入方面处于领先地位。近年来，粤港澳大湾区显著加大对科技创新的投入力度。2021年和2022年粤港澳大湾区的科学研究与试验发展（R&D）经费投入分别约为4080亿元和4478亿元，2023年R&D经费投入超过4600亿元，实现稳步增长，经费投入平均强度为3.4%，已经超过了德国（3.14%）和日本（3.26%），与美国（3.45%）相当。2022年，粤港澳大湾区大部分城市的R&D经费投入均已超过百亿元，深圳的R&D经费投入强度在大湾区所有城市中最高，达到5.81%，高于以色列（5.44%）。

《粤港澳大湾区协同创新发展报告（2022）》显示，2017—2021年，粤港澳大湾区发明专利公开总量位列四大湾区之首，发明专利的质量在四大湾区中居第3位[①]。《大湾区创新发展专利指数报告（2023年）》显示，2017—2022年，粤港澳大湾区的海外发明专利占全国海外发明专利授权量的1/4以上，数字创意产业、生物产业和相关服务业的海外专利优势明显。广东省2022年全省专利授权总量83.73万件，居全国首位；其中，发明专利授权量11.51万件，增长11.9%。截至2022年底，广东省全省有效发明专利量53.92万件，居全国首位。每万人口发明专利拥有量42.51件。全年经各级科技行政部门登记的技术合同47 892项；技术合同成交额4525.42亿元，增长5.4%。

（二）科技创新平台加快布局

截至2021年底，粤港澳大湾区共有50个国家重点实验室，拥有29个国家工程技术研究中心、31个粤港澳联合实验室（表8-1）。广东省战

[①]郑永年，何冬妮.世界湾区中的粤港澳大湾区：如何打造引领跨越中等技术陷阱的国际科创中心[J].中国科学院院刊，2024，39（9）：1508-1523.

略科技力量布局持续优化，拥有 30 个国家重点实验室，10 个省实验室、430 个省重点实验室，初步形成以鹏城、广州两大国家实验室为引领，以全国重点实验室、粤港澳联合实验室、省实验室、省重点实验室等为支撑的实验室体系，不断夯实科技发展创新基础。积极布局国家超算广州中心、国家超算深圳中心、中国散裂中子源、南方光源研究测试平台等 11 个重大科技设施，重大科技基础设施集群初步成型，高水平研究型大学、科技领军企业实力不断提升。2024 年，国际先进技术应用推进中心（大湾区）、粤港澳大湾区场景创新中心在广州南沙启动，以打造一批应用场景创新项目，促进新技术、新产品在广东率先落地[①]。

表 8-1　粤港澳联合实验室名单

联合实验室名称（第一批）	城市	联合实验室名称（第二批）	城市	联合实验室名称（第三批）	城市
粤港澳光电磁功能材料联合实验室	广州	粤港量子物质联合实验室	广州	粤港碳中和科学与技术联合实验室	江门
粤港澳离散制造智能化联合实验室	广州	粤港 RNA 医学联合实验室	广州	粤港澳毫米波与太赫兹联合实验室	广州
粤港澳呼吸系统传染病联合实验室	广州	粤港澳中医药与免疫疾病研究联合实验室	广州	粤港重大精神疾病研究联合实验室	广州
粤港慢性肾病免疫与遗传研究联合实验室	广州	粤港澳污染物暴露与健康联合实验室	广州	粤港澳新药筛选联合实验室	广州
粤港澳环境污染过程与控制联合实验室	广州	粤港大数据图像和通信应用联合实验室	深圳	粤港澳中药药效物质基础与创新药物研究联合实验室	广州
粤港澳环境质量协同创新联合实验室	广州	粤港澳智慧城市联合实验室	深圳	粤港数据安全与隐私保护联合实验室	广州
粤港澳光热电能源材料与器件联合实验室	深圳	粤港澳数据驱动下的流体力学与工程应用联合实验室	深圳	粤港现代表面工程技术联合实验室	广州
粤港澳人机智能协同系统联合实验室	深圳	粤港澳商品物联网联合实验室	珠海	粤港干细胞与再生医学联合实验室	广州
粤港澳中子散射科学技术联合实验室	东莞	粤港水安全保障联合实验室	珠海	粤港智能决策与协同控制联合实验室	广州

[①] 大湾区两大创新平台在广州南沙启动 [EB/OL]. (2024-12-09) [2025-01-10]. http://www.gd.gov.cn/gdywdt/zwzt/kjzlzq/cy/content/post_4612851.html.

续表

联合实验室名称 （第一批）	城市	联合实验室名称 （第二批）	城市	联合实验室名称 （第三批）	城市
粤港新发传染病联合实验室	汕头	粤港澳智能微纳光电技术联合实验室	佛山	粤港有序结构材料的制备与应用联合实验室	汕头
				粤港土壤与地下水污染防控及修复联合实验室	深圳

　　粤港澳大湾区全面推进新型研发机构建设，在新一代通信与网络、量子科学、脑科学、人工智能等前沿科学领域布局建设高水平研究院，目前，形成了以深圳清华大学研究院、中国科学院深圳先进技术研究院等为代表的新型研发机构体系，开创了源头创新与产业化相结合的新型研发机构模式。截至 2023 年底，在广东省认定的省级新型研发机构中，粤港澳大湾区有 221 家，占比 79.8%。此外，粤港澳大湾区加速打造科技企业孵化载体，截至 2023 年底，大湾区九市共有省级科技企业孵化载体 220 家（图 8-1）；香港共有 132 家共享工作间 / 孵化器 / 加速器；澳门有 2 家国家级众创空间 ①。

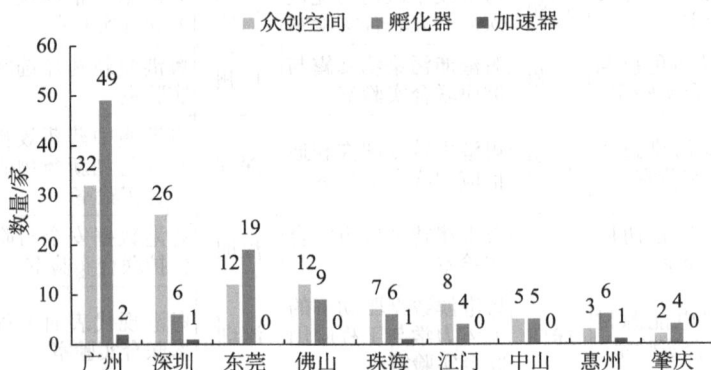

图 8-1　2023 年大湾区九市省级科技企业孵化载体情况
（资料来源：广东省科技厅）

---

① 孙延明，涂成林，谭苑芳，等 . 中国粤港澳大湾区改革创新报告（2024）[M]. 北京：社会科学文献出版社，2024.

（三）科技创新企业实力强大

粤港澳大湾区不断强化创新主体培育，积极推动科技型企业成为创新创造的主力军，持续扩大科技型企业群体规模。科技部"高新技术企业认定工作网"数据显示，广东现有国家级高新技术企业 76 288 家，连续 8 年保持全国第一①，专精特新"小巨人"企业 1525 家，同样排在全国首位（表8-2）。

表8-2　粤九市创新型企业数量（截至2023年）　　　　单位：家

城市	专精特新中小企业	高新技术企业
深圳	7754	24 813
广州	2356	13 178
东莞	1021	10 156
佛山	679	10 378
珠海	446	2735
惠州	448	3437
中山	359	2857
江门	303	2814
肇庆	95	1512

资料来源：工业和信息化部、广东省工业和信息化厅、广东省省情调查研究中心。

《财富》公布的 2021 年世界 500 强企业榜单显示，有 99 家企业的总部坐落于全球四大湾区，数量创历年新高。其中，有 40 家位于东京湾区，在四大湾区中遥遥领先；25 家位于粤港澳大湾区，24 家分布在纽约湾区，10 家分布在旧金山湾区。粤港澳大湾区世界 500 强企业数量首次超过纽约湾区。

根据胡润研究院于 2024 年 4 月发布的《2024 全球独角兽榜》，粤港澳大湾区共有 70 家企业登榜，比上年增加 7 家，相当于印度整个国家的独角兽数量，其中，深圳 34 家、广州 24 家、香港 5 家、东莞 4 家、珠海 2 家、肇庆 1 家。深圳排名第六，广州排名第九，均排进全球独角兽企业

---

① 高新技术企业数量全国第一，广东新质生产力发展动力多大？[EB/OL].（2024-03-15）[2024-01-10].https://baijiahao.baidu.com/s？id=1793561147462635842&wfr=spider&for=pc.

总部数量前十。数据显示，中国十大独角兽企业中粤港澳大湾区有 5 家，均为千亿级独角兽，分别是广州的 SHEIN 和广汽埃安、深圳的微众银行、东莞的 OPPO 和 vivo，涵盖了电子商务、消费电子、新能源汽车等领域（表 8-3）。

表 8-3　中国十大独角兽企业

序号	企业	价值/亿元	城市	行业
1	字节跳动	15 600	北京	社交媒体
2	蚂蚁集团	5700	杭州	金融科技
3	SHEIN	4600	广州	电子商务
4	微众银行	2350	深圳	金融科技
5	米哈游	1600	上海	游戏
6	OPPO	1430	东莞	消费电子
7	vivo	1400	东莞	消费电子
8	京东科技	1350	北京	金融科技
9	滴滴	1350	北京	共享经济
10	广汽埃安	1000	广州	新能源汽车

世界知识产权组织（WIPO）公布的 2023 年度全球 PCT 国际专利申请数据显示，从申请人来看，华为 2023 年 PCT 专利申请 6484 件，蝉联第一，且大幅领先于排名第二的三星（3924 件）。总部位于粤港澳大湾区的其他企业中，OPPO 排名第 9（1766 件），中兴通讯排名第 11（1738 件），vivo 排名第 13（1631 件），长鑫存储排名第 22（954 件），荣耀排名第 30（753件），深圳先进技术研究院排名第 33（696 件），腾讯科技排名第 34（677件），字节跳动排名第 46（492 件）等①。

（四）科技集群和产业集群世界领先

自《全球创新指数报告》于 2017 年开始设置创新集群（现为科技集

---

① 2023 年全球 PCT 国际专利申请排名：华为"断崖式"第一 [EB/OL].（2024-03-11）[2025-01-10]. https：//baijiahao.baidu.com/s？id=1793223071124712064&wfr=spider&for=pc.

群）分类以来，"深圳－香港"科技集群（现为"深圳－香港－广州"集群）已经连续 5 年位列全球第二（表 8-4）。"深圳－香港－广州"集群2019—2023 年，专利申请的密度为每百万人 2303 件，前沿领域的专利申请主要分布在数字通信（26%）和计算机技术（20%）两大领域①。科技集群对粤港澳大湾区建设国际科技创新中心起到了重要的支撑作用。

表 8-4　2017—2022 年"科技集群" TOP 10

排名	2017年	2018年	2019年	2020年	2021年	2022年
1	东京－横滨	东京－横滨	东京－横滨	东京－横滨	东京－横滨	东京－横滨
2	深圳－香港（广州 63）	深圳－香港（广州 32）	深圳－香港（广州 21）	深圳－香港－广州	深圳－香港－广州	深圳－香港－广州
3	加利福尼亚州圣何塞－旧金山	首尔	首尔	首尔	北京	北京
4	首尔	加利福尼亚州圣何塞－旧金山	北京	北京	首尔	首尔
5	大阪－神户－京都	北京	加利福尼亚州圣何塞－旧金山	加利福尼亚州圣何塞－旧金山	加利福尼亚州圣何塞－旧金山	加利福尼亚州圣何塞－旧金山
6	加利福尼亚州圣地亚哥	大阪－神户－京都	大阪－神户－京都	大阪－神户－京都	大阪－神户－京都	上海－苏州
7	北京	波士顿－剑桥	波士顿－剑桥	波士顿－剑桥	波士顿－剑桥	大阪－神户－京都
8	波士顿－剑桥	纽约	纽约	纽约	上海	波士顿－剑桥
9	名古屋	巴黎	巴黎	上海	纽约	纽约
10	巴黎	加利福尼亚州圣地亚哥	加利福尼亚州圣地亚哥	巴黎	巴黎	巴黎

　　粤港澳大湾区产业集群处于全国甚至全球领先水平，目前大湾区拥有新一代电子信息、绿色石化、智能家电等 8 个万亿级产业集群，低空经济、人工智能等新兴产业也在蓬勃发展。在工业和信息化部正式公布的

① 全球百强科技集群公布！"深圳—香港—广州"科技集群蝉联全球第二位 [EB/OL]. (2024-09-04)[2025-01-10]. https://mp.weixin.qq.com/s? __biz=MzUyNzQwOTA5MQ==&mid=2247556636&idx=1&sn=00c36a81c3e1904a42f37699bae132b7&chksm=fbeb2d2cc24f564bb99df0372d21d071a711b82e597bfc071c7684f0dda90bec48ebd9f16493&scene=27.

45 个国家先进制造业集群名单中，大湾区（广东）拥有 6 个，与江苏并列第一，涉及新一代信息技术、高端装备、新材料等多个领域。大湾区以深圳、广州、东莞等城市为产业集群的枢纽，辐射并促进周边城市的科技创新发展，助力大湾区创新网络的形成。

大湾区主导产业特色鲜明，在电子信息、电气机械、汽车制造业等行业的企业数量、营收规模等方面均具有领先优势，且企业的协同和带动作用比较强，在重点领域形成了龙头企业、链主企业、专精特新中小企业协同发展的产业生态[①]。

二、协同创新现状及经验做法

（一）坚持点轴结合，建设"广深港澳"科技创新走廊

粤港澳三地依托前海深港现代服务业合作区、横琴粤澳深度合作区、河套深港科技创新合作区，以及深圳西丽湖国际科教城、广州中新知识城等一批重大创新合作平台，加快形成广深港澳科技创新走廊，促进科技、产业、金融的良性互动和有机融合。

1. 推进"广州－深圳－香港－澳门"科技创新走廊建设

优化大湾区国际科技创新中心建设格局，推动广深港、广珠澳科技创新走廊不断提升能级，粤港澳协同创新体系能量正不断释放。"广深港澳科技创新走廊"是粤港澳大湾区国际科技创新中心建设的核心平台和引领性工程。2017 年以来，广东省相继出台《广深科技创新走廊规划》《广东省推进"广州－深圳－香港－澳门"科技创新走廊建设行动方案（2020—2022 年）》（简称《方案》）等政策文件，走廊建设取得明显成效。其中，《方案》提出，以深圳河套、珠海横琴为"两点"，以"广深港"科技创新走廊、"广珠澳"科技创新走廊为"两廊"，以创新基础好的区域打造核心战略平台，加快推进广深港澳科技创新走廊建设。创新走廊将沿线城市进

---

① 扩大粤港澳大湾区开放，需关注三个问题 [EB/OL]．（2024-08-16）[2025-01-10].https://baijiahao.baidu.com/s？id=1807556274735313636&wfr=spider&for=pc.

行连接，各取所长，优势互补，加快各城市之间的创新要素流动和科创产业联动，成为大湾区科创发展的重要引擎。

2.共建粤港澳科技创新平台

依托横琴、前海、南沙等重大平台促进三地合作，在横琴布局建设各类创新平台 31 家、前海集聚创新载体 125 家、南沙建成高端创新平台 132 家，成为国际科技创新中心重要支点。横琴高标准建设港澳院校产学研示范基地，加快建设广东省智能科学与技术研究院和横琴中药新药技术创新中心，聚焦发展集成电路、人工智能、新材料、新能源、生物医药等产业；前海联动香港探索适用国际先进的科研规则体系，设立多元化深港合作创投基金，大力发展粤港澳合作的新型研发机构，建设前海国际人才港、国家级海洋科技合作基地、国际知识产权合作平台，推动引领产业创新的基础研究成果转化；广州南沙形成"1＋1＋3＋N"科技创新平台体系，南沙科学城、中国科学院明珠科学园建设稳步推进，香港科技大学（广州）已建成开学，南方海洋科学与工程广东省实验室（广州）正在创建国家实验室基地，打造粤港澳全面合作示范区；国务院印发《河套深港科技创新合作区深圳园区发展规划》，已聚集科技企业 447 家、科研机构 23 家，包括一批世界 500 强研发中心和"独角兽"企业，加快打造深港科技创新开放合作先导区、国际先进科技创新规则试验区、粤港澳大湾区中试转化集聚区，成为粤港澳国际科技创新中心重要极点。

专栏 8-1　广深港澳科技创新走廊

广深港澳科技创新走廊作为粤港澳大湾区国际科技创新中心的核心载体，串联穗深莞港澳五大城市，整合区域内科技园区与创新平台资源，形成多元协同发展格局。

一是培育具有全球影响力的万亿级产业集群。通过龙头企业带动产业链上下游协同发展，重点围绕新一代信息技术、高端装备制造、生物医药等战略性新兴产业，依托五地产业发展基础与创新资源优势，构建万亿级产业集群。二是建立区域协同创新机制。建立跨区域要素流通机制，破除技术、人才、资本等创新要素流动壁垒，显著降低企业创新成本。通过政策创新促进科研设备共享、知识产权互认等深度合作，实现多城创新生态融合发展。三是发挥港穗深创新极核的协同效应。依托香港、广州、深圳三大核心创新枢纽的辐射功能，深化三地科研、产业、人才等要素的协同联动。通过创新廊道的空间联结，进一步强化技术转化、产业协作与资源融通，显著提升区域创新资源的整合效能与辐射效应。四是致力于打造国际风投创投中心。鼓励港澳在走廊内设立创投风投机构。鼓励社会资本设立科技孵化基金，设立"广深港澳"科创走廊科研成果转化联合母基金，完善天使投资风险补偿机制，搭建科技金融综合服务平台，促进境内外资本双向流动。五是不断加强创新类基础设施建设。布局重大科技基础设施集群，强化大科学装置、重点实验室的辐射效应。推进跨区域科研网络互联，重点突破共性技术研发瓶颈，全面提升基础研究与应用研究协同创新能力。

资料来源：蒲雅丽.探索科创走廊建设的"中国模式"[EB/OL].（2023-03-15）[2025-01-10].https://zjkfq.org.cn/newsinfo/5614962.html.

（二）坚持科技创新和制度创新"双轮驱动"，推进科技创新要素跨境便捷高效流动

聚焦钱过境、人往来、税平衡、物流通等关键环节持续发力，科技计划、重大科技基础设施等积极向港澳开放，推动大湾区创新要素高效跨境流动。一是支持三地创新主体开展联合科研攻关。实施科技创新联合资助计划，在全国率先支持港澳机构申报省级科技计划项目，累计支持300多个项目，约3亿元，截至2022年底，全省科研经费跨境拨付累计超过3.7亿元。省重点领域研发计划、基础研究重大项目、省自然科学基金面上项目、青年提升项目，以及深圳、珠海等专项向港澳开放，其中深圳2020年起深入实施深港澳科技计划，支持深港澳创新主体联合攻关，累计资助

超过 2 亿元。二是加快创新要素高效流动。积极促进粤港澳规则衔接和机制对接，开展科研用物资跨境自由流动改革试点，探索"正面清单"等模式。推动税收优惠制度对接和科研仪器设备、生物样品跨境便利流通，研究实施促进三地人流、物流、工作、居住等更加便利化的政策措施，探索搭建粤港澳大型科学仪器设施资源共享平台。向港澳开放共享中国（东莞）散裂中子源等一批重大科技基础设施，大型创新基础设施开放共享机制加速构建，共享平台入网仪器 10 551 台（套），总原值为 97.21 亿元。三是完善粤港澳人才协同创新机制。贯彻落实粤港澳大湾区个人所得税优惠政策，约 9000 名境外高端紧缺人才已享受到大湾区个人所得税优惠政策。充分发挥"双区"叠加优势，加快推进粤港澳人才合作示范区等建设，创建横琴粤澳深度合作区国际院士谷。推进外国人来华工作许可、外籍和港澳台高层次人才认定，推动各地市设立"国际人才一站式服务专区"等，推动横琴粤澳深度合作区、前海深港现代服务业合作区实行更加开放的外籍人才创新创业便利化措施和优惠政策，带动完善粤港澳人才协同创新机制，加快大湾区高水平人才高地建设。

专栏 8-2　河套深港科技创新合作区

深港两地携手共建的河套深港科技创新合作区（简称"河套合作区"）是大湾区和深圳先行示范区建设的重点项目，也是以科技创新为主题的特色平台。合作区具有"跨境、跨制度、国际化"的特征，融合了"一国两制"制度优势、港澳独特优势，以及广东、深圳改革开放先行先试优势。河套合作区发展环境持续优化，致力于构建国际化的科技创新体制机制，创新成果逐渐显现。

积极打造国际先进的科技创新规则试验区，并率先实施了一系列制度创新举措。深圳市发布《关于支持深港科技创新合作区深圳园区建设国际开放创新中心的若干意见》，福田区则推出科研管理体制创新的"政策包"，涵盖选题征集制、团队揭榜制等五大机制，同时探索引入香港及国际先进的科研管理机制。

2024年以来，河套合作区取得了显著的制度创新成果。其中，"双15%"税收改革方案已落地实施，同时，"一线放开、二线管住、区内自由"的海关特殊监管办法也在稳步推进。深圳市还支持深圳园区在财政科研资金监管上探索适用港澳审计准则，深圳数据交易所在交易规模、交易笔数及跨境交易金额上位列全国第一。在资金跨境流动监管方面，河套合作区同样不断探索创新，成功落地了首单"科汇通"及科创企业外债便利化额度试点。同时，"河套天使荟"、跨境双币早期母基金和一系列专业子基金等重点项目也在加速推进，为优质创新项目提供了强有力的资金支持与资源整合。

资料来源：河套"小支点"撬动湾区创新"大效应"[EB/OL].（2024-08-01）[2025-01-10]. https://baijiahao.baidu.com/s？id=18061534704226613257&wfr=spider&for=pc.

（三）创新平台和科研机构相结合，共建战略科技力量

粤港澳协同建设一批重大创新平台，做大做强粤港澳大湾区国家技术创新中心，共建梯次衔接、主体多元、特色分明的创新平台体系，优化布局战略科技力量和创新体系，支撑高水平科技自立自强。一是共建高水平实验室体系。粤港澳三地启动建设了31家粤港澳联合实验室，争取到2025年，建成40家左右的粤港澳联合实验室；广州实验室与香港中文大学在河套合作区已成立"广州实验室-香港中文大学联合实验室"，南方海洋科学与工程广东省实验室在香港设立分部，广州再生医学与健康广东省实验室与香港中文大学联合成立了再生医学高等研究院，与香港大学联合成立了心脏研究中心，与香港科技大学联合成立了神经科学研究中心，有力提升了省实验室的原始创新能力和国际影响力。二是积极共建一批新型研发机构。已有6所香港高校在深圳设立大学研究院，累计在深圳设立科研机构82家、建设创新载体56个，中国科学院深圳先进技术研究院等联合共建新型科研机构，在河套建设粤港澳大湾区（广东）量子科学中

心；围绕量子科学等 A 类研究领域，建设若干粤港澳大湾区基础科学研究中心，抢占基础研究前沿领域创新高地；推进建设粤港澳应用数学中心，促进数学与工程应用、产业化的对接融通；搭建云计算集群，推进建设粤港澳大湾区大数据中心等，推动广东成为数字经济强省。三是加快推动粤港澳大湾区国家技术创新中心建设。以集成电路与关键软件、生物医药与器械、智能制造与装备等领域为主攻方向，以粤港澳大湾区国家技术创新中心总部作为 1 个"核心战略总部"，布局建设 9 个"王牌军"（分中心）、N 个"独立团"（科技成果转化示范机构），打造"1＋9＋N"产业技术研究与转化示范平台体系，打造全链条产业创新网络，到 2025 年，基本建成跨地域、跨领域、跨学科、跨产业的综合类国家技术创新中心。

（四）成果转化和创新创业相结合，构建更开放融合的区域协同创新共同体

粤港澳聚焦人工智能、健康医疗、金融科技、智慧城市、物联网、新能源、新材料等港澳优势领域，加大支持香港、澳门青年来粤创新创业力度，面向港澳创建转化孵化载体，实现"东西南北中，成果来广东"。一是加快科技成果转化基地建设。推动设立粤港澳大湾区科技成果转化基金，建设珠三角国家科技成果转移转化示范区，引导香港大学、香港中文大学、香港科技大学、香港理工大学设立科技成果转化基地，内地首个由港方运营的香港科学园深圳分园正式开园，首批 16 家香港科创机构、企业及服务平台已入驻该分园；澳门大学依托珠海澳大科技研究院在大湾区设立产学研示范基地，依托澳门大学和澳门科技大学国家中医药重点实验室建设粤澳中医药科技产业园。二是大力支持香港、澳门青年来粤创新创业。建成面向港澳的粤港澳（国际）青年创新工场、横琴澳门青年创业谷、前海深港青年梦工场等科技孵化载体超 130 家，在孵港澳创业团队和企业近 1100 个。广东承办的中国创新创业大赛（港澳台赛）带动 3400 多家港澳台企业来粤同台竞技，300 多家港澳台企业落地广东。香港科大学师生在广东深圳创办企业 23 家，包括幻音科技、固高科技、大疆创新等，其中幻音科技（深圳）有限公司已在香港主板成功上市，大疆市场估值高达 1600 亿元。三是大力推动港澳高校来粤合作办学。提升高等教育服务科技创新能力，重点推进香港科技大学、香港大学、香港理工大学、澳门大学、澳门科技大学等港澳高校在粤港澳大湾区办学。

（五）锚定新兴产业和未来产业，注重发挥企业主体作用

粤港澳大湾区聚焦新型储能、低空经济、商业航天等新兴产业，前瞻性布局未来产业，构筑制造业创新发展新优势。一是加强顶层设计。广州发布《广州市人民政府办公厅关于推动新型储能产业高质量发展的实施意见》，明确打造技术创新高地、提升产业综合实力、拓展产业市场空间、优化产业发展环境 4 个方面重点任务和 15 项具体工作部署，持续发力抢占新型储能产业制高点。深圳先后出台《深圳市支持低空经济高质量发展的若干措施》《深圳经济特区低空经济产业促进条例》等文件，助力低空经济产业"高飞"。在广东省发布的五大未来产业集群行动计划中，粤港澳大湾区内地九市是主要的产业协同与创新承载地。广东将发展未来电子信息、未来智能装备、未来生命健康、未来材料、未来绿色低碳五大未来产业集群①。二是发挥企业创新引领作用。鼓励企业在产业技术攻关中"唱主角"，注重发挥企业在关键核心技术攻关方面的引领带动作用。广州、深圳、珠海、佛山等地陆续通过"业主制""揭榜挂帅""定向委托"等新型科研组织形式，支持领军企业参与核心技术攻关项目。珠海出台《珠海市产业核心和关键技术攻关方向项目实施办法》，提出可采用竞争择优、定向择优、定向委托、揭榜攻关等方式予以遴选立项。深圳印发《深圳市重点领域研发计划管理办法》，提出可探索委托科技领军企业或重大科研机构等法人作为"业主单位"，围绕国家、省、市重大科技战略组织实施"业主单位负责制"专项。

---

① 聚焦五大未来产业　厚积薄发引领高质量发展 [EB/OL]. (2024-03-05) [2025-01-10]. https://baijiahao.baidu.com/s？id=1792670221417355214&wfr=spider&for=pc.

第 4 节　粤港澳大湾区科技协同创新的挑战

新时期，着力推动粤港澳科技创新与产业发展深度融合，对于加快建设现代化产业体系，实现高水平科技自立自强，推动经济高质量发展具有重要意义。然而，粤港澳大湾区在优化资源配置、创新要素自由流动、关键核心技术攻关、创新格局优化等方面依旧存在不少挑战。

一、区域科技发展不平衡，资源配置效率有待提高

经济总量存在差距。2023 年，粤港澳大湾区整体地区生产总值为 14.063 万亿元，首次突破 14 万亿元大关，整体经济实现快速增长。从各城市来看，粤港澳大湾区 11 个城市的 GDP 差距较大，深圳、广州和香港 GDP 均在 2.5 万亿元以上，深圳 GDP 为 3.46 万亿元；佛山、东莞 GDP 分别为 1.33 万亿元、1.14 万亿元，同为"万亿元"级城市；而惠州、珠海、江门等城市的 GDP 水平均在 1 万亿元以下，但澳门 GDP 实现了大幅增长，达到 3309.31 亿元，较 2022 年增加 1669.01 亿元。由此可见，各城市的经济水平有较大差距（图 8-2）。

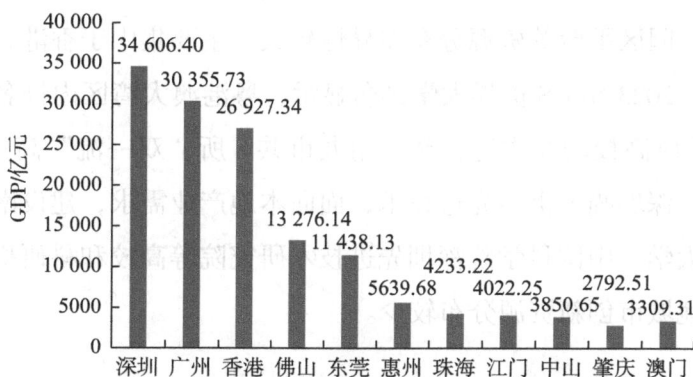

图 8-2　2023 年粤港澳大湾区各城市 GDP 情况

（资料来源：各地统计部门、《中国粤港澳大湾区改革创新报告（2024）》）

R&D 经费投入存在差距。2022 年，粤港澳大湾区 R&D 经费投入约为 4478 亿元，其中深圳 R&D 经费投入为 1880.49 亿元，占粤港澳大湾区全

部 R&D 经费投入的比重约为 42%，深圳的 R&D 投入强度在大湾区城市中也为最高，为 5.81%；广州 R&D 经费投入为 988.36 亿元，在大湾区城市中排名第二；东莞、佛山、香港、惠州等 9 个城市的 R&D 经费投入均少于 500 亿元，江门、肇庆、澳门均不足 100 亿元。由此可见，科研经费投入存在较大不平衡（图 8-3）。

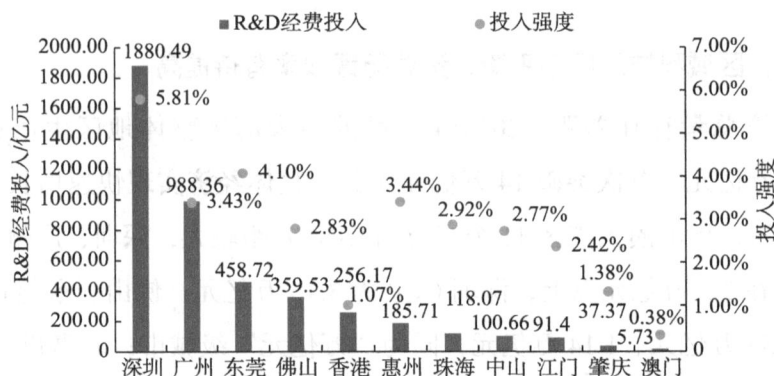

图 8-3　2022 年粤港澳大湾区各城市 R&D 经费投入情况

（资料来源：《2022 年广东省科技经费投入公报》、香港特区政府统计处、澳门统计暨普查局、《中国粤港澳大湾区改革创新报告（2024）》）

创新资源分布不均衡。大湾区各城市间高校、科研机构、重大科技基础设施、园区平台等资源分布差异性较大，主要集中于香港、广州、深圳等城市。2023 年 QS 世界大学排名显示，粤港澳大湾区内排名在全球前100 位的 5 所高校均在香港；珠三角九市共 8 所"双一流"高校，其中 7所在广州。深圳瞄准世界先进技术，面向本地产业需求，建设南方科技大学、深圳大学、中国科学院深圳先进技术研究院等高校和科研机构。相比之下，其他城市创新资源分布较少。

二、创新资源共享缺乏长效机制，体制机制衔接有待畅通

创新要素流动不畅。一是内地与港澳间的出入境制度衔接不畅。科研人员往返粤港澳需要履行烦琐的出入境手续，受签注次数和程序的限制，持因私通行证在港澳停留时间最多为 7 天，党政机关、事业单位副处级以上干部因公赴港澳审批环节严格，手续较多，有较多的政策限制。二是科研资金跨境流动时间较长，税务成本较高。企业、科研机构等非财政资金过境需要缴纳企业所得税和个人所得税，存在较高的税务成本，传统的粤港澳合作科研项目，科研经费由广东拨付到香港税费可能高达20%[①]。企业办理跨境银行等业务时，需要两地金融机构的审核，审核标准较高，审核时间较长，具有较高的时间成本。三是科研物资跨境流动存在障碍。粤港澳三地是3个独立的关税区，实行不同的关税制度，在贸易管制、外汇管制、关税政策等方面存在较大的差异，通关效率较低。科研物资出入境要面临严格的审批查验，粤方生物样品出境需审查，港方入境则另有管理体制，港方高校和研究机构向粤方转运科研仪器设备需走通关流程，且要按照新设备价格收取相应关税。四是科研数据跨境流动存在困难。粤港澳目前尚未建立统一的数据跨境治理体系，内地与香港之间尚未建立充分的互通机制，这不利于科研合作。例如，香港和内地城市的生物科技企业面临严重的数据跨境难题，内地的临床试验、管理等数据无法便捷地传输到香港，香港的药品研发数据和临床数据也无法与内地共享。

　　体制机制衔接不畅。一是税制存在明显差异。与港澳相比，内地的税率较高。内地城市的个人所得税采取累进制，香港个人所得税税率为15%，内地城市当前仅在横琴合作区、前海合作区、广州南沙等区域有"双15%"所得税优惠政策，其他城市的企业所得税为25%，同样远高于香港。二是成果转化存在壁垒。香港高校基础研究强，但所能供给的知识难以直接产品化，香港专利和知识产权制度遵循普通法系，内地则遵循大陆法系，进一步阻碍了双方技术成果的有效转移和关键技术的突破攻关，跨环节、跨行业、跨领域的科技信息与创新成果交流共享机制尚不完善。三是职业资格互认存在障碍。粤港澳三地职业资格认定规则存在较大差异，涉及科技服务领域的审计、金融、法律服务等资格互认尚未实现。

① 粤港澳大湾区战略研究院. 粤港澳大湾区发展报告2022：大湾区科技创新建设与发展研究[M]. 北京：科学出版社，2023.

三、区域原始创新能力有待提升，关键核心技术有待突破

粤港澳大湾区基础研究成果较多，但高水平科研成果产出并不足，在大科学装置和国家实验室、基础研究投入、核心技术等方面有较大提升空间。

大科学装置和国家实验室数量不足。目前，我国依托综合性国家科学中心建设，已经建成 22 个国家大科学装置，其中合肥已建成 8 个、北京已建成 7 个、上海已建成 5 个，而大湾区尚处于建设中；目前，国家实验室共 21 个（含筹建），粤港澳仅有 2 个。虽然大湾区重大科技设施布局建设步伐加快，形成了一定的集群效应，但更具战略性、基础性和前瞻性的大科学装置和国家实验室不足，基础研究难以得到有力支撑，导致大湾区科技产业发展后劲不足。

基础研究能力相对薄弱。粤港澳大湾区存在"重应用研究，轻基础研究"的问题，缺少颠覆性、重大前沿性科技创新成果。2022 年，大湾区基础研究投入占 R&D 经费投入比例为 5.4%[①]，低于全国平均水平（6.57%），远低于北京（14.8%）和上海（7.8%）。从论文发表情况来看，粤港澳大湾区高校和科研机构的高水平论文发表量为 3401 篇，而纽约湾区的高水平论文发表量高达 25 621 篇，旧金山湾区为 8994 篇，粤港澳大湾区与纽约湾区、旧金山湾区存在较大差距[②]。从投入主体看，广东省基础研究的主体仍然是高校和科研机构，除少数旗舰型企业、领军企业外，大部分企业开展基础与应用基础研究的能力和动力不足[③]。

存在核心技术"非自主化"现象。大湾区制造业的核心技术、关键技术和零部件仍存在受制于人的问题，大多数依赖进口。广东拥有自主核心技术的企业不足 10%，据相关统计，广东在高端装备制造领域，芯片、高

---

① 孙延明，涂成林，谭苑芳，等．中国粤港澳大湾区改革创新报告（2024）[M]．北京：社会科学文献出版社，2024．

② 同①。

③ 李志坚，叶茂桂，张丽娟．粤港澳大湾区加快建设国际科技创新中心的现状、问题与对策 [J]．科技智囊，2023（12）：36-43．

档数控机床、精密模具、机器人、核心工业软件等关键技术和零部件90%以上依赖进口。精密减速器、伺服电机、传感器及气动元器件等基础功能部件，长期依赖进口；基础性、系统性工业软件存在空白，高端检验检测仪表仪器几乎完全依赖进口。

四、创新合作格局有待优化，区域科创生态尚有提升空间

粤港澳大湾区内城市都各具优势，但在最大限度地塑造"优势互补、协同创新"的区域创新格局方面仍存在一些挑战。

科技教育合作的深度和广度不够。三地办学模式与管理体制存在较大差异，内地更多侧重于应试教育，香港主张高校自主管理，澳门特区政府管理与高校管理相互平行，这种差异对跨地区的科技交流合作与产学研新机制探索形成一定阻碍；另外，独特体制下区域交流平台与交流渠道的建立需要更多权衡与更多保障，这些问题进而影响了区域内科技教育合作的深度与广度，导致出现科研成果转化率低、知识生产能力不足等问题。当前科研合作以政府课题合作为主，高校之间、高校与企业之间合作有待深化，区域协同创新效果不够明显。

区域内重点平台的协同联动效应不强。随着广深港、广珠澳科技创新走廊作为主轴的"两廊三极多节点"创新格局建设不断加速，以及"港澳高校—港澳科研成果—珠三角转化"的科技产业协同发展模式的基本确立，区域内的科技创新和产业创新正呈现出蓬勃发展的态势。然而，对于如何有效协同联动以深圳前海、广州南沙、珠海横琴等为代表的重大平台，进而形成新的合力，仍需进行深入的探索和实践。

金融和科技服务机构的作用发挥尚不充分。与世界三大湾区相比，粤港澳大湾区国际科技创新中心发展所需要的科技金融生态尚未建成[①]。纽约湾区大量的风投创投机构为新兴科技公司的发展壮大提供了强大支持，旧

---

① 陈强，王浩，敦帅. 全球科技创新中心：演化路径、典型模式与经验启示 [J]. 经济体制改革，2020（3）：152–159.

金山湾区在政府的引导下构建了高效的科技中介服务体系,以金融赋能科技企业创新发展[①],粤港澳大湾区风险投资(VC)、天使投资、知识产权服务等金融和科技服务机构数量有待增加。2020年,全球超大规模(超过1亿美元)风险投资轮数,深圳和广州分别为11轮和7轮,远低于旧金山湾区(79轮)、北京(66轮)和上海(41轮),存在明显差距。

第5节 粤港澳大湾区科技协同创新的对策建议

一、建立健全协同创新体制机制,促进创新要素自由流动

打破城市间的行政壁垒,让要素充分流动,发挥政府和市场的双重作用,将"一国两制"的"制度之异"转化为"制度之利",加快规则衔接与制度对接,打破限制科技要素自由便捷流通的障碍。

促进粤港澳科研人员互通。建立科技人员双向流动制度,优化完善粤港澳人才签注政策,推进粤港澳人才职业资格、评定标准互认,加强粤港澳教育、医疗、养老等政策及标准衔接。

推动资金跨境流动便利化。进一步放宽财政科研资金的跨境使用限制,提高粤港澳合作科技计划项目资金过境比例和便利度,探索在河套、前海、南沙等试点资本项目可兑换,促进科技资金跨境双向流动。

推动科研物资跨境自由流动。在河套深港科技创新合作区实行"一线放开、二线管住、区内自由"的科研人员、物资、装备自由便捷监管模式,高水平打造联结深港、辐射全国、面向世界的"科技特区"。

促进科研基础设施共建共享。完善顶层设计,加强对科研基础设施的管理,促进大型科研仪器与设备、科学数据、自然科技资源等共建共享,以此为试点,探索建立创新主体创新资源共享的体制机制。

---

① 岳鹄,周子灼,谭月彤.三大湾区国际科技创新中心建设经验及对粤港澳大湾区的启示[J].特区经济,2022(8):25-28.

完善三地数据跨境流动规则。降低数据跨境交易成本，减少科技型企业数据跨境流动的障碍，在河套深港合作区等平台进行"数据特区"试点建设，加强对跨境流动数据的分类管理，建立更加完善的数据开放机制。

二、加强基础研究和应用基础研究，提升原始创新能力

基础研究与应用基础研究是各国在国际科技竞争中的"必争之地"，是关系到国际科技创新中心建设、实现国家高水平科技自立自强的"重中之重"。

加大基础研究投入力度。加大政府财政投入力度，建立省级财政对基础研究的长期投入预算制度和稳定投入增长机制，支持高校、科研院所、企业等创新主体开展基础研究。聚焦检验检测、设备共享、标准制定、工艺验证等企业需求，加强技术服务平台建设，完善支持企业研发和技术创新的公共服务体系。加大对基础研究高层次人才的投入，依托重大科技专项培育创新研究团队，培养中青年人才。加大人才工作配套投入，对高层次人才可采取"一事一议"的方式，在住房保障、子女入学、人才落户等方面提供便利条件。

推进重大科技创新基础设施建设。积极推进中国散裂中子源、江门中微子实验室、强流重离子加速器装置等国家重大科技基础设施建设；推动国家超级计算中心广州中心、深圳中心等平台能级提升；推进太赫兹国家科学中心、寒武纪国家科学中心等创新平台建设，提高基础研究和创新策源能力[①]。围绕信息、生命科学、生物技术等关键领域，在河套深港合作区、横琴粤澳合作区等重大平台布局建设国家实验室、国家工程研究中心及大科学设施，推动在科技前沿领域取得突破。

加强关键核心技术攻关。推进三地高校院所、企业等创新主体优化资源配置，进行资源共享，在新一代信息技术、半导体、生物医药等新兴

---

① 粤港澳大湾区战略研究院.2020 粤港澳大湾区发展报告：大湾区发展的挑战与机遇 [M]. 北京：科学出版社，2020:84.

产业领域建设粤港澳联合实验室，开展关键核心技术攻关。深入实施"璀璨行动"，着力攻克一批显示制造装备关键核心技术，破解关键核心技术"卡脖子"问题，加快构筑新质生产力。

超前布局前沿技术。聚焦类脑智能、量子计算、6G、未来网络、超材料和二维材料等前沿科技领域，开展面向未来的基础研究，进行前沿技术的超前规划布局，抢占未来科技发展制高点，为未来产业培育和扩增提供支撑。

三、推进创新链产业链深度融合，优化区域科技创新生态

"创新集群"是全球科技创新发展的趋势，粤港澳大湾区建设综合性国家科学中心要把握这一独特优势，持续推进区域内创新链产业链深度融合。

持续加强新型研发机构建设。鼓励更多社会资本参与大湾区新型研发机构建设，支持新型研发机构面向市场需求开展技术研发，加强成果转化与产业孵化。鼓励新型研发机构与企业、高校等创新主体共同培养人才，联合开展技术攻关，进一步畅通创新链、产业链、人才链。

以科技创新带动产业发展。推进"广州–深圳–香港–澳门"科技创新走廊延伸至珠江东西两岸各市，构建科技创新闭环合作圈。依托广深澳科技创新走廊，吸引全球创新资源，集聚创新要素，大力发展新一代信息技术、生物技术等新兴产业，推进互联网、大数据等与制造业融合发展，调动产业链上下游充分合作，通过科技创新带动制造业发展，培育世界级产业集群。

推进产学研深度融合。探索在横琴、前海、南沙、河套合作区打造一批产业研发和中试平台，搭建跨境科技成果转化平台，推动前沿重大技术在这里试验转化。引进科技中介服务机构等组织，提高区域整体创新效能。聚焦人工智能、新材料、新能源汽车等新兴产业重点领域，由粤港澳拥有大量专利权的龙头企业和优秀研究团队牵头搭建共享专利池，整合技

术资源，健全交流机制，开展共性科研问题攻关、重大技术标准制定、高质量专利培育等工作。打造粤港澳联合科技成果转移转化平台、技术交易平台和公共技术服务平台，引导企业更好地与高校、科研院所对接，推动更多科技成果转化为现实生产力。

设立粤港澳科技创新协同发展专项基金。由广东省政府和港澳特区政府科技部门牵头，统筹设立政府引导、市场资本参与的科创基金，面向粤港澳三地共性技术问题，开展共同资助联合研发，支持以粤港澳高校、科研院所、研究中心、新型研发机构为试点，开展基础研究和应用研究基金资助计划。

探索科技金融融资新模式。充分发挥香港、澳门、深圳、广州等城市资本市场的金融服务功能，合力构建跨地区、多元化、国际化的科技创新投融资体系。大力发展风投创投和供应链金融，设立大规模市场发展专项基金，引导培育天使资金、风险投资、私募股权等创新资本集聚发展，进一步引导社会资本满足科技创新企业融资需求。针对基础研究、中试、产业化等环节，完善风险补偿政策、政策性担保与金融机构的再担保等机制，降低企业研发成本，助力科技型企业发展。

四、打造科技创新重大平台和枢纽节点，构建协同创新网络

当前粤港澳大湾区初步形成了若干创新平台和节点，要充分发挥现有平台的作用，在促进体制机制创新、深化改革开放、促进粤港澳三地要素流动等方面发挥示范带动作用，积极拓展合作发展空间，引领带动粤港澳全面深化合作。

加强河套深港科技创新合作区建设。以河套深港科技创新合作区为平台链接国际科技前沿，鼓励生命科学、材料科学、能源等新兴领域高端科研项目落地合作区，开展科技前沿和"无人区"探索研究。通过合作区加强与全球科技发展衔接，立足于实现核心技术和关键零部件突破，实现科技自立自强，在全球科技竞争中占据制高点。将河套深港科技创新合作区

建成具有"自由+开放+数据"特征的"科技特区",充分发挥特别合作区"制度多元,空间相连、结果可控"的综合优势,从营商环境、创新资源流动、创新扶持政策等方面,对内地城市与港澳跨境科技合作的法律制度和国际通行规则衔接进行探索与尝试,以特区作为湾区协同创新的战略突破口,逐步推进全范围的科技创新协同发展。

打造科技创新枢纽和节点。以深圳光明科学城、东莞松山湖科学城、广州南沙科学城、横琴合作区等重大平台为载体,打造粤港澳大湾区科技创新枢纽和节点,形成以点带面、协同联动的发展格局。围绕大湾区综合性国家科学中心建设,设立议事协调机制,推动东莞松山湖科学城、光明科学城、南沙科学城等战略平台及港澳重大创新平台共建空间集聚、学科关联、功能互补的重大科技基础设施集群。

加强香港北部都会区建设。发挥香港北部都会区的"香港-深圳"极点带动作用,深化深港合作,引领大湾区深度参与国际科技合作,为粤港澳大湾区国际科技创新中心建设提供有力支撑。支持香港北部都会区打造"新田科技城"和"深港紧密互动圈"的发展规划,打造全球"科技枢纽"和创新策源地,激发粤港澳更多人才、企业、技术的交流与合作①。

五、积极主动融入全球创新网络,加快构建开放型创新体系

粤港澳大湾区拥有香港和澳门两个自由港,在"链接国际,服务国际,融入国际"方面具有得天独厚的优势。要积极、主动、全面融入全球创新网络,通过建设高水平平台、深化与国际规则对接等,在更宽领域、更深层次开展国际科技合作。

以"大科学计划"为牵引开展国际合作。面向全球关键科学问题,粤港澳三地共同发起聚焦人工智能、生命科学、深海空天等前沿领域的"大湾区国际大科学计划",规划实施一批具有前瞻性与战略性的科学计划与

---

① 谢来风.国际科技创新中心建设:粤港澳大湾区的模式与路径[M].北京:社会科学文献出版社,2023.

重大科技项目，支持量子科学、半导体研发、生物医药等重点专项。打造集聚全球优势科技资源的高端平台，探索国际科技前沿进展，推动国际科技创新共同体建设。

吸引全球顶尖大学集聚，以大学为载体推进国际科技合作。香港拥有强大的科研基础优势，以及国际化的科研氛围和良好的营商环境，大湾区内地城市的科技产业配套超强，充分利用粤港澳大湾区的独特优势，吸引国际顶尖大学在香港北部都会区、河套合作区、前海合作区、广州南沙等地区设立分校区；争取中央支持清华大学、中国科学技术大学等国家顶尖理工类大学在粤港澳大湾区布局，集聚创新人才，推动国际科技合作。

深化科创规则与国际规则的衔接。聚焦科研成果转化、技术转让、知识产权保护、创新孵化、科技咨询、科技金融等领域科技规则对接，率先开展对中国香港乃至国际高度开放的科研规则"压力测试"，着力构建高度开放的国际化科研制度生态，深度衔接中国香港及国际前沿科研规范，加快完善跨境科技创新体制机制，为新时代科技体制改革深化与高水平开放探索新路径，发挥引领示范作用。

第九章

我国东西部科技合作机制与实践

东西部科技合作是我国央地协同推动形成的区域科技协同创新的典型模式。本章系统研究我国东西部科技合作的实践，总结东西部科技合作的机制，在此基础上，分析我国东西部科技合作现状及存在的问题，提出推动我国东西部科技合作发展的若干思考。

第1节　我国东西部科技合作机制

东西部科技合作是在东西部协作和对口支援框架下，东西部地区在科技创新领域开展的紧密合作。央地协同推动下的东西部科技合作是我国区域协调发展的重要组成部分，对于促进资源的优化配置及欠发达地区的高质量发展具有重要意义。东西部科技合作是央地联动与地区协同的叠加，即东西结对双方的协同共治是基础，中央政府的政治推动是根本。一方面，东西部科技合作可以发挥中央政府的动员能力、资源配置能力及影响力，为地方政府快速调动各类科技创新资源提供制度保障；另一方面，可以充分调动地方政府积极性，进而实现中央统筹下东西部政府主动协同的局面。

当前，我国西部12个省份已全部制度化、常态化开展东西部科技合作（表9-1）。东西部科技合作机制的建立需要充分发挥政府和市场两个主体的作用，通过加强资源共享和优势互补、建设区域创新平台、促进人才交流与培养等机制，实现区域优势互补、合作共赢的目标。

表9-1　分地区看东西部科技合作形成的主要机制

东西部科技合作	开始时间	主要内容
科技援藏	1996年	—
科技援疆	2007年	建立了19个援疆省市，以及四川、重庆、陕西、甘肃与新疆的对口援疆科技合作联席会议机制
科技入滇	2012年	建立泛珠区域（9+2）科技联席会议制度
科技援青	2014年	形成了"5+6+8"的"科技援青"工作格局[①]
科技支宁	2016年	初步形成了"10+9"合作体系
科技兴蒙	2019年	初步建立起"4+8+N"合作格局[②]
科技入黔	2022年	

政府引导和支持。政府在东西部科技合作中发挥着重要的引导和支持作用，中央和地方各级政府通过制定政策、提供资金支持、搭建合作平台等方式，鼓励和支持东西部地区开展科技合作。此外，政府还可以通过参与合作项目、提供公共服务等方式，促进东西部地区科技合作。

市场主体作用。市场在东西部科技合作中发挥着主导作用，企业、高校、科研院所等创新主体根据市场需求和自身利益，自主选择合作对象和合作领域。同时，市场机制可以通过价格、竞争等手段，引导创新要素跨地区流动和高效集聚，推动东西部地区科技合作。

跨地域科技创新平台建设。科技创新平台是东西部科技合作的重要载体，这些平台可以包括科技园区、孵化器、加速器等，为东西部地区的创新主体提供交流和合作的场所。跨地域科技创新平台可以促进创新要素向

[①]"5"是指科技部、中国科学院、中国工程院、国家自然科学基金委员会、青海省人民政府，"6"是指北京、上海、天津、浙江、江苏、山东6个对口支援省市，"8"是指湖北、山西、陕西、甘肃、四川、广东、安徽、重庆8个"科技援青"合作省市。

[②]"4"是指科技部、内蒙古自治区、北京市、广东省4个政府及政府部门；"8"是指包括中国科学院、中国工程院、清华大学、北京大学、上海交通大学、中国农业科学院、中国农业大学、中国钢研集团在内的8个国内高水平大学、科研院所；"N"是指除"4+8"之外的如中国矿业大学（北京）等其他合作主体。

西部地区流动和集聚，提高西部地区科技创新能力和水平。

人才交流与培养。人才是东西部科技合作的关键因素，人才交流与培养可以促进东西部地区之间的人才流动。具体包括互派人才、联合培养、人才共享等方式，鼓励高校、科研机构等开展跨地域科研合作和学术交流，提高科研人员学术水平和创新能力。

产业协作。产业协作是东西部科技合作的重要内容。一方面，东部地区与西部地区可以根据各自的产业优势和发展需求，在特定产业链上进行分工与协作，从而促进东西部地区产业协同发展；另一方面，东部地区将部分产业转移到西部地区，利用其资源优势和发展潜力，通过技术转移，促进西部地区产业集群发展。

第2节 我国东西部科技合作的主要成效

科技部联合东部地区有关省份深入推进实施科技援疆、科技援藏、科技援青、科技入滇、科技支宁、科技兴蒙等东西部科技合作工作，推动东西部人才交流、平台联建、联合攻关、成果转化和产业化，为解决发展不平衡不充分问题、促进共同富裕提供了有效路径。

西部地区科技创新资源加速汇聚。西部地区通过与东部地区合作共建创新载体，柔性引进东部创新人才等措施。西部地区研发投入、研发人员、高技术产业企业等在全国的占比加快提升，分别由 2012 年的 12.04%、12.34%、9.38% 提升到 2021 年的 13.17%、13.47%、11.05%。全社会研发经费投入增速高于东部、中部地区，有效发明专利增速超过全国平均水平。内蒙古、贵州、宁夏等省份科技创新能力跻身中等行列。以宁夏为例，科技支宁推动宁夏与东部地区合作共建创新载体 160 多个，合作共建园区 9 个，在北京等地建设离岸孵化器和飞地科研育成平台 10 家，吸引区外 700 多家科技创新主体与 9200 多名科技人员深度参与宁夏科技创新活动。

西部地区产业结构持续优化。围绕西部地区经济结构优化调整和产业转型升级重大需求，东西部协力加强产学研合作，促进新技术产业化规模化应用。一是带动战略性新兴产业发展。"科技入滇"带动云南生物医药领域加快突破，诞生首个国产（全球第 2 个）十三价肺炎球菌多糖结合疫苗。2016—2019 年，生物医药工业主营业务收入年均增长 13.47%。二是推动传统产业全面绿色转型。科技支宁助推宁夏绿色智能铸造等细分领域达到国际领先水平，铸造砂型 3D 打印设备等打破国外技术垄断，煤基新材料产业集群加快形成，现代煤化工产业加快迈向高端化。三是数字经济成为地方经济高质量发展的重要增量。贵州强化与中关村等产业创新力量合作，数字经济增速连续 7 年位居全国第一，支撑经济发展速度连续 10 年位居全国前列。

西部地区社会民生加快发展。东西部优势科研团队联合在西部地区开展技术研发与应用，发挥科技在资源环境、公共安全等领域的支撑作用，推动西部地区经济社会发展。重庆与新疆合作实施提升公共安全突发事件事前感知能力的示范项目，为"平安新疆"建设提供有力技术支撑。通过与华东理工大学等优势团队合作，青海快速提升盐湖资源开发利用水平，建设了具备国际领先水平的电池级碳酸锂示范生产线，将独特生态资源有效转化为地方经济社会发展效益。东西部科技合作推动西部地区就业机会和吸引力不断增加，西部地区 GDP 在全国的占比不断提升，由 2012 年的 19.6% 提高到 2021 年的 21.1%，增速连续多年高于东部地区。

第 3 节　我国东西部科技合作面临的主要挑战

在央地协同的推动下，我国东西部科技合作已取得了显著成效，但面向我国区域协调发展、双循环构建等重大战略要求，东西部科技合作仍面临一些挑战，制约其向纵深发展。

一、东西部科技合作广度与深度有待提升

目前，东西部科技合作的广度与深度还难以支撑新发展格局的构建。从合作广度看，由于西部地区科技创新资源总量较少且在中心城市聚集，中心城市之外的大部分地区科技和产业承接能力较弱，难以嵌入合作网络，仍游离在东西部科技合作体系之外，东西部科技合作网络规模有待进一步扩大。从合作深度看，西部地区资源优势还未上升到创新优势，与东部地区创新势差较大，在与东部地区科技合作中仍作为初级资源供给者，钢铁、有色金属、石油等原材料行业向西部地区转移明显，装备制造等行业仍向东部聚集。西部地区作为提供资源并承担大部分能源消耗的一方仅能从中获取较少利润，而由于路径依赖，相关产业转移存在较大困难。

二、东西部科技合作推进方式与力度有待深化

从合作推进方式看，目前东西部科技合作仍以西部地区政府推动的"点对点"项目合作为主，基于市场自发形成的自下而上的合作较少。虽然西部地区有着丰富的创新应用场景，但却无法解决产业集群问题，企业脱离了产业集群，基本没有出路，而产业集群多位于沿海城市，因此东部地区企业参与产业转移和成果转化的积极性不高，东部地区并没有将其提升到产业整体转移升级的高度加以推进，存在转移效率低、交易成本高、产业配套差等问题。在总体经济下行的背景下，东部地区政府大规模实施产业转移的积极性、主动性并不高，西部地区也无法有效解决承接产业转移所需要的土地、能耗指标问题，以及统筹解决好企业落地问题。

三、东西部科技合作体制机制有待进一步完善

东西部科技合作体制机制有待从顶层进一步系统化推进。一方面，西部地区内部合作机制尚未理顺。西部地区资源禀赋与产业结构相似，导致内部产业竞争依旧激烈，各地均在强化与东部地区的合作，对内部分工合作重视不足。例如，蒙陕宁能源"金三角"地区在煤化工产业形成了强竞

争关系，各地区通过拼资源、拼政策、拼成本、拼服务争取东部地区科技和产业资源，各自的优势与特色得不到发挥，制约了有限创新资源的服务效率。另一方面，东西部跨地域创新利益协调共享机制尚未建立，东西部产业转移和分工合作缺乏激励。创新前端的研发环节属于高投入、高风险活动，后端的产业化环节属于高收益活动，在这种规律下，基于地方 GDP 考核导向，一些高收益的产业化环节必将难以向西部地区转移，东部地区省份大都倾向于从省内经济发达地区向相对欠发达地区开展产业转移，对资金和产业向省域外进行转移并不积极。

第 4 节 推动我国东西部科技合作发展的若干思考

结合东西部科技合作发展的现状，未来东西部科技合作应重点从以下方面发力，推进东西部科技合作迈向新阶段。

一、结合国家战略目标探索对西部科技创新发展进行战略分区

在中央科技委统筹统管下，对东西部科技合作的宏观调控需要结合国家战略目标对西部地区科技创新进行重新审视。在国家发展全局中，西南、西北地区承担的战略使命不同，科技创新发展基础也存在较大差异，西南地区科技创新资源超过西部总量的一半，并在加速聚集[①]，且制造业占比大，承担着构建我国战略腹地的重任。而西北地区，除西安等少数城市外则在不断萎缩，以资源型产业和资源加工业为主，同时承担了维护国家边境安全、生态安全等使命。因此，不能用一套指标衡量西部地区科技发展，需要根据其所承担的战略任务对西部地区科技创新发展进行战略分区，分类进行指导和考核，有序引导各地与东部地区开展科技合作。一方面，要系统梳理西部各地科技创新发展特点，充分发挥各地技术比较优势，合理进行科技与产业资源空间布局，为精细化推动东部科技成果在西

---

① 从研发投入看，2012—2021 年 10 年间，西南地区研发投入总量年均增长率为 15%。

部地区的有序有效转化奠定基础；另一方面，要统筹发展与安全，根据西部各地区在国家发展全局中的定位，科学设置科技创新评价指标体系，分类对西南、西北地区科技创新发展进行评价，引导各地构建差异化的区域创新体系。

二、以大科技、组团式合作全面推进东西科技对接

根据国家战略需求，要一体化推进东西部科技合作对接与科技创新资源布局，持续推进东西部科技合作"体系化""组团式"发展，加快东西部科技合作由"点对点支援"向"体系化布局"转变。一是在西部有条件的地区加强制造业发展。在区域内保留一定的制造业占比，对区域发展具有重大战略意义。一方面，要充分利用并激活当地的产业资源。例如，宁夏三线建设时期就留下许多优质、宝贵的装备制造业资源；另一方面，在遵循市场规律的前提下，更好发挥政府作用，学习"三线"建设及全国一盘棋的发展经验，对东部地区因产业转移到西部贫困地区所减少的GDP、税收，可酌情在国家相关统计之中给予基数核减。同时，强化对东部地区区域协作等的考核评价导向。以此引导东部地区大型企业或优势企业将产业链的某些环节整体迁移到西部地区，探索通过引进创新团队、引进整个车间乃至企业等方式，从简单的装配开始，再通过技术升级、设备更新、工艺换代，实现"在转移中升级"，形成东西部之间的有机联系、网络联系，推动发达地区真正把具有高附加值、高创新率的产业环节，转移到内陆地区。通过局部突破，在西部地区形成边际报酬递增效应的产业集群。二是西部地区需要增强协同创新意识，加强邻近地区在竞争性产业中的合作，构建创新共同体，共同促进东部地区创新资源的导入与科技成果的转化。

三、系统构建东西部科技合作体制新机制

在中央科技委统筹协调下，构建制度化的东西部科技合作协调机制，

推进东西部地区科技创新政策协同。一是进一步深化科技部与东西部地方政府主要领导亲自抓东西部科技合作重大事项的工作机制，列出若干重大事项进行监督评估，推进各项政策的落实。二是东西部地区联合推进创新要素联动机制改革。在东西部地区间探索开展技术、数据、人才等创新要素市场的协作改革试点工作，通过中央支持、东西部地方联动，共同推进跨地域协同创新联动改革。三是构建东西部协同创新治理体系。大力推进东西部协同创新机制建设，包括政府绩效考核机制、政策协调机制、创新服务均等化机制等，打破阻碍创新主体、创新要素市场化流动配置的障碍。

第十章

区域间省市对口科技合作

对口合作是对我国解决非均衡发展问题的特色治理制度安排的统称。我国区域间省（自治区、直辖市）共同发展的对口合作关系，最早可追溯到 1996 年的东西部扶贫协作制度，取得脱贫攻坚胜利后，继续以"东西部协作""对口支援"政策延续。随着南北方差距的扩大，省（自治区、直辖市）间对口合作范围逐渐扩大。对口科技合作作为我国区域科技协同创新的重要做法，在促进东北全面振兴、西部大开发等方面发挥了至关重要的作用，显示出我国区域协调发展在制度与实践上的巨大优势。

第 1 节　东北全面振兴的南北方对口科技合作经验

东北地区是我国重要的工业和农业基地，维护国家国防安全、粮食安全、生态安全、能源安全和产业安全的战略地位十分重要，关乎国家发展大局。2003 年 10 月，中共中央、国务院正式印发《关于实施东北地区等老工业基地振兴战略的若干意见》，开始实施东北地区等老工业基地振兴战略，经过 20 年持续推进基础设施完善、营商环境优化、体制机制改革、资源型城市转型，东北地区在国有企业改革、产业升级、民生改善等方面取得了显著成效。2018 年，习近平总书记主持召开深入推进东北振兴座谈会，明确提出新时代东北振兴，是全面振兴、全方位振兴，要以东北地区与东部地区对口合作为依托，深入推进东北振兴与京津冀协同发展、长江经济带发展、粤港澳大湾区建设等国家重大战略的对接和交流合作，使南北互动起来。

一、建立多方联动、定期会商的工作机制

对口省市合作工作机制保障了全国科技资源的整合、优势互补。国务院办公厅于 2017 年 3 月出台《东北地区与东部地区部分省市对口合作工作方案》，在鼓励支持东北地区与东部地区开展全方位合作的基础上，明确东北三省与东部三省（辽宁省与江苏省、吉林省与浙江省、黑龙江省与广东省）、东北四市与东部四市（沈阳市与北京市、大连市与上海市、长春市与天津市、哈尔滨市与深圳市）建立对口合作关系，这种横向联动、纵向衔接、定期会商工作机制，有效地推动了省市间科技创新合作的可持续运转。2023 年 3 月，科技部与辽宁省、内蒙古自治区、吉林省、黑龙江省"三省一区"联合发布《科技创新赋能东北全面振兴取得新突破行动计划（2023—2025 年）》，从平台、项目、人才、要素、改革、合作赋能等方面推进科技协同创新，加快东北全面振兴取得新突破。2023 年 6 月，科技部门召开科技创新赋能东北全面振兴会商会议，共同签署《东北三省一区深化科技创新交流合作战略框架协议》。

二、构建产学研广泛参与的合作体系

政府、企业、研究机构和其他社会力量共同参与，形成多层次、宽范围、广领域的合作体系。参与主体既有政府之间的战略合作协议，又有科研院所参与的项目合作。前者如广东省与黑龙江省共建装备制造业研发基地。后者如大连市国有企业、科研院所与上海市国有企业建立战略合作关系。在广东省与黑龙江省的共建引领下，齐重数控和广州数控合作的"重型数控机床系统国产化"项目，实现了机器人进行刀具更换、刀具检测、刀具管理等智能化功能，联手突破了国外技术"卡脖子"难题。广东省与辽宁省在重点产业领域，下功夫建链、补链、延链、强链，实现粤港澳大湾区先进科技、管理经验和经营机制与辽宁优势资源相结合，促进辽宁产业结构转型升级，推动辽宁迈向高质量发展。大连市和上海市国有企业在科技创新研发、产业链供应链延伸强化、港口运营等方面开展合作，协议金额近 400 亿元，双方围绕深远海域漂浮式风电技术、浮式起重机、智能化连续卸船机、新能源燃料电池等开展联合研发，统筹规划建设化工新材料一体化基地。

三、以重大战略为切入口，探索共建合作园区

东北地区与京津冀、长三角、粤港澳大湾区建立一批合作园区。辽宁省人民政府办公厅出台《关于对接国家重大区域发展战略的实施意见》，以沈阳与北京对口合作和辽西融入京津冀协同发展战略先导区建设为切入点，对接京津冀协同发展战略，推进承接非首都功能的产业转移，深化区域产业联动发展；以辽宁与江苏、大连与上海对口合作为切入点，对接长江经济带建设及长三角一体化发展战略，推进辽宁沿海经济带开发开放，建设对外开放高质量发展新前沿；以共建产业园区、深化科技创新合作为重点，对接粤港澳大湾区战略，推动辽粤港澳产业对接合作。

第 2 节 西部大开发的东西部对口科技合作经验

东西部合作源自对口支援制度，打破空间约束，将不相邻的地方政府有机联结，开创中国横向资源转移和跨地域协同的治理机制[1]。东西部合作政策对西部经济增长的提升作用更多来自创造效应，以资金支持、人才支撑、劳务协作，促进劳动力、技能型人才、资金、技术等要素向受援地区流动，有效缩小区域间收入差距。近年来，为贯彻落实党中央、国

---

[1] 张可云，冯晟，席强敏. 东西部协作政策效应评估：基于要素流动的视角 [J]. 中国工业经济，2013 (12)：61-79.

务院关于开展东西部合作的重大决策部署，2022 年科技部等九部门出台《"十四五"东西部科技合作实施方案》，进一步实施科技援疆、科技援藏、科技援青、科技人滇、科技支宁、科技兴蒙等部署，同时强调深化区域结对合作，显著提升东部地区科技创新外溢效应。东西部合作经过 20 年实践，提升了西部地区的创新能力，缓解了区域发展不平衡的问题，为新时期区域创新和区域协同创新奠定了基础。

一、东西部科技合作实现多对一、全方位合作格局

东西部科技合作是欠发达地区提升科技创新能力、破解创新难题的"金钥匙"。过去 10 年，东西部科技合作在实践中不断推进，形成了宁夏、内蒙古、西藏、新疆、青海、甘肃、云南、贵州等西部 8 个省份广泛合作的格局，呈现"体系化""机制化""组团式"发展态势。在实践中东西部科技合作包括 3 个层面。第一层面是释放东部科技创新辐射带动的潜能，帮助西部提高创新能力，为东西部科技发展创造更好的条件和环境，主要表现为带有援助性质的东西部政府部门的对口支持、相互交流。第二层面是基于东西部基础优势的互补式合作，在科技投入、科技活动、科技人才、科技成果、科技管理等方面的合作，以及知识创新、研究开发、成果转化和应用、科技服务、科技培训、生态恢复和污染治理等重大科技问题的合作等。东西部企业在市场利益的诱导下开展各种形式的技术项目、高新技术产品和研究开发方面的合作，推动区域产业升级和经济发展。第三层面是在优化自然环境、提升社会文明程度等方面开展东西部科技合作。发挥科技创新支撑经济社会发展的重大作用，促进区域高质量发展，如开展大江大河流域治理、荒漠化防治等。

当前，东西部科技合作已经涵盖西部 12 个省份，科技援疆、援藏、援青、入滇、支宁、兴蒙、入黔等区域合作深入开展，民族地区、边疆地区的科技创新能力加快提升。第一，提升西部地区科技创新能力。2020 年，西部地区全社会研发经费投入增长到 3213 亿元，增速高于东部、中部地区，有效发明专利达到 24.1 万件，增速也超过全国平均水平。另外，2021 年，西部地区国家高新区实现净利润超过 5000 亿元，是 2012 年的 3 倍以上。内蒙古、贵州、宁夏等省份科技创新能力跻身中等行列。第二，加快西部地区产业转型。科技兴蒙助力内蒙古稀土永磁产业研发和产业化达到国际一流水准；科技援青推动青海建成世界领先的电池级碳酸锂示范生产线；科技援藏支持西藏建成青稞核心种子库和牦牛基因库；贵州通过强化与中关村等产业创新力量的合作，数字经济增速连续 7 年位列全国第一。第三，依靠科技改善民生福祉。东西部科技合作坚持以人为本，服务于西部地区人口健康、公共安全、生态环境等民生事业，做出了很多积极贡献。国家临床医学研究中心吸纳西部地区消化系统疾病、老年疾病等方面的 2600 多家成员单位参与高水平临床研究，有效服务西部地区地方病的防治。

二、探索出政府搭桥、部门合作、市场主导的模式

政府在东西部科技合作中发挥着重要的引导和支持作用，中央和地方各级政府通过制定政策、提供资金支持、搭建合作平台等方式，鼓励和支持东西部地区开展科技合作。政府主要通过参与合作项目、提供公共服务等方式，创新主体根据市场需求和自身利益，自主选择合作对象和合作领域，利用西部市场，发挥东部所能，形成深度合作，促进东西部地区科技合作。2022 年，科技部等九部门联合印发《"十四五"东西部科技合作实施方案》，提出科技部、教育部、工业和信息化部、自然资源部、生态环境部、国务院国资委、中国科学院、中国工程院、中国科协联合建立东西部科技合作协调推进机制。东西部科技合作要发挥政府的桥梁作用，加强资源共享和优势互补，建设跨域创新平台，促进人才交流与培养等，以实现优势互补、合作共赢的目标。内蒙古出台"科技兴蒙 30 条"政策，积极推动与北京市、广东省、中国科学院、中国工程院、清华大学、上海交通大学等建立科技兴蒙"4+8+N"合作机制，促进区内外创新主体共赢发展。2022 年，宁夏出台《关于高水平建设全国东西部科技合作引领区的实施方案》。

三、加强区域产业协作，整合资源形成合力

各类科技创新平台是东西部科技合作的重要载体，包括科技园区、孵化器和加速器、科研飞地、联合研发平台等，为东西部地区创新主体间交流和合作搭建平台。内蒙古与区外高校院所、创新型企业合作共建各类研发机构 68 家，上海交通大学内蒙古研究院、中国农业科学院北方农牧业技术创新中心、鄂尔多斯碳中和研究院、河套研究院、全球首个零碳产业园等落地，创新合作基础更加扎实。通过搭建跨地域科技创新平台，促进创新要素向西部地区流动和集聚，提高西部地区的科技创新能力和水平。

东部地区与西部地区根据各自的产业优势和发展需求，在特定产业链上进行分工与协作，从而促进东西部地区产业协同发展。利用资源优势和发展潜力，西部地区将承接产业转移和东部地区技术转移相结合，促进西部地区发展新兴产业集群。例如，以科技合作助力产业升级，清华大学与青海康泰铸锻机械公司研发世界最大吨位多功能压机机组，与内蒙古久泰馨远新材料有限公司建立全球首套万吨级二氧化碳制芳烃工业试验项目，落地转化空中水资源利用、水联网数字智能等西部急需的 20 项技术，累计产能超过 30 亿元。

四、基于人员交流和科研合作促进要素跨地域流动

通过人才流动和交流，东部富集的人才向西部地区柔性转移，采取互派人才、联合培养、人才共享等方式，鼓励高校、科研机构等开展跨地科研合作和学术交流活动，提高科研人员的学术水平和创新能力。东西部科技合作中企业、高校、科研院所等创新主体，通过价格、竞争等市场机制，引导创新要素跨地流动和高效集聚，推动东西部地区的科技合作。在制度上，东西部互派农业科技推广人员，制度化安排东部省市科研人员、

团队到西部开展科技服务，实施"现代学徒制"，引导高校毕业生到西部企业就业，西部地区设立"人才飞地"，各类科技计划、科技奖励向柔性引进的高层次人才开放。建设平台搭建东西部科技合作桥梁，2024 年，宁夏科技厅设立线上"宁夏东西部科技合作暨科技成果转化与人才交流平台"，平台集成找成果、找需求、找人才、找合作四大功能。目前，已上线科技创新需求 1001 项，其中已对接成功 88 项，上线东西部科技成果 10 245 项，其中 370 家区外重点高校、科研院所和头部企业先进科技成果 8068 项，自治区重点科技成果和高水平专利 2177 项，涉及现代煤化工、新型材料、新能源、数字信息、先进装备制造、轻工纺织、现代农业、医疗健康、资源综合利用、环境污染治理、生态保护修复、公共安全等领域[①]。

第 3 节 对口科技合作的典型案例研究

从东西部扶贫协作延续至今的对口合作关系，在教育、科技、医疗、经济等领域，形成了闽宁科技合作、上海张江国家自主创新示范区与甘肃兰白两区等多样化的对口合作模式，积累了联合开展农业科技攻关、建设科技创新改革试验区等合作经验。本节选取深圳与哈尔滨共建的深哈产业园、北京市与内蒙古自治区开展的科技合作为典型代表，研究南北方、东西部科技协同创新呈现的新情况。

一、南北方科技合作的案例分析：深哈产业园

深哈产业园是深圳和哈尔滨两地对口合作最重要的、最具代表性的"飞地经济"产业项目。经过 5 年发展，深哈产业园树立了区域科技协同创新的新标杆，被确定为科技赋能东北振兴的示范样板（科技部），被列

---

① "宁夏东西部科技合作暨科技成果转化与人才交流平台"正式上线运行 [EB/OL]. (2024-10-11) [2025-01-10]. https://www.most.gov.cn/dfkj/nx/zxdt/202411/t20241121_192487.html.

为对口合作典型经验向全国推广（国家发展改革委），作为全国对口合作新样板改革案例入选"中国改革2023年度地方全面深化改革典型案例"年度榜单。总体来说，深哈产业园作为南北合作的典范，集中体现了两地产业链与创新链双向融合的方式，形成了以下主要经验。

（一）政府主导落实省市对口合作模式

2017年3月，国务院办公厅印发了《东北地区与东部地区部分省市对口合作工作方案》，哈尔滨市与深圳市由此结成对口合作伙伴。2018年3月，国家发展改革委印发《黑龙江省与广东省对口合作实施方案》，促进两省在对口合作中相互借鉴、优势互补、互利共赢、共谋发展。两省加强在科技、资本、产业等方面的深度融合，推动经济、科技、教育、金融等多领域、多层面合作。2019年5月，深哈两市签订《合作共建深圳（哈尔滨）产业园区协议》，确定在哈尔滨新区划定26平方千米土地，联合打造产业合作平台；同年9月，深哈产业园科创总部项目正式启动建设。持续推进深哈合作战略，2024年深圳市龙岗区政府与哈尔滨新区核心承载区松北区政府签订合作框架协议。哈尔滨和深圳对口合作以来，召开深哈对口合作联席会议，加强战略规划对接，谋划推进重大合作事宜，强化各部门及各区县（市）精准对接，推动各项工作落地见效。

（二）明确深哈合作产业科技创新合作的方向

深哈产业园结合黑龙江省及哈尔滨市的资源禀赋、科教资源优势，以及深圳产业外溢需求，聚焦信创、先进石墨、智能传感器、高端装备与机器人、现代农业等5个产业方向。深哈科技合作在工业母机、精密仪器设备、空天技术、人工智能、特色轻工制造业等战略性新兴产业领域进行合作布局。共同举办"深哈信创产业合作交流对接会""深哈航空航天企业圆桌会议"；推动哈电集团、哈飞集团等哈尔滨装备制造龙头企业与深圳企业开展对接；围绕新材料开展合作，打造石墨烯材料特色产业基地，培育高性能碳纤维及其复合材料产业集群；依托深圳联合飞机等企业，培育工业级无人机产业集群。深哈松北龙岗园明确总体产业方向为新一代信息技术，涉及软件开发设计、电子商务、互联网、节能环保、生物工程和新材料、新能源等细分领域。深哈两地立足各自资源禀赋与优势产业，共同谋划一批优势互补合作项目，推动深圳"20＋8"产业集群与哈尔滨"4567"现代化产业体系有效衔接、融合发展。截至 2024 年 8 月，深哈已累计实施合作项目 119 个，计划总投资 1136.8 亿元，完成投资 410.4 亿元。截至 2024 年 8 月底，深哈产业园已入驻企业 80 家，注册企业 671 家，初步形成数字经济、生物经济、高端装备制造等产业集聚发展态势。

（三）深哈合作采取"带土移植"和全链条服务模式

干部交流学习是深哈对口合作的开始。深哈合作以哈尔滨市选派干部前往深圳挂职的方式加强学习互鉴。深哈产业园借鉴深圳模式，将龙岗产业服务模式和管理运营理念在哈尔滨新区落地生根，探索建立可复制、可推广的产业园发展新模式。自深哈对口合作以来，开展常态化交流培训，累计互派优秀干部任职交流 41 人次，学习培训 717 人次。

秉持"能复制皆复制，宜创新皆创新"原则，哈尔滨将深圳经验不断转化为哈尔滨实践。"带土移植"模式是将外地高端人才连同其团队、项目、技术等整体打包，引进到本地开展技术攻关或创办企业的模式，侧重于"团队＋项目"集成式引进，要求团队成员间有创新关联性。深哈合作聚焦科技企业成长发展的需求，深哈产业园累计"带土移植"深圳先进经验和成功做法 126 项，其中招投标评定分离、创新型产业用地等做法已向全区、全市推广。

构建科技创新服务体系是深哈产业园建设的关键。深哈产业合作整合"政产学研资介用"全链条服务资源，充分融合政府、园区、企业、专业机构等各种要素，形成"资金链＋产业链＋技术链＋服务链＋生活链"全链条服务，构建服务产业园企业的八大服务体系，为企业提供从基础物业管理到高端科技金融的多层次、广覆盖的"链式孵化"服务。《哈尔滨新区条例（草案）》提出体系化创新生态构建的支持政策与具体措施，包括：建设重大科学研究基础设施和科技创新公共服务平台；设立产学研专项资金，建设托管型孵化器、策划型孵化器等各类孵化平台，培育科技型、创新型小微企业等。借鉴深圳模式，引入龙岗区产服集团专业运营团队，将龙岗先进的产业服务模式和管理运营理念在哈尔滨新区落地生根，积极探索建立可复制、可推广的产业园发展新模式。在科技成果应用落地方面，以深哈产业园为载体，共同打造 6000 平方米科技孵化器，引进"哈尔滨科技大市场""建设银行创业者港湾"，加快推进以"哈尔滨高校院所+深哈产业园+深圳科技企业"为核心的科技成果转化合作机制建设。

（四）共同搭建国际创新合作交流平台

共同搭建国际创新合作平台为深哈对口科技合作发展注入新动能。2023 年，科技部出台《科技创新赋能东北全面振兴取得新突破行动计划（2023—2025 年）》，支持深哈产业园在对外科技合作方面加快发展。深哈产业园吸引更多国际科创企业和人才团队来哈创业，先行先试打造国际科技招商示范样板工程。2023 年，深哈产业园举办"哈尔滨–韩国科创企业产业技术对接会"，加强中国科技企业与韩国科技企业深度交流，促进韩国科创企业按照产业技术对接需求与深哈产业园的哈尔滨企业精准对接，涉及人工智能、智慧城市、虚拟现实、新材料、5G 通信设备装配等领域。深哈产业园思灵机器人、烽晟科技、小纳精控等企业与韩国蜗杆减速器定制化企业 Eastern Gear 深入交流合作并达成初步意向，黑龙江严格数字农业科技集团有限公司与韩国企业智慧农业（周星）就加强合作达成共识。另外，深哈两市与莫斯科、叶卡捷琳堡联合成立中俄两国四地联合创新中心，链接深圳创新优势与哈尔滨对俄科技合作优势，共推国际化创新合作。

深哈产业园遵循习近平总书记在东北考察时的重要讲话重要指示精神，以科技创新引领产业全面振兴，发挥科技创新的增量器作用，把企业作为科技成果转化核心载体，提高科技成果落地转化率，推动深哈两地科技成果转化深度合作、实现两地科技创新资源优势互补，正在打造南北对口科技合作的典范。

二、东西部科技合作案例研究：京蒙对口科技合作

京蒙对口合作始于 1996 年，从最初对口帮扶阶段（1996—2015 年）主要帮扶为支援扶贫资金，到 2021 年进入东西部协作阶段，转向巩固成果全面深度合作创新。近年来，北京和内蒙古自治区党委、政府高度重视对口科技合作，共同商讨合作战略、确定科技合作重点方向，在资源对接、平台建设、科技合作、人才引育等合作交流方面取得显著成效。

（一）建立高层统筹协调机制，共建机构合作的智库

京蒙两地建立工作联络、进展反馈、任务调度、信息通报等工作机制，为科技合作提供政策指导和资源协调，确保合作沿着科学、有序的方向推进，两地科技部门在北京、呼和浩特、乌兰察布、包头、鄂尔多斯等地协同开展调研对接，挖掘未来合作潜力，落实重点合作事项。2023 年 6 月，内蒙古印发《京蒙协作"科技创新倍增计划"实施方案》，明确提出创新平台提质升级、关键技术联合攻关、科技人才智力引育、科技成果转移转化等四大行动计划，统筹指导推进未来 3 年京蒙科技合作工作。2023 年 4 月，内蒙古与中国工程院签署院区合作协议，共同组建中国工程科技发展战略内蒙古研究院，双方合力打造集高端智库建设、高层次人才培养、重大战略咨询为一体的平台。京蒙合作聚焦内蒙古重大战略需求，在生态、能源、人工智能、未来产业、农畜、稀土、碳汇、装备制造、生物医药等重点领域，组织开展战略性、前瞻性、综合性咨询研究。

（二）实施科技创新平台提质升级行动

京蒙两地同搭平台，打造科技创新高地，多措并举推动各类创新平台落地，围绕农牧业、新材料、能源、煤化工等重点领域，在 2023 年与北京地区科研机构共建创新平台 42 个，这些平台成为吸引集聚北京科创资源的重要载体。

1. 京蒙共建技术创新中心

加强京蒙乳业科技合作。推动国家乳业技术创新中心联合高校等共建联合研发平台，在北京建立研究分中心，引入院士专家团队，联合成员单位，聚焦乳业发展方向，共同开展相关项目研究，探索适合中国国情的乳业深加工方向和开发更适合中国消费者饮食习惯的乳基食品，打造我国乳业新质生产力。一是项目联合攻关。国家乳业技术创新中心牵头联合大学和企业，共同承担"十四五"国家重点研发计划中的"食品营养与安全关键技术研发"重点专项"功能型乳制品创制与产业化示范"项目。该项目以满足中国人群全生命周期的营养健康需求为目标，从"加"和"减"两个方面实现功能型乳制品配方与技术革新。二是人才汇聚与交流，组建科研团队。吸引高校优秀科研人才加入研究分中心，与企业的技术人员、其他科研机构的专家共同组成多学科、多层次的科研团队，为乳业技术创新提供强大的智力支持。通过学术交流活动、研讨会等形式，促进不同单位科研人员之间的交流与合作，分享最新的研究成果和技术经验。三是资源共享与整合。整合各共建单位的实验设备资源，实现设备的共享与高效利用，避免重复建设。例如，高校先进的检测设备、分析仪器等为研究分中心的项目提供支持，同时企业提供的中试设备等为技术产业化验证提供条件。同时，建立乳业大数据平台，收集和整合与乳业相关的生产数据、市场数据、科研数据等，为科研项目的开展提供数据支持，通过对数据的深度分析，挖掘乳业发展的潜在规律和趋势，为技术创新提供方向。四是技术创新与转化。开展前沿技术研究：针对乳业发展中的关键技术问题，开展前沿性的研究工作。推动技术产业化，建立技术转移和产业化的机制，将研究分中心的科研成果及时转化为实际的生产力。通过与企业的紧密合作，将新技术应用到企业的生产实践中，提高企业的生产效率和产品质量，推动乳制品产业的升级和发展。

加强稀土新材料科技合作，共建稀土新材料技术创新中心。以服务国家战略目标为重点，由北方稀土集团与中国钢研集团联合创建，重点围绕稀土新材料重点领域开展科研任务，提升稀土资源综合利用水平，推动我国稀土产业高质量发展。具体做法：一是确立合作原则与领导机制。按照"资源共享、优势互补、真诚合作、协同创新"的原则开展合作，旨在健全完善以企业为主体、产学研深度融合的技术创新体系，以及促进科技成果转化与产业化的体制机制，推动稀土新材料技术创新和产业高质量发展。实行理事会领导下的总经理负责制。理事会由政府理事、科学家理事、企业理事组成，负责重大事项决策。二是明确规划布局。按照"1 +1 + 5 + N"总体布局进行建设。"1"指在包头建设稀土新材料技术创新中心总部，作为核心管理和统筹中心；"1"指在北京建设稀土新材料技术创新中心协同创新平台，负责组织协调国内外创新资源，搭建综合科技服务平台，为创新中心提供技术、公共科技服务支撑和人才培养，支持各基地和研究机构的科技创新工作，建设中国稀土永磁材料研究、国际稀土交流及稀土大数据基地。"5"指在包头、杭州、上海、深圳、沈阳设立 5 个研发和成果转化基地，充分利用不同地区的产业优势、科研资源和市场条件，进行稀土新材料的研发和成果转化。"N"指在国内外设立若干合作研究院，加强与国内外科研机构的合作与交流，引进先进技术和人才，提升创新中心的国际影响力。三是推动技术研发与成果转化。在技术研发方面，聚焦稀土新材料的关键技术难题，开展联合攻关，如稀土永磁材料的性能提升、稀土催化材料的研发、稀土储氢材料的改进等，不断提高我国稀土新材料的技术水平。在成果转化方面，建立完善的成果转化机制和平台，建立中试基地、产业示范园区，促进创新中心的科研成果向企业转移转化，推动稀土新材料产业的发展。四是加强人才的培养与引进。与高校合作开展人才培养，设立研究生联合培养基地、博士后工作站等，培养稀土新材料领域的高层次专业人才。制定优惠政策吸引国内外优秀的稀土科研人才和技术专家加入创新中心，提升创新中心的人才队伍水平。

专栏 10-1 京蒙协同创新中心

建立包头低碳技术及先进材料协同创新中心。包头市与北京化工大学共建包头低碳技术及先进材料协同创新中心，围绕包头市"世界稀土之都""世界绿色硅都"建设目标和战略性新兴产业发展的迫切需求，瞄准新能源、新材料、高端装备、生态环境等重点领域，着力突破产业"卡脖子"关键技术，建成贯通研发、孵化、中试及产业化等成果转化的一站式服务平台，实现以北京化工大学为依托的上游研发资源与包头市现有科技和产业的有效衔接，推动先进科技成果在包头孵化和转化，吸引高层次人才在包头创新创业。

筹建国家草业技术创新中心。蒙草集团与中国农业大学、北京林业大学等合力筹建国家草业技术创新中心，投入 2000 万元持续支持中国农业科学院北方农牧业技术创新中心建设。内蒙古自治区农牧业科学院与北京农林科学院共建京蒙秸秆生物质利用研发中心，开展秸秆原位还田高效生防菌剂的应用示范。

京津冀国家技术创新中心内蒙古创新中心。2024 年，内蒙古科技厅与京津冀国家技术创新中心签署科技合作协议，共建京津冀国家技术创新中心内蒙古创新中心，该中心以重大基础研究成果产业化、发展原始创新为核心使命，采取大学"育种"、中心"育苗"、企业"育材"、区域"成林"的发展模式，旨在打造协同创新共同体，建立"平台+基地""研发+产业"的科技创新和产业发展联动体系，围绕人工智能、工业软件、绿色储能、乳业、草业、半导体硅材料等产业，挖掘国家颠覆性科技计划项目成果，构建前沿先进技术在内蒙古落地转化的"1＋1＋N"合作模式。

2.京蒙校地共建产业研究院

京蒙合作以来，内蒙古以优势特色产业应用场景对接北京先进资源，以科技赋能现代能源经济发展。鄂尔多斯引进北京优势资源共同建设鄂尔多斯碳中和研究院、中国矿业大学（北京）内蒙古研究院、北京大学鄂尔多斯能源研究院、鄂尔多斯实验室等新型研发机构，汇聚 3 名顶尖院士专家，吸引 31 个创新团队、160 余名优秀人才。内蒙古与北京高校共建的鄂尔多斯能源研究院，集高端智库、技术研发、成果转化、人才培养、创新创业于一体，重点开展九大方向项目研究。鄂尔多斯伊金霍洛国际机场开展的地源蓄热项目旨在打造零碳机场。2023 年 5 月，中国矿业大学（北京）内蒙古研究院研发投用全国首台（套）矿山智能运载机器人，该机器人实现多项技术突破，关键部件国产化率达 95% 以上，极大地提高了矿山运输效率和安全性，降低了人力成本，减少了环境污染，推动了鄂尔多斯市煤炭产业绿色低碳转型发展。

京蒙校地共建巴彦淖尔研究院。内蒙古是农牧业产区，巴彦淖尔是我国重要的农业产区，河套灌区是亚洲最大的一首制自流引水灌区，农业用水及水转化等问题对于当地农业发展至关重要。发挥高校在农业科学研究、人才培养等方面的优势，巴彦淖尔市与中国农业大学合作共建巴彦淖尔研究院。研究院布局灌区水转化综合模拟大型装置，聚焦河套灌区的生态农牧业发展，围绕硬质小麦、肉羊、农业高效用水等领域开展关键技术攻关和科技成果转化，助力解决当地农业生产中的实际问题，提高农业生产效率和质量，推动农业产业的升级和转型。校地双方依托研究院联合开展人才培养，培育多层次创新实践人才、高层次技能人才和基础学科人才等，为巴彦淖尔现代农业的发展提供有力的人才支撑。研究院通过共建中试基地、技术转移分中心、产业化示范推广基地等，积极开展关键技术和新产品的推广应用，推动科技成果在巴彦淖尔转化落地，形成一批可复制、可推广的创新发展模式。

3. 京蒙共建联合实验室

内蒙古煤炭资源丰富、现代煤化工产业基础良好，北京在相关领域的科研实力强劲，京蒙合作主要将科研成果更好地应用于产业发展，推动产业高端化、多元化、低碳化发展。鄂尔多斯与清华大学合作共建鄂尔多斯实验室，首批引进高层次人才 17 人，布局 10 项科研项目，形成 10 余项合作成果。鄂尔多斯实验室按照新型研发机构的运行方式，跨机构、跨地域联合国内外优势高校、科研院所、行业龙头企业，集聚一批顶尖科学家、中青年技术人才及高层次管理人才，打造若干具有国际一流水平的研发公共平台，形成完备研发体系，全面贯通"基础研究—技术研发—转化应用—生产运营"链条，在组织框架、岗位设置、研究路径、知识产权归属等方面享有充分自主权，在人才聚集、科技激励成果转化等方面探索适应自身特点、灵活多样的管理体制。

（三）实施重大关键技术联合攻关行动

京蒙需求梳理与对接。内蒙古方面全面梳理自身产业发展中的科技需求，包括能源、稀土、新材料、大数据、农牧业等重点领域的技术难题、创新需求等，并将这些需求精准地传达给北京的科研团队和创新主体。针对内蒙古的农牧业、能源、煤炭清洁利用、新能源开发等方面提出具体的技术需求，与北京相关科研机构进行对接，共同探讨解决方案。通过定期举办科技需求对接会、项目洽谈会等活动，促进双方的沟通与了解。京蒙联合申报与实施项目。内蒙古的企业、高校、科研院所与北京的创新主体联合申报科技项目，采用"揭榜挂帅""赛马"等新型科研项目组织方式，吸引双方优势力量参与，共同开展技术研发和攻关。对于成功立项的项目，双方共同投入人力、物力、财力，确保项目的顺利实施。在种业振兴方面，内蒙古的农业科研机构与北京的农业高校可以联合开展种子培育技术的研究项目。在战略咨询项目方面，2023 年实施"内蒙古黄河流域水资源节约集约利用战略研究""内蒙古硅产业创新发展路径研究""内蒙古碳汇价值实现路径研究"等 10 个战略咨询项目。2024 年前三季度共完成了"黄河几字弯山水林田湖草沙生态治理战略研究""内蒙古草种业高质量发展研究""内蒙古装备制造业数字化转型发展战略研究"等15个战略咨询项目的立项工作。另外，京蒙两地携手共建产业园区，将北京的技术、资金、管理等优势与内蒙古的资源、产业基础等优势相结合。园区搭建公共技术服务平台、科技企业孵化器等，为企业提供技术研发、成果转化、人才培养等全方位的服务，推动相关产业的发展。

（四）实施科技人才智力引育行动

加强京蒙之间高水平团队交流合作。人才是内蒙古的所需所盼。内蒙古以"科技创新倍增计划"带动京蒙高端人才进一步强化交流合作，营造协同创新良好环境，积极与北京的高水平专家团队对接合作，为自治区产业发展提供智力支持。依托科技特派团、"三区"科技人才专项计划，引进140余名北京高水平专家来内蒙古指导创新创业。开展呼和浩特市第三届院士青城行、巴彦淖尔"科技赋能·生态农牧业高质量发展高峰论坛"、中国包头·稀土产业论坛等活动，汇聚了一批来自北京的院士专家团队。呼伦贝尔市、兴安盟、阿拉善盟等推动一批创新团队与当地企业开展科研合作。兴安盟与中国农科院作物所团队共建自治区生物育种技术创新中心"飞地实验室"。包钢集团与院士合作建设院士工作站，在白云鄂博发现一种全新结构的重稀土新矿物——白云钇钡矿。内蒙古农牧业科学院等4家自治区高校院所与院士团队共建京蒙智慧农牧业协同创新中心，推动了农牧业领域的科技创新和技术进步，对于内蒙古农牧业的现代化发展具有重要意义。

充分借力北京人才高地作用，呼和浩特、包头、鄂尔多斯等盟市打造驻京科创飞地，组织科技合作、招商对接、交流座谈、调研考察等活动30余次，科创飞地的集聚效能逐步放大。内蒙古科技厅对接北京市支援办、北京市科委，选派自治区30名基层科技管理干部人才，分别到北京7个科技管理部门岗位、7个科研院所管理岗位、16个在京企业孵化器等服务岗位，开展跟岗学习，充分借鉴好经验好做法。此外，借助北京的优质教育资源和科研平台，开展人才培养合作。内蒙古的科研人员、学生可以到北京的高校、科研院所进行学习、培训、交流，提升自身的科研能力和学术水平。北京的专家也可以到内蒙古进行讲学、指导，为内蒙古培养更多的科技创新人才。此外，京蒙联合开展研究生培养项目，共同培养高层次的科技人才。京蒙战略咨询项目获得 65 位院士支持，集聚了 40 多家区内外高校院所、企业和 200 多名本土专家共同参与，为内蒙古自治区党委政府决策提供了高水平的战略支撑。

（五）实施科技成果转移转化行动

建立京蒙科技成果转化服务平台。搭建"蒙科聚"创新驱动平台，收集、整理、发布北京和内蒙古的科技成果信息，为双方的企业、高校、科研院所提供成果评估、技术交易、知识产权保护等一系列成果转化的信息服务和技术支持，促进科技成果顺利转化。

政府积极推动与沟通，深入对接合作，建立高校技术转移分中心，通辽市建立北京化工大学技术转移中心通辽分中心（简称"技术转移通辽分中心"）。通辽市科技局积极与北京化工大学进行沟通交流，就技术转移中心的建设展开深入探讨，主动了解北京化工大学的技术优势、科研成果及合作意向，为双方合作奠定基础。政府制定一系列优惠政策和扶持措施，提供市级立项资金支持，为分中心的建设和运营创造良好的政策环境。依托现有平台资源搭建合作平台，通辽市充分利用当地已有的创新驱动平台，如"蒙科聚"创新驱动平台，将技术转移通辽分中心与"蒙科聚"平台相结合，实现资源共享、信息互通，建立协同创新体系。积极搭建通辽地区与高校之间的协同创新体系，促进技术成果向通辽转移，还联合其他国内外优秀服务机构、创新创业孵化机构及高端专家人才，共同打造全链条科技服务生态体系，为技术转移提供全方位的支持。精准挖掘本地需求，深入调研通辽市当地企业的技术需求和产业发展痛点，根据产业需求有针对性地引入相关技术和科研成果，开展产学研合作，支持通辽市企业与北京化工大学共同开展科技攻关研发。通过培训和实践，培养一批熟悉本地产业的本地化技术经纪人队伍，技术经纪人能够在技术转移过程中发挥桥梁纽带作用，促进技术供需双方的有效对接。建立人才交流机制，推动北京高校专家、学者与通辽市企业的技术人员进行交流互动。通过举办学术讲座、技术培训、研讨会等活动，加强双方的沟通和了解，为技术转移和合作创造条件。通过多种渠道和方式，宣传技术转移通辽分中心的作用和成果，提高社会各界对技术转移工作的认识和重视程度，让更多的企业、高校、科研机构和科技工作者了解技术转移中心。通过以上一系列措施，技术转移通辽分中心成为当地吸引集聚北京科创资源的重要载体。

开展京蒙科技成果对接活动。依托"蒙科聚"创新驱动平台和京蒙高科企业孵化器等，定期举办科技成果对接会、路演活动等，组织北京的科技成果到内蒙古进行展示、推广，同时也将内蒙古的企业需求反馈给北京的科研团队，促进双方的合作与交流。在2024中关村论坛年会"京津冀协同创新与高质量发展平行论坛"上，内蒙古以"科技创新引领　协同共创未来"为主题，聚天下英才而用之，推动区域科技合作。依托"蒙科聚"创新驱动平台举办专题发布会，举办马铃薯"双链"融合等对接交流活动80余场次，向北京市梳理推送内蒙古创新需求660余项，在京首批布局"蒙科聚"协同创新合作机构10家，推动内蒙古各盟市举办科技合作活动30余场次，鄂尔多斯高新区与北京中关村科技服务公司建立对口合作关系，开展产业赋能、双创、科技金融等管理运营合作。

京蒙开展校地合作推动技术扩散。北京市科委、北京市科协、"两院"、清华大学、北京航空航天大学、北京科技大学等各类主体相继走进内蒙古，对接洽谈科技合作事宜。北京科技大学向内蒙古发布科技成果256项，与包头铝业等25家单位达成合作意向，乌兰察布市与启迪集团、北京科技大学成功搭建吨级铁合金熔渣制备石材中试线。聚焦锡林郭勒盟粉煤灰综合利用，北京市与内蒙古自治区召开专家论证座谈会，着力引育专业化的固废利用企业，引进中国科学院过程工程研究所的教授团队粉煤灰基盐碱地改良新材料技术。与北京化工大学、北京科技大学深度合作，助力包头市冶金、稀土、新材料等领域快速发展，阿拉善与北京化工大学联合开发新一代高熵熔盐电解制备金属钠成套技术。兴安盟与北京航空航天大学合作开展蛇纹岩提炼金属镁关键技术和成套设备研发中试。聚焦人工智能领域，推动北京市海淀区与呼和浩特市、乌兰察布市共建人工智能产业高地，北京市一批人工智能领域头部企业走进内蒙古，参与 2024 年召开的中国绿色算力（人工智能）大会，布局大数据产业。围绕工业软件开发、绿电消纳、动物疫苗等合作方向，一批京蒙合作重大科技项目加快推进。

（六）加强京蒙数据中心与算力平台合作

北京和内蒙古共同推动全国一体化算力网络国家（内蒙古）枢纽节点建设，高质量建设乌兰察布和林格尔数据中心。乌兰察布市拥有丰富的风能、太阳能等清洁能源，能够为大型智算中心提供稳定、廉价且充足的电力。对于智算中心这种高耗能的项目来说，能源成本的降低是非常重要的竞争优势。从气候优势看，该地区年平均气温较低，寒冷的气候有利于数据中心的散热，可减少散热设备的运行成本，提高能源利用效率，提升数据中心的绿色发展水平。从地理位置方面看，乌兰察布市位于内蒙古中部，靠近京津冀地区，距离北京较近。这使得数据传输延迟较低，能够满足对数据传输速度要求较高的智算业务需求，方便与北京及周边地区的企业、科研机构等进行数据交互和业务合作。在国家和地方政府的政策下，京蒙合作建设"东数西算"一体化算力网络枢纽重要节点，取得土地、税收、资金等方面一定的优惠和扶持，为引进企业建设智算中心创造了良好的政策环境。通过共同开展人工智能算法研究、模型训练、数据挖掘等科研活动，京蒙科技合作积极发挥各自优势，提升内蒙古的科技创新能力和技术水平，为乌兰察布市及周边地区的数字经济发展提供强大的算力支持，促进人工智能、大数据、云计算等数字产业的发展，推动传统产业的数字化转型和升级，培育新的经济增长点。

第十一章

区域科技协同创新的若干认识与展望

区域创新（跨行政区）是国家参与全球科技竞争的重要地域单元，促进区域科技创新协同发展，是各国在科技现代化进程中所面临的共同问题。党的二十大报告提出："深入实施区域协调发展战略、区域重大战略、主体功能区战略、新型城镇化战略，优化重大生产力布局，构建优势互补、高质量发展的区域经济布局和国土空间体系。"党的二十届三中全会进一步强调，"完善区域一体化发展机制，构建跨行政区合作发展新机制"。区域发展的实践表明，一般而言，超越行政区的创新区地域越宽阔，可以利用的资源要素就越丰富，可以具备的创新能力就越强，地区发展的能量就越充足。这就要求加强区域科技协同改革举措的协调配套与联动集成。新时代新征程，必须深入学习贯彻习近平总书记关于区域协调发展及协同创新的重要论述精神，推动跨区域科技协同创新，引领区域协调发展迈向更高水平，为实现高质量发展、推进中国式现代化提供重要支撑。

第1节 区域科技协同创新的新特征

创新被视为一种系统性过程，区域不再单独地进行创新，而是通过与外部主体的一系列复杂交互作用进行（切萨布鲁夫，2003）。区域创新系统不是地方创新网络的简单叠加，而是多个地方创新网络通过跨越不同地方文化而重新组织的新型区域创新网络。"跨区域管道"能为区域创新提供大量的信息、技术等，并通过外部知识管道增加本地区域创新的互动，提高区域集群的知识共享度，增强区域创新的凝聚力。

一、跨（行政）区域性与地理邻近性：区域行政边界对科技知识的流动具有影响

协同创新是以知识增值为核心，企业、政府、知识生产机构（大学、研究机构）、中介机构和用户等为了实现重大科技创新而开展的大跨度整合的创新组织模式。区域内部的城市之间不断地进行物质、能量、人员和信息的交换，这种交换体现了城市间的空间相互作用。

一方面，在空间上地理邻近，是多个相邻地域范围的组合，具有区域属性，虽然往往跨越多个行政区域，但由于地理邻近，历史渊源相通，在经济与文化上具有更大范围的区域归属。区域内需要具备核心城市作为区域科技发展的增长极和策源地，还需要多个地理邻近的、次级城市在核心城市的带动下共同发展。佩尔斯（1993）认为，区域高度一体化是创造区域财富的源泉，也是区域经济发展的趋势。

另一方面，跨越行政区域的科技行为主体之间的联系和互动，频繁地进行信息、知识和资源的交流可以较大程度地适应内部和外部的变化，区域科技创新中的知识流动主要是在一个区域边界之外进行的，行政边界对知识流动来说是有影响的。区域科技协同创新不仅要求创新主体通过组织间学习机制对知识进行吸收、整合以达到技术创新、组织创新、市场创新等目的，还要求多重地域之间进行互动、合作、协调发展，因此其作用机制更为复杂，对创新环境、创新条件的要求更为严格。不同行政区域有不同的制度空间，因此它对知识流动的影响方式及程度也是大不相同的。一般说来，区域边界对于区域创新体系实际的重要性主要体现在以下 3 个方面：①地理上的亲近有助于促进区域创新体系不同组成部分之间的相互作用与交流，因为知识的扩散将因地理距离的增加而发生显著衰减；②文化

上的亲近使这种交流更为便利，也更容易进行；③制度上的亲近可以减少区域创新体系各组成部分之间相互作用时的摩擦和冲突。

行政区域边界的突出作用在于减少或增加区域创新体系不同组成部分之间相互作用所必须付出的交易成本：如果这种相互作用是在一个行政区域边界之内进行的，则这种交易成本会因为地理、文化和制度上的亲近而大幅减少；如果这种相互作用是跨行政区域边界进行的，则这种交易成本会因为地理、文化和制度上的距离而增加。另外，区域创新水平的高低取决于从环境中获得的创新资源的数量、质量及其组合；也取决于区域创新中知识积累的水平，跨行政区域扩大了区域创新中的知识积累、丰富了知识的多样性，将会显著提升区域创新的水平。目前，世界经济进入第 5 次长波的下行阶段，新一轮科技革命和产业变革加速演进，蕴含了更多、更新的科学技术知识，突出表现为新技术的应用和扩散，要求区域创新体系建设针对知识密集型和前沿性科技，促进企业、大学、科研机构、政府等不同类型创新主体形成多元共生关系，使得关联与互动更加紧密频繁，促进知识和信息更加快捷高效地创造、选择、扩散和应用。同时，数字信息基础设施加强了区域间的互联互通，突破了时空边界、组织边界和产业边界，提升了知识、信息、技术等创新要素积累与扩散的速度，加快了区域协同创新进程。

二、区域根植性与多样性：不存在一个区域创新体系的最优模式

"新经济地理学"强调经济体是在有差异的社会政治、经济制度、文化空间中进行选择，即强调所谓的经济体在社会文化中的"嵌入"，区域创新也是如此。区域创新体系是在市场选择的基础上经过长期的历史发展而逐步形成的，并且受到区域社会制度、传统文化等因素的强烈影响。因此，区域创新体系不是一成不变的，它具有时间发展的相对性，而且将随着历史条件的变化而不断变化、发展和扩大。随着各区域经济的进一步发展及工业化水平的不断提高，区域创新体系也变得日益复杂，由于区域创新系统是现代经济发展的产物，是在科学技术渗入现代经济增长的过程中逐步形成的，一个区域的历史传统与社会文化等对于区域创新系统的形成与发展有着极为重要的影响，具有很强的区域根植性，使得区域内行为主体形成对地区文化的认同，从而加速了知识和信息的流动，提高了区域内个人和集体学习的效率。因此，虽然区域创新体系的某些特点可以很容易地从一个区域传递到另一个区域，但一些基本特点很难传递。由此可以判断：区域不同，区域创新系统的结构与特点也各不相同，因而不存在区域创新体系的最优模式，各区域现有的区域创新体系都是长期历史演进和选择的产物，因而具有历史合理性。费希尔等在《大都市创新体系：来自欧洲三个都市地区的理论和案例》中提出，尽管大都市创新体系追求的目标相似，但是它们赖以实现目标的手段，即整套制度体系，依然具有相当浓厚的地域色彩，具有高度的地域特色。

由于区域创新体系是在长期的历史发展过程中逐步形成的，区域创新体系的所有成分都是相互联系的，在任何一点上进行强烈干预都可能会在其他领域引发不可预料的后果。因此，区域创新体系不但具有历史的相对性，而且具有内在的稳定性，即在一定的历史时期内，区域创新体系不会发生剧烈的变化。不仅如此，由于科学技术区域专业化现象的存在，一个区域的区域创新体系的发展还会显示出明显的路径依赖和自我强化趋势。区域创新体系在很大程度上是不可模仿的，因为区域专有因素的存在和作用决定了任何区域创新体系都有其独特之处，所以我们可以学习和借鉴其他区域成功促进区域创新体系的某些政策措施，但不可模仿照搬，区域创新体系注定是一个科学技术进步与区域传统和文化相结合的产物。

三、系统性与网络化：区域创新体系存在系统失效的可能

创新空间从"地方空间"向"流动空间"转变，创新模式也从过去的线性模式转变为网络化模式。Scott（2001）认为城市创新不再是"地方创新"，而是网络体系中的重要节点，城市网络体系的空间结构也逐渐由等

级化向网络化转变。区域城市群作为多个空间相邻城市组成的庞大有机区域，不仅能整合资源形成合力，发挥整体区位优势，还能通过协同发展弥补单个城市创新竞争力的不足^①。

　　因此，我们认为各国存在跨行政区的区域创新体系，不同的区域创新体系都有其合理性，但这绝不意味着各自都是完美无缺的。另外，地理位置上的邻近是以地域为基础的创新体系存在的必要条件，而不是充分条件。不同区域经济发展及科技创新的差异表明，不同区域的区域创新体系在创新效率方面确实存在着重大差异，而造成这种差异的一个重要原因就是有些区域的跨行政区的创新体系存在着一种可以称为系统失效或制度失效的现象。一个既不能从外部，也不能从内部有效地获得科学技术知识供给的区域创新体系注定是没有活力的，而一个有效地获得了科学技术知识供给却不能使之只在一个区域内有效地扩散和应用的区域也不可能具有强大的区域竞争力。OECD 认为，国家创新体系系统内的行为者之间缺乏相互作用、公共部门的基础研究和工业应用性研究之间不相匹配、技术转移机构的机制失常及企业的信息不足与吸收能力低下都可能导致一个国家的创新绩效低下，对于区域创新体系也是如此。

　　系统失效现象的存在及由此造成的区域创新体系效率低下对于一个区域的经济发展具有灾难性的后果，这种后果的严重性在技术－经济范式更迭时期表现得尤为突出，技术－经济范式更迭时期同时是大规模的科技成果产业化时期，技术更新速度很快，区域创新体系效率低下的区域往往不能充分利用这种范式更迭所提供的技术经济机会，因而被其他先进区域远远地抛在了后边。佩特尔和帕维蒂认为，创新体系中存在的制度失效可以分为两种情况：①激励的失效，即不能对市场失灵进行及时有效的干预和校正；②竞争能力的低效，包括不能获得技术进步的全部收益等。

　　系统失效现象的存在及国际和区域经济技术竞争的加剧，客观上要求

① 顾朝林 . 城市群研究进展与展望 [J]. 地理研究，2011，30（5）：771-784.

地方政府在区域创新体系，特别是区域创新体系中发挥更为积极的作用，降低那些妨碍科学技术知识循环流转及其应用的制度壁垒，促进科学技术知识从区域外向区域内的流动及在区域内各行为主体之间的流动。

四、区域梯度性与等级化：以核心城市为策源地，通过集聚效应和扩散效应带动次级城市和整个区域创新发展

区域科技创新具有不均衡性，是一个层级结构的空间创新体，这意味着在区域内，城市之间的关联存在梯度不对称关系，其空间规模和科技活动规模是有限的，核心城市和次级城市是基本的空间组合模式，从空间的纵向来看，区域科技创新是具有若干层次、规模的城市体系，一个或多个核心城市在区域科技发展的过程中具有重要的作用，次级城市在核心城市的带动下争取更多的利益和创新发展机会，尤其强调中心城市（或中心区域内城市）突出的科技地位和空间集聚与扩散的作用。世界级城市群均呈现金字塔结构，第一等级城市群平均拥有2个一级创新城市、4个二级创新城市和5个三级创新城市。这些城市的差异不仅表现在科技规模上，还体现在科技活动内容、地方特色及级别等方面。我国区域科技创新整体发展水平不高，而且有的区域内部地区之间差距较大，存在较大的技术梯度差，特别是核心城市发展水平远高于一些次级城市，严重影响了区域内城市之间创新主体之间的合作、阻碍了创新资源的合理流动，区域无法得到协调发展，区域创新网络难以高效运转。例如，京津冀由于发展环境的巨大差距导致"断崖"现象，京津冀地区由于落差很大，北京的很多功能要往外拓展时，往往承接的城市人员素质和产业基础较差，导致无法有效对接，存在差距扩大的趋势。

此外，根据区域科技创新的科技影响力，可以分为不同等级的创新区域，包括国际性的创新区域，如东京—横滨、硅谷圣何塞—旧金山、马萨诸塞州波士顿—剑桥等；具有全国性影响力的创新区域，如香港—深圳、上海—苏州等；区域性的创新区域，如我国的成渝区域等。一般而言，高

一级的创新区域可能会包含低一级的创新区域。尹稚在《科技创新功能空间规划规律研究》一书中提出，科技创新城市体系与城市群结构高度吻合，城市群等级越高，创新能力越强，旧金山、德国莱茵河等第一等级城市群的创新城市体系比德州三角地带、皮埃蒙特地区等第二等级城市群的创新城市体系规模更大、实力更强。

五、区域融合性与集群化：要以推动集群创新为核心

区域创新网络主要通过产业集群实现，戈特曼认为，支配空间经济形式的已不再是单一的大城市，而是聚集了若干个都市圈，并在人口和经济活动等方面有密切联系的巨大整体，其基础功能是汇集人口、物资、资金、信息等各种要素。区域应该是一个经济体，是由市场经济主导下的城市群演化而来的产物，是在区域市场一体化基础之上实现的，城市是区域的重要组成要素，是区域经济和社会活动的聚集体。集群已成为科技与产业结合、发展特色经济的一种新的全球动向和趋势，这一认识也已成为世界范围内政府和产业界的共识。产业集群是形成区域创新体系的核心和基础，离开产业集群谈区域创新体系是空洞的[1]。波特认为，产业集群是形成区域创新体系的重要模式。区域产业的专业化程度是一个地区能否形成自己特色区域创新体系的一个重要前提。

空间集聚促进了技术外溢，技术外溢催生了创新，创新带动了区域经济增长，更多的企业重新选择了创新活动多发的区域。如此因果累积，大多数具有较高创新能力的产业和创新活动集中在城市，如我国长三角地区的上海、粤港澳地区的香港等。产业集群的发展是区域科技创新网络形成和发展的关键，即使是在一个创新的网络环境中，产业的发展也要形成区域性的产业创新链，产业创新的环境是产业创新系统的关键依托，一个特定的、良好的创新环境的形成是一个完善而又成熟的产业创新系统必不可少的。产业集群决定了产业创新的趋向和规模。产业集群功能所起到的注

---

① 巨文忠，张淑慧，赵成伟. 国家创新体系与区域创新体系的区别与联系[J]. 科技中国，2022(3):1-4.

地效应越有效，就越能形成有利的氛围吸引人才、资本、技术向创新企业聚集，有利于产业创新系统中的平台建设及产业创新资源的有效供给。

特别是当下要想加快形成新质生产力，就要培育新能源、新材料、先进制造、新一代电子信息等战略性新兴产业及未来产业，区域创新体系建设需要抓住新一轮产业变革的历史机遇，实施有利于集群发展的政策，建立企业竞争前的共性技术研发和服务平台，培育学习与合作竞争的集群文化，强化区域创新能力建设，根据区域的产业特色和科技优势，大力推动多层次、各具特色的产业集群和创新集群发展，培育壮大新兴产业、布局建设未来产业。

六、区域战略使命性与政府引导性：把握好政府、市场与社会的关系，充分发挥区域政府作用

战略价值导向是区域创新体系建设的出发点和前提，现代科技创新早已摆脱了长期以来科技的自然演进状态，国家、区域竞争及人类发展需求赋予了科技创新更多使命，区域创新体系建设以实现科技创新发展战略目标为主要方向①。区域创新体系为政府制定创新战略提供了一个启发性的分析框架和政策工具。一方面，政府通过在教育、科技、人才等方面投入大量资源，制定并实施一系列激励创新的政策，来推动知识和技术的生产、扩散和转化，保证区域创新体系的效率和平衡；另一方面，政府积极主动地为区域创新体系的转型创造机遇，新质生产力本质上是一种先进生产力，以科技创新为核心，遵循颠覆性突破性创新→"技术－经济"轨道→"技术－经济"范式的基本演进模式②，通过组织动员和调整资源配置，设计新的体制机制和政策工具，来塑造"体系化"能力以应对发展的挑战。

当前国家间的科技竞争，特别是中美科技博弈达到空前水平，使命驱

① 陈宝明.《科学技术进步法》：全面构建面向未来的国家创新体系 [J]. 中国科技人才，2022（5）：1-8.
② 刘冬梅，杨洋，李哲. 科技创新作为发展新质生产力的核心要素：理论基础、历史规律与现实路径 [J]. 中国科技论坛，2024（7）：1-7.

动是区域创新体系建设的顶层牵引，因此，区域创新体系要以高水平科技自立自强作为使命驱动，打造使命导向型创新组织，加快战略科技人才、战略科技力量和新型举国体制建设，保障产业与经济发展的安全稳定，提升产业链自主可控水平，集中力量开展关键核心技术攻关（表11-1）。

表11-1　新时期区域创新体系与传统区域创新体系的比较

	新时期区域创新体系	传统区域创新体系
战略导向	战略导向、发展导向、安全导向	发展导向
创新主体	大学、企业、科研机构、政府、中介等，以及生态型机构、社会组织、数字科创平台等	大学、企业、科研机构、政府、中介等
组织边界	政产学研资介用"共生"	产学研协同，"三螺旋"
创新资源	资金、人才、基础设施，以及数据等要素	资金、人才、基础设施等
运行机制	市场、政府及社会等多元共治	市场机制、政府干预共同作用
驱动力	科技竞争、经济社会可持续发展及特定挑战	技术赶超、经济增长
体系结构	创新主体多元、创新互动频繁，呈网络化、生态化、平台化	相对松散，创新主体间彼此较独立，分散化
开放性	跨地域与全球化	跨地域
功能	解决市场失灵、系统失灵、演进失灵	解决市场失灵

第2节　区域科技协同创新的机制认识

科技发展越来越不受区域边界的限制，随着知识生产和科技创新专业化分工逐渐在地理空间上布局，这种趋势更加明显。区域科技协同创新具有其内在运行机制，一个或多个核心城市与次级城市之间通过集聚效应和扩散效应的作用，使知识、信息、人力、物力、资金等资源得到有效合理的流动，通过地区之间科技协同和创新互补以带动整个区域的创新发展，区域内创新资源能够得到合理配置且区域创新网络能够高效运转。

一、区域科技协同创新具有天然需求和内生动力，具有"协同效应"

高水平的开放式协同创新体系是一种边界更加开放、更加模糊的交互网络[①]，区域创新体系之间存在多层次开放互动的空间，区域创新体系间的

①刘建丽．新型区域创新体系：概念廓清与政策含义经济管理 [J]．2014 ,36（4）：32-40.

各要素可以穿透其体系边界进行互动。各区域间行为主体的相互作用构成了区域创新网络组织的基本模式，它们是知识流动的载体，这种频繁而合理的运作模式有利于创新的产生和实现，并且为区域创新的形成奠定了良好的基础。区域科技协同创新具有天然需求和内生动力，可以形成"协同效应"。

科技创新有区域协同的内在需求。大科学研究和开放式创新时代的创新范式呈现交叉融合、高度复杂和多点突破的特点。前沿技术和颠覆性技术的创新更加依赖于跨地域、跨领域、跨组织的创新团队和高效的资源配置。在区域层面需要拓展合作空间、推进区域创新共同体建设。例如，开展京津冀生态环境研究，不能各省市自己研究自己的，而应当提倡一体化研究。天津师范大学联合北京师范大学和中国科学院生态环境研究中心等，建立京津冀生态文明发展研究院，不是仅研究天津的生态环境，而是拓展京津冀生态环境研究，通过研究对象和研究边界的拓展，产生"1+1>2"的效应。

产业创新有区域协同的内在动力。新型工业化和制造业高质量发展的制造范式呈现产业融合化、制造区域化、企业平台化、产业链网络化、集群生态化等特点。想要在更大的空间范围内统筹生产布局和提升产业链供应链现代化水平，就需要在区域层面提升区域内配套化率，完善区域内产业链、供应链体系。例如，在天津宝坻区设立的京津中关村科技城形成"研发孵化在北京、生产制造在宝坻"的中关村宝坻模式，以北京龙头企业为突破口和支点，在临近北京的地区打造配套产业集群，引入南轩电子、博宇半导体等企业打造半导体配件产业，为京东方、通美晶体等重点龙头企业配套，有的企业运营成本降低了40%、产品生产周期缩短了1个月，形成产业链协同效应。

建设区域统一市场是建设全国统一大市场的内在要求。社会主义市场经济和区域协同发展战略都需要共同推进区域市场一体化建设，呈现出区域经济社会融合化、传统行政区划边界模糊化、区域市场一体化等特点。在区域层面要求充分发挥区域超大市场的规模效应和集聚效应，探索区域市场一体化发展模式、共同做大"蛋糕"，避免各地自我小循环，形成区域中循环，畅通国内大循环。因此，区域科技协同创新符合新阶段我国现代化建设的需要，应建设区域协同创新共同体，构建区域产业链供应链创新链，深入推进区域科技一体化发展。

二、区域科技协同创新具有各自相对比较优势，具有"互补效应"

分工与协作理论的核心思想是，如果每个地区都根据自然优势和竞争优势进行生产，地区经济必然能得到发展；如果每个地区找到并利用自己的优势来发展产业，整体经济必然是一片繁荣。细化区域科技功能分工，有利于强化区域创新联系、促进区域互补发展。例如，旧金山湾区已经成为依靠科研创新为原动力，以旧金山、奥克兰、圣何塞三大城市为核心的世界级湾区，三大城市也逐渐形成各自的特色，旧金山是文化、金融和都市中心；奥克兰是化工、机械等制造中心及西部交通中心；圣何塞是"硅谷"的核心地带和高科技中心，其发展以创新驱动为主，形成区域内城市间的合理分工。

区域创新系统各区域科技在空间分布上具有不均衡性，同时区域创新系统还具有独特空间的异质性，对系统的形成、发展产生了重要影响，其他创新要素在区域内的行为也随之表现出异质性，使整个系统具有互补效应。研究发现，只有当各方联系非常密切且建立起本地化的关系时，互补性资产的交换才会发生。2019年，习近平总书记在天津滨海—中关村科技园考察时强调，要"深化科技园区体制机制创新，优化营商环境，吸引更多在京科技服务资源到园区投资或业务延伸，促进京津两市真正实现优势互补、强强联合"。2024年2月1—2日，习近平总书记在天津考察时强调，要"把北京科技创新优势和天津先进制造研发优势结合起来"。区域创新中各区域拥有各自的比较优势，具有很强的"互补效应"，这是区域科技协同创新的基础和前提。因此，区域科技协同创新要发挥比较优势，形成"优势互补、强强联合"的合作格局。

三、区域科技协同创新要加强与产业体系融合，具有"融合效应"

区域内产业集群的发展是推动区域经济一体化发展的重要途径，而创新是产业集群乃至产业区发展的主要特点，技术创新活动的开展是产业集群和产业区提高经济竞争能力的关键。习近平总书记指出，"要坚持科技创新和产业创新一起抓""要加强与北京的科技创新协同和产业体系融合，合力建设世界级先进制造业集群"。融合是高质量发展的重要趋势，目前呈现出技术融合、产业融合、区域融合等态势，要加强区域产业链创新链"双向融通布局、双向发力"，强化"融合效应"。只有建立以区域体系化布局为引领、产学研融合为导向、一体化平台为桥梁的全链条产业科技创新体系，才能更好地促进创新要素与产业资源全面精准衔接、高效有序互通、协同融合发展，这是发展新质生产力的重要路径。

创新链是产业链发展的动力之源，产业链是创新链落地生根的载体，围绕产业链部署创新链、围绕创新链布局产业链，及时将科技创新成果应用到具体的产业和产业链上，打造"类 DNA 双螺旋结构"共生发展、深度融合格局，发挥产业链带动创新成果工程化和产业化落地的需求引致作用及创新链对产业链升级的驱动作用，强化企业技术创新主体地位，完善成果转化和激励机制，提升自主创新能力。

一是以传统产业改造提升为导向创新。探索完善以企业为主体的区域产学研协作新模式，推动重点实验室、技术创新中心、中试平台等产业创新公共技术平台一体化建设，让传统产业焕新。例如，天津安泰天龙钨钼公司主要股东和创始人苏国平寻找新的领域二次创业，成立海力特新材料公司，与北京科技大学粉末冶金研究所科研团队进行产学研深度战略合作，以校企合作实施研发带动，将粉末冶金铝合金新材料产业化，成功实现国产可替代，解决了国内在高端铝合金材料方面的"卡脖子"难题。

二是以新兴产业培育壮大为导向，推动战略性新兴产业"优中培精"。围绕产业链短板和创新链痛点进行重点布局，打好关键核心技术攻坚战。例如，天津市引入清华大学摩擦学国家重点实验室成果，以清华大学机械系雒建斌、路新春教授团队研制的"化学机械抛光设备与成套工艺"技术入股成果转化项目公司华海清科，成功研制 14 nm 工艺制程集成电路 CMP（抛光）设备，并成功登陆科创板，填补了国内芯片装备行业在超精密减薄技术领域的空白，打造了国家集成电路核心装备研发生产"关键一极"，是国内首家且唯一——家从事集成电路制造专用 12 英寸 CMP 装备研发生产的规模化半导体装备供应商，助推京津冀区域集成电路产业快速发展。

三是以未来产业布局建设为导向创新，推动未来产业"无中生有"。瞄准新领域、新赛道，充分发挥前沿技术的"增量器""放大器"作用，实现技术创新、场景应用、自主产业生态的一体化布局，形成拥有技术主导权的创新集群，加快转化为战略性新兴产业和未来产业。因此，构建全链条贯通的协同创新体系和产业培育体系，需要完善区域产业协同培育机制，合力建设世界级先进制造业集群。

四、区域科技协同创新以要素集聚引领空间集聚，具有集聚效应和叠加效应

区域非均衡发展理论认为，地区差距决定要素流动的方向，地区差距出现以后，劳动力、资本和技术等生产要素将会不断地由经济欠发达地区流向经济发达地区，在要素流动过程中，集聚效应和扩散效应发挥作用，使地区差距变大或变小。王缉慈（2001）认为，增长极的形成需要具备良好的经济、社会、人文、历史等条件，它是知识、资本、技术等资源聚集的地区，也是生产和贸易等活动聚集的区域。集聚效应促进了增长极的形成，增长极形成的动力来源是具有创新能力的大中小企业群体、高校、科研机构、政府机关和中介机构等。在区域创新系统内，中心地区多是一些比其他城市更能保持持久创新能力的城市，良好的区域可达性对周围城市的创新要素产生吸引力，如同一个巨大的"磁场"。同时，交通基础设施互通对接是促进区域内部创新要素自由流动和功能优化重构的关键因素，而国内外都市圈大多拥有由高速公路、高速铁路、航道、通信干线、运输管道等构成的区域性交通基础设施网络。

区域科技协同创新要注重发挥重点平台、重点企业、重点人才、重点园区、重点资源等的引领作用和"叠加效应"，加大与国家部委、大院大所、央企的合作力度，主动承接和吸纳国内外的科创资源，推动创新资源有序流动、科学配置。

五、区域科技协同创新推动有为政府、有效市场和有能社会的结合，具有联动效应

从资源配置效率的角度来看，市场和政府都具有不完善性，即存在"市场失灵"和"政府失灵"的缺陷。对促进区域科技协同发展而言，仅靠市场机制作用，很难缩小地区两极的差距；仅靠政府作用，很难实现区域科技发展效率的持续提升。区域创新网络的形成和发展需要创新主体之间的互动、合作和交流，创新主体是区域创新体系的关键内核，创新主体、要素相互交织，构成多维度、立体化的创新网络，区域科技系统的行为主体主要有企业、大学、科研机构、政府机构等，总体上分为市场主体、政府主体和社会主体。区域科技协同中，创新主体的多元化带来了利益导向的多重化，单纯依靠市场机制的自发作用并不能形成有效的区域协同合作，甚至会导致创新出现"孤岛效应"[①]。

习近平总书记指出，既要"有效的市场"，也要"有为的政府"。立足于区域科技协同发展，处理好政府、市场和社会的关系，关键是要进行科学定位与合理搭配。要推动有为政府、有效市场相结合，坚持政府推动、区域联动、企业主动，强化"联动效应"。

一是要充分发挥市场机制在资源配置中的决定性作用，打破地区封

---

① 解学梅. 都市圈城际技术创新"孤岛效应"机理研究[J]. 科学学与科学技术管理, 2010(10): 78-83.

锁，建立区域统一科技大市场，通过"看不见的手"对区域科技活动进行调节，使资源流向经济效益更高的地方，实现创新要素在地区间的自由流动和高效配置，提高区域发展效率。例如，宝坻京津中关村科技城是北京中关村在京外的第一个重资产投资项目，双方建立利益分配机制，由北京中关村亲自操盘，北京中关村发展集团调配资源来津，有动力推动专业化园区导入和项目引进。

二是要充分发挥政府的管理、协调、服务职能，发挥政府作为促进区域科技协同发展主体的作用，在"市场失灵"方面发挥作用，不断缩小区域间的发展差距。政府作为区域创新体系的规划设计者、建设引导者和环境培育者，发挥着战略规划、治理协同、资源配置、政策引导、制度改革等重要作用，组织和实现创新公共物品及时且公平地供给，从宏观上把握和指导区域创新发展。

三是要特别注意强化社会主体的参与度，因为区域内的组织所具有的根植性可能会使知识在企业内和企业之间的传播和获取存在障碍，而社会资本所形成的信任、和谐、沟通的氛围有可能克服这些障碍。目前，协作型协调创新主义成为重要导向，即政府发挥能促型作用，尤其是助推各种协会性、联盟性、互动性组织，在创新网络的建设上扮演积极的角色，矫正单靠市场治理和社区治理所不能完全克服的协调失灵[①]。需要充分发挥学会、协会、联盟等社会组织的作用，推动并协调区域科技合作型活动，促进知识和信息的交流，采取集体行动解决共同面临的问题，分享并传播新知识新资源、开展研发合作。

六、区域科技协同创新贯通科技创新链条，具有扩散效应

扩散效应是指核心区域不断向周边地区产生辐射作用，释放自身能量，把生产要素等由核心区域转移到外围地区。区域创新中创新首先在核

---

① 顾昕.治理嵌入性与创新政策的多样性：国家－市场－社会关系的再认识[J].公共行政评论，2017，10（6）：6-32，209.

心城市大量出现，创新增强了核心城市的竞争能力，核心城市发展到一定程度会向周边地区扩散新知识、新技术，带动周边地区的发展，在向次级城市扩散的过程中核心城市进一步增强了自身的实力。一方面，当集聚效应发挥到一定程度时，核心区域就已具备实力拓展自己的腹地空间；另一方面，集聚效应的发展需要向周边地区扩散要素资源，扩散效应的发挥是为了集聚更好的资源。

区域科技协同创新要强化创新功能衔接，强化科创中心、产业创新中心和科技成果转化中心等不同区域技术扩散布局，研究发现全球科创中心与成果转化中心相伴相生是必然规律，如东京—横滨、硅谷圣何塞—旧金山、马萨诸塞州波士顿—剑桥等。同时，国家"3＋5＋3"的创新体系布局已经形成，围绕北京、上海、粤港澳等国际科技创新中心的成果转化中心已经形成了协同布局的态势，如上海—苏州、香港—广州—深圳—东莞等。因此，要探索区域科技扩散新路径，健全科技成果转化对接机制，建好用好重点平台载体，完善创新功能互补机制，及时将科技中心高质量科技创新成果落到区域具体产业和产业链上，形成区域错位协同发展态势。

第3节　区域科技协同创新的规律性认识

区域科技协同创新的外在表现是城市和行政区在空间上的有序组合，实质上是在创新活动中不局限于行政区划的、密切联系的经济体或经济组织所形成的体系，它并不是区域创新系统与大区域或国家次区域的简单相加，而是一个复杂的社会经济系统，它的形成受制于许多因素，如历史背景、自然地理条件、区位条件、区域经济等，它的发展超越了以往传统行政区域的模式，要求自然资源、政策资源、经济行为主体以创新的方式在更大的区域内有效整合，充分利用更广阔的地理集中优势。因此，区域科技协同创新具有其特有的发展规律，在本节进行初步探索。

一、区域科技协同创新的驱动论，科技知识流动的效率与方向直接影响一个区域的经济发展

经济发展规律表明，当人均 GDP 达到 1 万美元左右时，由于受到劳动力、土地资源、环境代价等综合成本上涨的影响，必须进行发展方式的转型[①]。依靠科技进步提高劳动生产率、增加劳动收入效益，成为各发达国家在实现工业化过程中的必然选择，也成为发展中国家跨越中等收入困境进入发达国家行列的根本法宝[②]。要坚持创新引领发展，把长江经济带的科研优势、人才优势转化为发展优势，积极开辟发展新领域新赛道，塑造发展新动能新优势；习近平总书记在京津冀协同发展座谈会上强调，要集聚和利用高端创新资源，打造我国自主创新的重要源头和原始创新的主要策源地，如美国的大波士顿区域、以硅谷为核心的旧金山湾区，英国的伦敦地区及日本的东京都市圈等。2023 年，我国人均 GDP 达到 1.27 万美元，正处于人均 GDP 1 万美元左右的发展阶段，一些重点区域如京津冀、长三角、粤港澳等亟须强化区域创新能力，率先实现经济高质量发展，打造成为我国经济发展的动力源。同时，区域协调发展战略能否见效、见效如何，取决于科技创新在推动区域协调发展中主驱动力作用的发挥成效。为此，要处理好科技创新驱动发展的一般规律，因地制宜地实现科技创新推动区域协调发展的特殊规律的关系，在发展时序、空间布局和结构优化中，形成科技创新链与产业链相契合、良性互动且协同提升的创新模式，构建科技创新驱动发展的区域模式。

费希尔等在《大都市创新体系：来自欧洲三个都市地区的理论和案例》中提出，所有部门都有一种明显的倾向：越来越向高知识密集度发展，而且知识密集度越高，经济绩效就越好。创新体系理论表明：经济发展与科技竞争的实绩就是创新体系的函数，它在很大程度上反映了创新体

① 樊杰. 我国国土空间开发保护格局优化配置理论创新与"十三五"规划的应对策略[J]. 中国科学院院刊，2016，31（1）：1-12.

② 樊杰. 面向中国空间治理现代化的科技强国适应策略[J]. 中国科学院院刊，2020，35（5）：564-575.

系的效率与能力。对于区域科技协同创新也是如此，其核心在于，科学技术知识是现代经济增长的一种核心战略资源，能否适时高效地应用这些科学技术知识显然是决定一个区域经济发展的关键因素，而科学技术知识流动的方向与效率可以直接影响这些科学技术知识应用的效率，因为它可以直接减少技术创新过程中的诸多不确定性，并最大限度地缩短技术创新时间。科学技术知识流动的效率与方向不仅决定着经济增长的实绩，而且会直接决定着经济技术的竞争地位。从历史上看，创新体系对于技术创新能力与经济发展实绩有着重要意义。目前，创新资源要素加速向创新体系优势区域集聚，如美国硅谷、以色列特拉维夫、法国格勒诺布尔，以及北京中关村、深圳高新区、武汉光谷等创新区域。

二、区域科技协同创新的空间布局论，创新极带动形成"点轴"创新布局

从世界城市发展趋势看，以中心城市为核心，中小城市、专业化市镇优势互补、错位发展的城市分工格局是主流发展趋势。我国经济发展的空间结构正在发生深刻变化，中心城市和城市群正在成为承载发展要素的主要空间形式。党的二十大报告提出，以城市群、都市圈为依托构建大中小城市协调发展格局。推进以县城为重要载体的城镇化建设，推进区域协调发展的同时坚持城镇化是实现现代化必由之路的战略选择，城市群、都市圈和中心城市仍然是承载经济发展的重要载体。我国区域空间布局持续优化，特别是中心城市引领都市圈同城化、都市圈带动城市群一体化，城市群辐射经济区的区域发展格局加快形成。区域科技创新力量布局应与区域经济板块的比较优势和发展特色相契合。

创新活动在地域上的不均衡，可用地理"集聚"与"扩散"来形容其变化趋势，用"中心"与"腹地"来形容其空间位置。马歇尔认为，地理距离、可达性和集聚对知识流动、学习、创新产生了有力的影响，劳动力、人才及其所承载的技术知识在区域中的聚集与扩散是区域创新系统发展的主要动力。美国学者弗里德曼（1966）在《区域发展政策》一书中提出了关于区域空间结构的著名的"中心—外围"理论①。陆大道院士根据发展轴和中心地理论提出了"点—轴"系统理论。目前，依托创新廊道的规划，链接区域创新的关键节点是促进创新资源整合的常见方式，如美国的硅谷、128公路及我国的G60科创走廊等都是世界科创走廊的示范，它们的创新空间都不是局限于少数几个园区，而是沿着高速交通带廊向沿线区域延展开来，逐渐形成长达60~100千米的狭长创新带，如大波士顿区域，以剑桥市为中心区和圆心，依托交通干线布局，在128公路附近布局了200多家生物技术企业。同时，微中心建设也是重要趋势，许多国际性大都市在城市空间演变过程中，为了有效处理城市规模扩张与城市运行效率之间的矛盾，纷纷探索新的空间布局战略，将城市的部分功能分散布局到市中心区外围的某些区域，在实践中形成了所谓的"新城""卫星城"等空间载体。例如，东京都市圈内距市中心30~70千米的周边，如埼玉县、千叶县和神奈川县等地，规划建设了埼玉新城、筑波科学城、千叶幕张新城等"业务核都市"，承担市中心区的部分功能转移。此外，省际交界地区科技合作联动发展值得关注，我国省际交界地区涉及地域宽广、发展潜力巨大，但开发严重不足，总体经济科技水平不高，应把促进省际交界地区科技合作联动提升到突出重要位置，带动整个区域科技协同创新。

三、区域科技协同创新的发展阶段论，协同度将经历从低到高的发展过程

区域科技协同创新是一个复杂的系统，具有演化性，通过与环境和其他系统的相互作用及内部的自组织，系统发展到新的阶段，从而完成系统演化的生命周期。推动区域协调发展需要保持历史耐心和战略定力，用法律法规确保"一张蓝图绘到底"。区域创新系统是建立在人们创新实践活

---

① 中心城市与外围城市之间存在发展梯度，中心向外围辐射扩散，同时也在一定程度压制了外围城市的发展。

动的基础之上的，因此，区域创新系统是一个不断发展的系统，从离散到有序、从低效到高效的每一次变革都将成为历史。同时，作为一个社会系统，区域创新系统需要从外部环境获得物质、能量、信息等自身发展演化所需的资源，形成相对于旧系统的某种"偏离""扰动""涨落"，当这些变化累积到一定程度，达到某一阈值时，区域创新系统会发生新旧结构的交替。因此，促进区域科技协同创新发展是一个长期的系统工程，必然有一个从不充分到充分、从不均衡到均衡的过程。

区域协调发展变化过程基本规律的经典理论是区域经济发展水平差距的倒"U"形学说，各国发展的实践基本验证了这一学说，即以人均 GDP 1 万美元左右为阈值，此前的发展阶段是区域之间经济发展水平差距不断扩大，此后的发展阶段是区域之间经济发展水平差距逐步缩小，中间经过一个相对稳定的平台期[1]。纵观自新中国成立至今 70 多年的历史，大致经历了低水平协调的均衡发展、不协调的非均衡发展、区域协调发展和高水平协调发展 4 个阶段[2]。我国区域科技协同创新也将具备类似的特点，未来向高水平协调发展阶段跨越的任务十分艰巨。

四、区域科技协同创新的分类施策论，不同区域具有不同的特征和发展策略

不平衡是普遍现象，要在发展中促进相对平衡；各个地区、各个城市在各自发展过程中一定要从整体出发，树立一盘棋思想，实现错位发展、协调发展、有机融合，形成整体合力。基于不同区域的特色优势，只有因地制宜、分类施策，合理分工、优势互补，才能培育更多创新增长极、增长带，形成带动全国高质量发展的新动力源。分类指导是促进区域科技协同创新发展的重要思路与原则，要坚持分类指导，提高区域科技协同创新

---

① 樊杰，赵艳楠. 面向现代化的中国区域发展格局：科学内涵与战略重点[J]. 经济地理, 2021, 41(1)：1-9.

② 李兰冰. 中国区域协调发展的逻辑框架与理论解释[J]. 经济学动态, 2020 (1)：69-82.

政策的针对性和有效性，消除地区发展瓶颈制约，增强区域核心竞争力。我国幅员辽阔，各地区经济社会与科技发展条件差异显著，推进区域科技协同创新发展必须因地制宜、分类指导，以充分发挥各地区的比较优势，形成合理分工基础上的有序发展，增强区域创新核心竞争力，推动形成优势互补、高质量发展的区域科技布局。

分类指导在空间指向上必然要突出重点，从各区域板块的实际出发制定相对独立的区域科技协同政策和区域科技协同规划。但这些区域规划和政策文件的制定又不是彼此孤立和相互隔绝的，而是根据国家科技战略方向，依据科技创新总体规划制定的，是国家科技整体意志在局部的体现和落实，是推进全国一盘棋战略的有效途径、重要载体和具体步骤。也就是说，分类指导的区域科技政策与宏观科技政策是相互衔接、互为补充的，它还有效解决了在实施一盘棋战略中容易出现的"一刀切"问题。近年来，长三角、粤港澳、成渝等一大批区域创新增长极陆续涌现，区域科技协同创新发展呈现出前所未有的活力与创造力，这在实践中证明了分类指导的区域科技政策的科学性。未来应继续把分类指导作为制定区域科技政策的核心要求和基本出发点，在把握国家科技战略方向的基础上，坚持从各地的实际出发，设定不同的发展目标，提出不同的任务要求，采取不同的政策措施。

五、区域科技协同创新的发展动力论，推动区域科技协同发展的体制机制创新

要破除制约协同发展的行政壁垒和体制机制障碍，构建促进协同发展、高质量发展的制度保障。打破"一亩三分地"的思维定式，创新区域协调发展体制机制，进一步释放各地发展潜力。特别是创新需要一个良好的制度环境，我国著名经济学家吴敬琏先生在其编著的《发展中国高新技术产业制度重于技术》一书中强调，推进创新发展，制度安排的作用重于技术演进自身。区域创新合作的制度安排是创新要素自由流动、各创新主

体协同共进的重要保障，若区域科技创新各区域法律法规体系、行政制度等存在明显差异，区域协调机制不够完善，则易推高人流、物流、资金流、信息流等要素流动的成本，不利于创新要素与创新主体的区域流动。要想促进区域科技创新协同发展不断取得实质性进展，从根本上说依赖于构建一套科学的制度体系，必须着力构建长效机制。硅谷、新竹、中关村等区域都是在抓住新技术革命和产业革命机遇的同时，发展出了新组织和新制度，创新系统与技术经济范式的匹配是其领先于同时代其他区域的根本原因。但区域科技长效机制建设难度较大，目前仍比较薄弱，区域间一些基本利益关系还没有理顺，区域间利益协调机制还不健全，区域科技协同创新发展的法治建设还比较滞后，区域科技规划和政策文件的实施缺乏必要的法律保障，实质性的区域科技一体化进展缓慢。

进一步建立健全区域协调发展新机制，面对发展中存在的体制机制问题，要向改革要动力、向创新要活力，坚持改革创新，要加强区域间的制度对接，完善区域政府间的协商协调机制，促进区域创新要素自由流动、创新主体互动融合，坚决破除地区之间的利益藩篱和政策壁垒，加快形成统筹有力、竞争有序、绿色协调、共享共赢的区域科技协同发展新机制。特别是若不解决利益分配问题，则区域科技合作很难进行下去，也就谈不上区域科技协同，解决利益分配问题首先要考虑利用市场机制，要研究利用市场的力量推动区域创新合作，推动建立跨地区投资、技术转移等重大事项的利益分享机制，促进区域间在科技基础设施建设、产业集群升级等方面的良性互动。此外，区域科技创新针对颠覆性技术创新范式，需要制定更加开放灵活的政策，保持研究和创新、创业的开放性，以便保持技术来源多样性，从不同的、多样的途径探索新技术的发展和应用，同时适时推进产业创新政策的转型，更多地从需求侧发力，并根据需要制定新政策、新规范。

六、区域科技协同创新的功能分工论，明确区域各自定位和分工

要根据各地区的条件，走合理分工、优化发展的道路。区域科技创新具有复杂系统涌现性，指系统内部元素通过非线性的相互作用，在宏观层次上产生出新的、元素不具有的整体属性，表现为整体斑图、模式等，强调一个整体具有其组成部分或各组成部分的线性总和没有的特性，如整体的功能、行为等，整体涌现性在区域创新系统中表现得尤其明显。区域创新系统范围的每一次延伸和功能扩展，整体功能的每一次提高和衍生都意味着一个新的整体属性的产生。正是考虑到作为区域一体化发展才能有的战略地位、竞争优势、资源共享等功能和优势，各区域才会产生加入区域创新的动力。

另外，亚当·斯密的分工理论认为各地区根据自然优势和竞争优势进行生产，能够为区域经济发展提供专业化基础。各地区通过因地制宜和分工协作，可以形成经济发展的集体力，整体经济必然是一片繁荣。从国际经验看，美国、德国和日本等发达国家重点区域都经历了从产业分工向功能分工的转变。例如，美国大波士顿区域，剑桥市为大波士顿区域提供高教、研发等功能，是中央智力区；波士顿市为中央商务区提供金融保险、总部办公等服务。功能分工、一体联动是促进区域科技协同发展的重要路径和有效手段，能够克服各自地域和条件的局限，在更大范围内利用和配置创新资源要素，实现创新资源要素的取长补短、优化配置，并有效拓展发展的空间；能够促进各个地区实现合理分工，避免创新资源重复配置和恶性竞争，避免局限于区域"小循环"，实现错位发展、协调发展，做强做大比较优势，提高整体竞争力和创新能力；还能够将先进地区的科技思想理念、管理方式、先进技术、优秀人才及高水平的公共服务等，通过适当的形式传输到同一区域里相对落后的地区，提升这些地区追赶的速度和质量。简而言之，对于发展较好的地区，功能分工、一体联动可以拓展更大的发展空间，而对于相对落后的地区，不仅可以借助外部资源、技术，

对接先进体制、规则，还能把强有力的竞争对手转变为紧密的合作伙伴，从而加快自身发展。

因此，要促进区域功能分工、一体联动，需要实现创新资源要素取长补短、优化配置，克服不良竞争，实现错位、协调发展，探索各具特色的发展模式。科学地确定各地区的发展定位，根据各地区资源环境的承载能力等，把握区域比较优势，进行合理的功能定位，选择差异化的发展路径。形成合理的区域分工协作体系，在相互协作中发挥比较优势，形成优势互补、高质量发展的区域科技布局，依据创新发展的要求找准创新领域和赛道，构建创新优势。例如，把北京的科技创新优势和天津的先进制造研发优势结合起来，北京科技创新实力强劲，但部分创新创业成本较高，如人力资源成本、办公场地成本、土地成本、交通成本等，同时郊区教育、交通等生活配套设施不够完善；而天津具备诸多优势，如地理距离近、政策力度大、潜在市场需求大、潜在应用场景多、土地与空间资源较为充足、制造业配套较为齐全、成本较低、落户便利等，二者结合能够提升区域的综合竞争力和整体优势。

七、区域科技协同创新的内循环论，推动科技创新和产业创新深度融合

区域科技协同创新需要形成具有强劲内循环的区域创新共同体，区域内部特别是跨行政区域的科研和教育部门与产业部门的紧密结合成为创新内循环的重要基础，迫切需要发展新型产学研融合模式。波特认为，产业集群是形成区域创新体系的重要模式。要以科技创新引领产业创新，积极培育和发展新质生产力；巩固壮大实体经济根基，着力打造世界级先进制造业集群。创新的产业化往往离不开集聚，这将使创新发展得更快，会带来生产和需求上的结构性变化，最终带来组织和制度上的变革。创新链－产业链空间收敛成为一个重要的发展趋势，以往创新链和产业链未必在空间上是耦合的，很长一段时期内，北京的科技创新成果大多是在我国东南

沿海地带实现产业化的 ①。从世界级城市群形成的过程看，通过构建合理的产业链分工体系，城市间产业分工逐渐由部门分工向功能分工转变，各城市在都市圈和城市群中的功能专业化不断加强；同时，城市群内各城市协同创新促进了知识等创新资源流动，激励更多创新成果的出现，形成了更紧密的经济社会联系，从而推动了区域协调发展，如东京首都圈经历了翻天覆地的产业布局和城市功能的调整，形成了东京都（金融、贸易、商业中心）+横滨市（湾区贸易中心）+埼玉县（承接东京都行政居住商务职能）+千叶县（空港经济及国际物流）+神奈川县（商业科研）+茨城县（信息产业）的城市群产业分工体系。因此，要统筹布局创新链和产业链，脱离具有比较优势的产业链构建的创新链，是没有生命力和前景的创新链；脱离具有比较优势的创新链构建的产业链，也是没有竞争力和未来的产业链。

创新的集聚效应强化了集群、园区和区域的重要性，要提升创新和产业空间融合程度，引领新质生产力向城市群和都市圈集中布局。依托已形成的科技创新能力和雄厚经济基础，在京津冀、长三角、珠三角、成渝、长江中游城市群地区，进一步汇聚全球创新要素，加快培育未来产业，完善战略性新兴产业布局，打造全国新质生产力布局、参与全球竞争的高地。

八、区域科技协同创新的战略性平台论，打造区域科技协同的战略性平台

产业和人口向优势区域集中，形成以城市群为主要形态的增长动力源，进而带动经济总体效率提升，这是经济规律。发挥强劲和活跃的创新增长极在推动发展中的引擎作用，促进了各类创新资源要素向中心城市和战略性区域高效集聚。高能级创新载体是推动创新资源集聚、引领区域创新发展的核心。空间是"事物存在的一种形式和一种重要的资源"，创新活动在地理空间分布上往往呈现出明显的不均衡性，区域科技活动具

---

① 王缉慈. 产业集群的创新之道 [J]. 中国工业和信息化，2019（8）：24–31.

有空间集聚的特点，创新需要有一个适当的周边环境，需要一种积极向上、激励创新的氛围（climate）。而特殊的地理空间有利于各种创新思想、新观念、新技术和新知识的传播，企业由此获得"学习经济"（learning economies），以增强自身的创新能力。一个创新型区域源自一个或几个知识创新区，如美国的硅谷、128 公路，英国的剑桥科技园，新加坡的纬壹科技城等。

同时，从国际经验来看，全世界千万人口以上的大城市辐射的一般是在距离主城区中心 60 ~ 100 千米半径范围内的中小城市，如北京经济科技结构所形成的辐射带动的空间距离有限，清华大学吴良镛院士将首都都市圈划分为核心区、拓展区和延伸区 3 个功能空间。要想真正疏解北京非首都功能，就必须向周边疏解，发挥北京周边中小城市和小城镇的作用，如天津武清、宝坻及河北雄安、廊坊等，首都都市圈的合理辐射距离为 60 ~ 80 千米，天津滨海—中关村科技园稍微远一点（100 千米），但是高铁的开通，缩短了实际运行时间。要打造战略性空间和枢纽型区域，提升其创新能力和资源配置能力，形成以战略性平台为龙头的策源地、以中心城市为核心的都市圈，由都市圈引领城市群，再由城市群支撑整个区域的科技协同发展格局。

九、区域科技协同创新的治理论，建立协调高效的区域治理体系

"行政区划并不必然是区域合作和协同发展的障碍和壁垒。行政区划本身也是一种重要资源，用得好就是推动区域协同发展的更大优势，用不好也可能成为掣肘。这就需要大家自觉打破自家'一亩三分地'的思维定式，由过去的都要求对方为自己做什么，变成大家抱成团朝着顶层设计的目标一起做。"政府、市场和社区治理是人类生活的三大治理方式，尽管区域创新体系中的主角是市场行动者，但政府行动者和社会行动者也扮演着重要角色，国家、市场和社会行动者之间的互动性联结，无论是正式的还是非正式的、纵向的还是横向的、直接的还是间接的，对于创新体系的

运行都至关重要。政府、市场和社区治理机制的运行方式及三者之间的复杂互动，造就了创新体系公共治理模式的多样性，要增强市场活力、激活社会动力、提升政府能力，让多元利益相关者有充分的渠道参与其中，形成多元化、数字化、参与式、互动式和网络式创新治理的新格局，加强政府各个层面的政策协调和制度创新，推动区域创新治理体系的改革。国内外区域治理都建立了各具特色的协调机制，如日本大都市圈在国土审议会下设立了大都市圈政策工作组，负责大都市圈政策的制定及评估；加拿大大温哥华地区建立了跨区域协调机构——政府董事会，推动政策对接并为各城市提供高质量公共产品。

同时，区域科技创新作为一个复杂的系统，需要发展有效的、基于市场机制的创新活动的信息网络，以便及时掌握科技创新和产业创新中的新动向，以此作为制定区域创新政策和配置战略资源的基础，但是区域创新具有局部信息特性，各组分并不完全了解其他组分的状态和行为，每个组分只能从局部组分集合中获取信息，处理"局部信息"，从而做出相应的决策，这是一种没有中央控制的状态。作为介于国家和行政区之间的中间组织，区域创新系统有很强的局部信息特性，各区域作为独立的个体有着自己的发展战略，面对稀缺的创新资源仍存在一定程度的竞争，因此相互竞争的各区域之间不能将信息完全公开，其他因素限制也导致了"局部信息"的出现，因此，应该多层次多角度地建立协同发展模式和治理体系。在数字时代，多元化创新主体能够实现任意数据节点间的交互、复杂关系的挖掘及颗粒化场景的洞察[1]，数字技术的联通性为组织的跨边界融合提供条件，基于数智赋能的创新平台成为重要主体，推动了数字创新生态系统的涌现，使组织形态发生了边界模糊、组织开放的新变化，也促进了区域创新系统内原有生产要素的优化重组，同时数据这一新的生产要素会增加生产要素新组合、产生新的生产函数。

---

① 江小涓，宫建霞，李秋甫. 数据、数据关系与数字时代的创新范式 [J]. 社会科学文摘，2024（12）：185-203.

十、区域科技协同创新的资源配置论，要建立"双轮驱动"的资源配置模式

推动区域协调发展战略、区域重大战略、主体功能区战略等深度融合，优化重大生产力布局，促进各类要素合理流动和高效集聚，畅通国内大循环。区域协同创新是具有耗散结构的开放系统，系统内部、系统与环境和其他系统进行相互作用，交换物质、能量、信息，以保持和发展系统结构的有序性与稳定性。创新要素合理流动是实现区域创新系统创新资源优化配置的前提条件，由于存在移动成本，而知识资源和技术资源具有有限的流动性，区域创新要素流动也是有限的，其合理性在于必须满足流动效益大于流动成本的基本经济理性。

随着信息和通信技术的发展，越来越有可能在更加分散、更加广泛的空间地域上发展出有效的创新网络。从更普遍的意义上来说，通过某种技术手段或设施，使不同地域、不同主体、不同要素之间互联互通，从而实现更高效率的资源配置，如信息通信连接的发展，普遍降低了交易成本，提高了交易效率，导致经济社会各个层面高度连通，从而引起广泛的资源重组与聚合，形成"全纳"产业链[①]。由于区域创新系统要素配置的一体化，地理上邻近的各城市和区域在创新行为上倾向于合作、联合及融合，以此带动区域经济一体化发展。区域科技创新的梯度结构决定了其中创新资源的分布具有空间异质性，主要表现在梯度性分布上。在特定空间层级结构内，创新要素配置工作的主要任务是促进创新主体形成有效的协同发展模式，促进各类要素在区域创新系统中的梯度流动，实现完整的创新过程，使有限的资源要素最大限度地满足各创新主体的需求。以此为基础，为创新主体的合作提供制度环境，为创新资源的流动提供规范的交易平台，区域创新跨越多个行政边界，技术交易需要各城市技术市场的联动，建立区域共通的技术交易制度，使之成为区域创新系统的有力支撑，

---

① 江小涓.高度联通社会中的资源重组与服务业增长[J].经济研究,2017,52（3）：4-17.

尤其在创新活动空间布局上兼顾城市群结构的有序性和辐射功能，以期实现跨域层级区域间的互补、互利、互惠，提升区域整体科技创新能力。目前，应用场景也是一种重要的创新资源，加强科技的战略管理，在一些重要的创新领域建立新的战略领导机制，逐步由市场失灵导向转向市场构建导向，通过对新兴领域的前瞻性研究与投资，形成基于各地实际的战略性新兴市场。

第4节 区域科技协同创新的新趋势

近年来，国家推动实施了一系列区域重大战略，协调发展构成新的发展理念的重要内容，我国东中西部区域增长格局发生历史性转变，一大批区域增长极陆续涌现，随着数字经济的快速发展，数字技术广泛渗透于区域发展中，这些都深刻影响着区域协同创新范式和区域协同创新体系发展的形态，需要我们深入理解和把握区域协同创新发展新趋向，为加快实现高水平科技自立自强、建设科技强国提供强大动力。

一、新动力源：以区域协同创新推动新时代区域协调发展

我国经济由高速增长阶段转向高质量发展阶段，对区域协调发展提出了新的要求。不能简单要求各地区在经济发展上达到同一水平，而是要根据各地区的条件，走合理分工、优化发展的路子。要形成几个能够带动全国高质量发展的新动力源，特别是京津冀、长三角、珠三角三大地区，以及一些重要城市群。创新驱动是区域一体化发展的根本动力。党的十八大以来，习近平总书记亲自谋划、亲自部署、亲自推动京津冀协同发展、长江经济带发展、粤港澳大湾区建设、长三角一体化发展、黄河流域生态保护和高质量发展等区域重大战略，并高度重视科技创新在区域协调战略实施中的作用。2014年11月，习近平总书记首次提出"协同创新共同体"理念，为新时代推进区域协同创新、支撑区域重大战略提供了科学指引。

落实习近平总书记重要指示批示，京津冀协同创新共同体、长三角科技创新共同体、G60科创走廊加快建设，对区域重大战略的实施贡献巨大。京津冀、粤港澳大湾区等重大区域发展战略，是推进中国式现代化建设的有效途径，围绕区域重大战略的使命任务，需要进一步谋划提出区域协同创新的新战略、新举措、新思路，有选择性地发展颠覆性技术和前沿技术，形成和发展新质生产力，占领全球技术与产业发展制高点，支撑我国经济向创新驱动转变、向中高端水平迈进。

二、新协同：区域重大战略间的科技协同融合

中共中央、国务院出台的《关于建立更加有效的区域协调发展新机制的意见》中明确提出，加强"一带一路"建设、京津冀协同发展、长江经济带发展、粤港澳大湾区建设等重大战略的协调对接，推动各区域合作联动。

制定实施区域重大战略的目的是实现国家战略目标和提升对区域发展的引领带动能力，但如果囿于实施单个战略，而不注重区域重大战略间的互动融合，就会造成战略分割和政策极差，进而带来新的区域发展不平衡甚至加剧地区分化。充分发挥重大战略的叠加效应和复制推广功能，促进各区域重大战略间的融合互动、融通补充，强化科技协同、形成战略合力，不仅能够更充分地激发每一个重大战略的潜能，助力各相关地区发展进程，还有利于解决各自为战形成的诸多问题，促进区域协调发展和全面提升，有利于实现区域高质量发展与高水平均衡的有机统一。同时，数字化、网络化、智能化等新技术的广泛应用能在一定程度上克服距离的阻隔，将不同类型、不同发展阶段、不同区位条件的区域连接起来，促进经济一体化。例如，"东数西算"工程将东部地区的大量算力需求引导到西部地区，推动数据要素跨区域流动，优化了数据中心布局，促进了东西部合作共赢。因此，要构建区域科技协同机制，实现更大范围的创新要素流动和创新主体协同。

三、新机制：健全创新要素市场一体化发展机制

要素有序自由流动是区域协调发展的关键，未来将形成全国统一开放、竞争有序的商品和要素市场，实施全国统一的市场准入负面清单制度，消除歧视性、隐蔽性的区域市场壁垒，打破行政性垄断，坚决破除地方保护主义。特别是按照建设统一、开放、竞争、有序的市场体系的要求，推动京津冀、长江经济带、粤港澳等区域市场建设，加快探索建立规划制度统一、发展模式共推、治理方式一致、区域市场联动的区域市场一体化发展新机制。目前，先进地区的资本、技术和人才进入后发展地区也往往受到营商环境不佳、交易成本较高等因素的制约，要通过市场化改革促进创新资源优化配置，健全创新要素市场一体化发展机制，完善区域科技交易平台，加快区域性统一创新市场体系建设，深化区域科技合作机制，加强区域间科技基础设施、产业创新等方面的合作。

四、新融合度：区域融合程度不断加深，深入推进区域一体化

新发展阶段对区域协调发展的目标有更高的要求，需要更高水平的协调发展，乃至一体化。长三角一体化发展战略，紧扣一体化和高质量两个关键词，以一体化的思路和举措打破行政壁垒、提高政策协同，让要素在更大范围畅通流动，有利于发挥各地区比较优势，实现更合理分工，凝聚更强大的合力，促进高质量发展。习近平总书记强调，以推进京津冀协同发展为战略牵引；深入推进区域一体化和京津同城化发展体制机制创新；有效贯通区域创新链产业链供应链资金链人才链。建设粤港澳大湾区，在于协调联动、一体发展，超越各自经济利益诉求和特有的社会、法律制度等区别，通过深化合作形成一体联动的格局，应当成为粤港澳大湾区建设发展的保障所在。因此，区域科技协同需要更高水平的协同，建设区域协同创新共同体，实现区域科技创新政策一体化、技术要素市场连通化、科技基础设施共建化、科创飞地待遇普惠化。

五、新空间:"点线面"统筹考虑,打造引领区域科技协同的科创走廊和增长极

区域协调发展中发展动力极化现象日益突出,经济和人口向大城市及城市群集聚的趋势比较明显,产业经济区、科技创新中心通常都聚集在特定区域和增长带上。北京、上海、广州、深圳等特大城市发展优势不断增强,杭州、南京、武汉、郑州、成都、西安等大城市发展势头较好,形成推动高质量发展的区域增长极。城市群、都市圈大中小城市密集,是国家创新资源与要素的主要集聚地,要成为推动中国现代化建设的主要力量,承担起促进区域协调发展的主体责任。同时,治理体系优化赋能空间尺度细分,宏观经济的区域化特征不断增强,大尺度下区域管理的难度与成本较高,空间尺度的细化逐渐成为可能,未来区域协调发展的政策单元不断缩小,并通过在原有大板块和大经济地带范围划分的基础上增加区域、次区域等规划来提高区域政策的精准性。在区域科技协同上,要培育若干带动区域科技协同发展的科创走廊和创新策源地,培育区域科技协同发展新格局。

第5节 构建区域科技协同创新网络

新时期适应全球科技变革和竞争新态势,在我国构建国内国际双循环的新发展格局下,区域科技创新的战略性更加重要,需构建有效的诚信机制、协同机制、约束机制、惩戒机制及激励机制[1],更加注重多部门协同、多主体协作,加强央地协同、跨地协同、机制协同和政策协同,平衡好资源的集聚效应与成果的辐射扩散效应,分类型、分层次、分步骤、分阶段实施,支撑社会主义现代化强国建设。

一、建立中央统筹、区域协调的区域科技治理体系

区域创新系统的运行规律不能不受区域社会经济政治结构及其发展规

---

① 解学梅. 都市圈城际技术创新"孤岛效应"机理研究 [J]. 科学学与科学技术管理,2010(10):78~83.

律的影响，在以市场为主导的基础上，区域内各地方政府部门尽力建立密集的科技联系网络和治理机制，协调区域内的科技活动。例如，纽约都市圈虽然没有超越各州的行政管理部门，但地方政府会通过各州的行政管理部门合作建立的专门机构来处理跨辖区的事物，日本则通过在全国范围内划分的 9 个经济产业局，管理包括东京都市圈在内的区域事务。

（一）完善区域治理组织架构设计

实现区域科技协同发展需要同时发挥中央和地方两方的积极性，中央与地方保持相对一致的步调对实现区域科技协同发展目标至关重要。在各级政府之间确定科学得当的制度安排，以保证既能赋予地方政府引导地区创新发展的动力，又能保证中央政府有能力平衡全局发展。因此，促进区域科技协同发展需要国家的统筹和支持，加强中央对区域科技协同发展新机制的顶层设计，明确地方政府的实施主体责任，中央政府应健全法制、确定发展战略、编制发展规划、制定区域科技政策，进一步发挥主导性作用。各地区政府应在国家区域发展战略框架的指导下，从本地实际出发，落实好区域科技发展相关政策，借助外部资源和国家支持，着力发挥比较优势，深化科技体制改革，推进自主创新，增强参与区域竞争的能力和高质量发展的动力。建议建立统筹决策与管理执行机制、区域协同创新政策法规体系、科学决策与规划体系、社会参与机制"四位一体"的区域协同创新治理体系。

国家科技主管部门牵头建立区域科技协同领导小组，建立"高层次领导小组＋高层联席会＋区域合作办公室"的三级协调管理机制，探索区域协同创新治理新机制。围绕长三角、粤港澳、京津冀、成渝、中部、东北、西部等区域科技创新中心建设，建立区域科技合作联席会议制度，由科技部门和省（自治区、直辖市）政府领导担任召集人，研究审议重大规划、重大政策、重大项目和年度工作安排，协调解决重大问题，督促落实重大事项，加强省级层面互访，明确重点工作任务，建立完善协调机制。

建立区域高层联席会议制度。建立区域科技动态协调机制，通过相对稳定的协调机构，在发展战略、重大科技基础设施建设、重要科技政策等方面，进行区域间高层次的衔接，围绕区域科技发展的目标形成协同配合的良好机制。充分发挥行政首长联席会议制度作用，加强对区域重大合作事项的决策、推动和协调，以及与国务院有关部门的沟通衔接。凡是跨省的区域合作，要在省级层面建立省级领导联席会议制度，并在国家相关主管部门设立区域合作办公室。办公室作为协调推进区域合作的办事机构，负责协调中央各部委的支持事项，协调省（自治区、直辖市）长联席会议协商事项，督促落实各市有关区域合作的各项工作。

（二）健全区域科技法律法规政策体系

强化区域科技协同立法。习近平总书记强调，凡属重大改革都要于法有据，因此，区域协同立法是实现区域协同发展的重要保障。2023年3月，第十四届全国人大一次会议审议通过关于修改《中华人民共和国立法法》的决定，明确赋予"区域协同立法"法律地位和效力，规定省、自治区、直辖市和设区的市、自治州可以建立区域协同立法工作机制，区域协同立法制度正式以法律形式确定下来。一方面，全国人大出台区域协调发展促进法或国务院出台行政法规区域协同创新实施条例，对涉及区域协同发展和区域协同创新的内容予以法律规定，保障立法的权威性和统一性，推动区域协调发展迈向更高的水平；另一方面，完善协同立法工作机制，在《中华人民共和国立法法》中明确区域科技创新协同立法的基本含义、法律地位、目标、原则，明确各上下级之间的协同立法权限、程序、效力位阶等内容，为区域科技创新协同立法提供上位法依据。

出台区域重大创新政策。区域科技创新协同的次数越多，协同合作频率越高，参与协同各方的相互信任度就越高，越容易建立长期、稳定的协同合作关系，越容易实现创新协同的稳定均衡。因此，政府需要制定一系列刺激区域协同的政策，采纳有效多元的区域协同模式促进区域间的协同合作。必须坚持分类指导，对处于不同发展阶段的地区给予差异化的科技政策支持，围绕科技创新中的共性问题，从中央层面组织开展跨省跨部门协商，在科技特派员选派、科技评价与评估、政府采购新产品和科技服务等方面实行统一的扶持政策，在重大科技创新基础设施等方面统筹支持，减少重复建设。同时，基于试验示范的要求给予相关试验平台以特殊的政策安排，对一些发展改革试验区和创新示范区实行某些优惠政策，如对横琴的粤港澳合作示范区、平潭综合实验区实行了一些税收优惠政策，这些区域是探索发展改革，特别是优化区域科技协同发展路径与方式的试验平台。

（三）建立区域科技规划体系

由国家主导制定区域发展战略规划，是推进区域协调发展的一个重要手段。编制跨省区、跨大区域的区域科技发展规划，是地方政府包括省级政府难以推动的，应由国家承担。纽约、伦敦、东京等世界大城市均以大都市区域为管治单元进行空间规划，并形成以大都市为主导，与周边城镇功能互补、联系密切、结构紧凑、服务发达、产业高级、对经济要素具有强大吸引力的空间经济体。

由国家部门牵头，高规格开展战略性研究，高水平编制科技创新区域规划，明确区域内各省市的创新功能定位，加强区域创新体系建设的规划引导，在区域规划、科技资源配置、政策制定和重大科技项目布局上统筹协调。

制定关乎改革发展大局的重要创新功能区和试验区的规划及方案，尽管这两个区域地处省级行政区内，仍需国家组织制定或指导制定，如 2023 年 8 月国务院发布《河套深港科技创新合作区深圳园区发展规划》，因为这些功能区和试验区承担着重大的改革发展使命，关乎全局，涉及长远，所以这些功能区和试验区的许多突破性的先行先试政策需要国家相关部门研究并赋权，由国家统筹协调和指导推动。

加强区域内各省市科技创新规划的协同，在国家指导下和区域科技规划框架下，根据各自具体情况组织编制各省域内的区域科技规划。

建立区域科技协同监测评估体系，建立区域科技协同评价指标体系，引导智库研究发布区域科技协同发展指数，科学客观地评价区域科技协同的协调性，为区域科技协同政策的制定和调整提供参考。

（四）建立区域非官方协调机制

信任度和承诺是协同机制构建极为重要的因素，要想实现区域城市之间的协同，就需要各区域政府在利益一致的情况下，建立对各参与协同的城市都具有约束力的跨地域的诚信机制和协调机制，构筑稳定的区域创新协同关系，实现区域的整体协同效应。研究建立区域非官方（包括中介机构、民间组织等）的协调机制。支持组建区域性行业协会、商会等社会团体，充分利用中介机构和民间组织的社会网络，发挥行业协会等非官方组织在协调企业与政府间关系时的作用。引导社会组织在区域合作中发挥积极作用。

二、建立先行先试的区域科技体制机制

当前我国的财税、行政管理等领域的体制机制，还存在较多影响区域科技协同发展的不利因素。因此，要解决影响区域科技协同发展的重大问题，关键是要通过深化科技体制机制改革，推进重点领域和关键环节的改革，不断消除体制性、机制性障碍，形成更加有效的区域科技协同发展新机制，同时要改革影响区域科技协同发展的体制机制，必须通过加快发展增强经济实力和创新能力，为改革创造基础条件。

（一）研究制定重大科技体制改革事项

要针对不同区域确立各自的改革重点，促进区域协调发展目标的实现。推进新一轮全面创新改革试验区建设，强化自贸区、自创区等政策叠加，在重点区域建设"改革特区"。探索建立一批"科技特区"，围绕区域科技创新重点领域和重点环节，探索一批科技创新的新体制、新机制、

新模式、新路径，如建立"人才特区""科研院所特区""基础研究特区"等。高标准建设国家自主创新示范区"升级版"，探索"双自联动"发展路径，大胆改革、先行先试。

（二）跨省资质互认和标准体系

为了实现区域间的协同，需要各地高能级创新平台载体之间进行科技创新政策对接，完善区域协同创新过程中的资质、技术规范、管理制度互认，推动各类创新主体、创新平台享受本地同等优惠政策。建立区域统一的人力资源市场，完善人才评价体系和人力资源开发配置机制；建立有利于人才交流的户籍、住房、教育、人事管理和社会保险关系转移制度；建立区域统一的资本市场，推动产权交易市场合作，支持银行等金融机构跨地区经营，加快金融机构组织创新；建立中央与地方共同监管、各负其责的机制；建立区域统一的技术市场，实施统一的技术标准，实行高新技术企业与成果资质互认制度。构建区域标准体系，针对优势产业，围绕技术标准、知识产权、风险评估和安全监管体系等，建立统一征集、统一立项、统一研制、统一编号、统一发布、统一实施"六统一"的地方标准协同机制。分类完善要素市场化配置体制机制，推进知识产权受理一体化、营商环境标准规范互认等，进一步推动人才、数据等各类要素跨区域自由流动。

（三）建立区域利益共享机制

区域内城市之间协同行为的产生，需要各区域政府构建有效的激励机制作为制度保障。创新财税分享机制，制定区域产业转移经济核算、利益分成等办法，优化设计跨省市产业转移、技术成果转化等税收分享机制、地方 GDP 等主要经济指标分享机制，解决研发总部与生产基地分离、总部经济与异地纳税带来的税收与税源背离问题，如明确合作共建和产业转移科技园区的 GDP 和税收分解核算比例，跨域共建重大项目、共建园区、产业化等在 5 年内实现利益分成。

建立区域性科技创新运营平台，对政府规划的生产基地搬迁、共建园区和技术成果产业化基地等园区载体，实施"共建共管共享"计划。政府规划的生产基地搬迁、共建园区和技术成果产业化基地等，完善高新技术企业跨地迁移资质资格互认清单，支持建立飞地园区，共建特色产业园区等。建立新型创新组织平台，在生物制造、绿色石化、脑机接口等前沿和优势领域通过实体化、公益性的功能型平台提供"最大公约数"服务，贯通研发、原型、小试和中试、市场、产业化等全过程产业体系。

（四）建立区域重大科技战略的互动融合机制

需要强有力的长效机制保障，当前不少区域已经形成了卓有成效的区域合作机制，这种机制同样可以用于推动区域之间各重大科技战略的联动，不需要另起炉灶、从头做起。考虑到区域科技战略对一个地区的特殊重要性，区域科技合作交流机构应以实施这些战略为抓手，统领整个区域的科技合作交流工作。在吃透京津冀、长三角、粤港澳等区域重大战略精神实质的基础上，对建设目标、定位、任务、举措等各方面进行精心梳理，形成科技协同操作清单，以适当的机制促进各战略在地区科技间的融合互动、分工协作和优势互补，提升信息、政策、人才、项目交流共享效率，让所有地区都能享有区域重大战略所带来的利好。

（五）建设区域知识交流机制

展览会、展示会及各种创新会议是知识交换和建立创新联系的连接点，创新社区带来更高频、更开放、更舒适的交流沟通，利用公共空间举办创业路演、学术交流活动、展览展示、创新论坛等，形成相互学习的社群效应，主动构建多形式的区域创新网络。一是建立国际学术交流平台，组织高端人才和创新项目对接。二是打造一系列品牌活动。形成"大会+大赛"组合拳模式，打造品牌产业大会，提供高端交流展示平台；组织产业创新创业大赛，推动优质项目落地。

三、建立"双轮驱动"的区域创新要素配置模式

坚持市场导向和政府调控相结合，加快探索建立规划制度统一、发展模式共推、治理方式一致、区域市场联动的区域创新要素市场一体化发展新机制，促进区域间创新要素自由流动。

（一）共建区域科技成果转化体系

要"找得着"，梳理区域高校院所及国家实验室等重大科技项目清单，建立区域性科技成果网等平台，推动一批高质量科研成果跨域流动；要"引得来"，针对科技成果"中试难题"，建设一批重点领域科技成果转化中试集聚区，优先建设开放式中试中心，按照"中试设备互补共享、技术产品互补集成、产业布局错位衔接、市场应用统一完整"的原则，为加快构建产业协同创新生态提供支撑。要"落得下"，分行业、分领域动态建立场景清单，建设一批前沿技术、颠覆性技术场景试验区，强化场景需求牵引。要"干得好"，鼓励制造企业对接科技企业制造需求，提供"低成本开发+高质量建设+准成本提供"的优质产业空间，建设跨域"共享工厂"。

（二）建设区域创新创业服务体系

发挥区域科技服务业产业联盟、条件科技资源共享服务创新联盟、知识产权服务业协会等各类科技社团组织、创新联盟的作用，大幅推动中心城市科创服务向区域辐射。打造一批科创服务集聚区，建设基金小镇、科创孵化集聚区、知识产权特色小镇等特色科创服务标志区，推动科创服务延伸辐射。打造跨域综合科技服务平台，让企业"足不出户"即可享受高质量服务。培育一批区域平台型和集成式科创服务商，探索"服务换股权"等形式，为企业提供一站式贴身服务。

（三）完善区域科技人才良性流动政策

加强区域人才"柔性流动"，促进区域科技人才交流合作，建立"柔性"引才用才机制，推动创新主体科研人员的互聘互用、跨区域流动，以任务导向配置"固定+流动"的人才体系网络。建立区域统一标准的各类

人才信息库，形成定期发布区域人才市场供求信息的制度，对人才需求进行定性定量分析和预测，各区域分别发布紧缺人才需求目录，突破人才流动的体制障碍，促进人才合理流动。建立区域科技专家库，完善高层次人才和智力共享机制，邀请异地专家参加重大项目、重大决策等的咨询评审。推行科技干部跨地区挂职锻炼、跨地互派互挂，交流双方在集聚国际资源、发展民营经济、促进科技成果转化等方面的先进经验，为加快区域融合奠定坚实的基础。制定包括安居乐业、子女教育、医疗健康、金融支持等全方位一体化人才保障服务标准，实行人才评价标准互认制度，激发各类人才创新活力。

（四）建立区域协同科创基金

国家与区域共建区域协同创新基金体系，发挥国家科技金融创新中心、国家级金融科技示范区等平台作用，建立和运作好区域科创母基金、区域科技成果转化基金，探索建立区域基础研究基金、区域人才基金、区域天使基金、未来产业技术基金等，构建覆盖天使期、种子期、成长期及成熟期的全链条基金体系，加快区域科技金融服务一体化步伐。建立区域一体化的科技信用体系和科技担保公司，加快推进区域一体化的科技投融资体系建设。

（五）搭建区域资源共享平台

推广长三角经验，建立区域科技资源共享服务平台；打造"区域供应链公共服务平台"，推动更多企业纳入区域供应链，缩短配套半径，加快成链成群；共建区域共享制造平台，探索区域"共享工厂"，把科技创新优势和先进制造研发优势结合起来。建设创新产品采购平台，政府当好创新产品"用户"，落实创新产品采购制度。

四、建立央地协同的区域科技计划体系

（一）建立国家层面的区域协同创新计划体系

建议建立区域协同创新专项计划，包括关键核心技术协同攻关计划、

基础研究协同计划、科技成果转化计划等，引导推动各区域科技计划体系的衔接与重构，加强重大科技计划项目的统筹安排与资源协同。

（二）共建区域科技战略力量体系

一些西方国家对我国的科技封锁逐步加剧，中美贸易争端衍生的高技术壁垒，迫切要求我国强化高水平科技自立自强，需要区域创新能够承担更重要的战略使命，重塑战略科技力量和公共研发机构在发展关键技术和新技术方面的重要作用，以使命为导向促进区域创新体系的改革，培育和强化具有引领性、关键性作用的战略科技力量。

共建重大科技基础设施集群，坚持"适度超前、整体布局、场景牵引、集约共享"建设，以应用需求为导向，共建区域大设施联盟，建立在线共享平台等数字化和高效的开放共享机制，推进科技基础设施更大范围地共建、共用、共治。建设一体化的区域大型仪器平台，探索建立"区域协同创新大脑"智能化平台，实现线上协同管理、数据共享。因为科技基础设施建设周期长、任务重、困难大，必须把数字基础设施、公共算力平台等基础设施建设放在重要位置。

共建高水平实验室体系，推广粤港澳经验做法，探索共建一批区域性联合实验室；区域各省市联合共建全国重点实验室。实现融入国家实验室"核心+基地+网络"体系的目标。

共建区域枢纽型平台和引领性研究机构。抓住新兴技术发展为全链条产业创新带来的新机遇，建设区域高能级新型研发机构、中试基地等功能平台主体，搭建"技术桥"，强化政产学研资介用的融通、大中小企业的融通，促进企业在新的价值链上重构，深化高校、科研机构、用户和供应商、金融机构、政府之间的联系网络，实现自主技术全链条创新和产业体系化升级。

（三）共同建立区域性协同创新计划体系

建立区域基础研究联合攻关计划，围绕三地共性技术需求与科学问题，按照统一组织、统一申请、统一评审、统一立项、统一管理的"五统一"管理模式，组织实施区域基础研究合作专项。探索与国家自然科学基金委员会合作建立区域联合基金，创新联合资助的协同模式。

谋划设立区域联合攻关专项，围绕信息技术、低碳科技、生命科技等重点领域，用好重点产业链图谱，在国产CPU、操作系统、集成电路装备、细胞生态调节、工业核心菌种设计、减污降碳等方向加强关键核心技术联合攻关，联合开展产业链卡点攻关，集中力量突破一批关键共性技术和前沿引领技术，带动项目、人才、基地、资金一体化配置。

实施区域产学研协同计划。区域科技创新要让企业成为畅通区域创新体系网络中创新链、产业链、人才链、资金链的枢纽，以科技领军企业、高成长性科技企业和生态型企业作为产学研深度融合的组织核心，同时培育基于数智赋能的科技创新平台、产教融合体、创新联合体，实现跨地域、跨主体的横向分布式协同，以及纵向跨层级的高效整合。建设区域产学研协作新模式，分类推进，建设龙头企业牵头和重点平台牵头的区域创新联合体；推动各省（自治区、直辖市）联盟升级为区域创新联盟，支持领军企业联合上下游企业和高校院所等构建一批区域产业技术创新联盟。特别是发挥大型平台型科技企业在创新体系中的主导作用，推动创新资源要素集聚共享，促进跨时域、跨地域、跨领域创新。

创新区域科技计划机制。建设区域联合攻关多元化新机制，依托区域技术创新中心建设颠覆性技术创新基金；支持推动重大科技基础设施组织以区域性为主的科学计划；探索科技计划项目管理改革，推动建立科研经费跨省市拨付机制和项目跨省市申报机制。

五、建设"点轴结合"的区域科技空间新格局

打造区域科技创新走廊。将科创走廊建设上升为国家行动。在重点区域，沿区域主要交通干线，打造区域科技研发转化、现代服务业、高端制造业发展带和主要城镇聚集轴，加强区域内科技园区等创新载体合作，强化轴向集聚，提升中心城区城市服务能级，引导资源要素沿科创走廊集中布局，推动沿线科技园区、功能区、产业平台统筹联动、辐射带动，形成创新型产业集聚和成果转化的重要廊道，如长三角强化 G60 科创走廊、粤港澳打造广深港澳科创走廊、京津冀打造京津冀科创走廊等。

建设区域性科创策源地。跨行政区的区域创新体系一般都经历了从创新资源的集聚到创新资源的扩散和溢出的发展路径，因此首先需要建立区域创新的核心极和策源地。研究表明，知识溢出高度地方化，小型空间尺度更具有知识地理传导价值，特别是在半径 1 英里（约 1.61 千米）范围之内，更有利于人才集中、信息流动。推动区域重点科创园区建设全国领先、国际一流的科创园区，发挥"总枢纽"的功能使命，充分发挥重点科创园区在科创中的关键核心、桥梁纽带的作用，提升创新创业"高度、黏度、热度和浓度"，优化"一核多点"布局，建设高能级的"核爆点"和新质生产力发展的创新增长极。

打造协同创新微中心和战略性平台。按照少而精、小而美的原则，高起点、前瞻性地做谋划，建设一批产业、创新、人居相融合的区域创新微中心，如在京津冀地区建设雄安中关村科技园、静海健康科创城等科创微中心，形成设施完备、特色鲜明、产城融合、创新发展的科创功能集中承接地。聚焦类脑智能、基因技术、合成生物、氢能与储能等前沿领域，探索"学科＋技术＋产业＋人才＋基金"的创新模式，如京津冀区域建设昌平"生命谷""能源谷"；滨海"信创谷""生物制造谷"等未来产业创新策源地和世界级先进制造集群。

打造毗邻区科技协同发展功能型平台。实践表明，多个行政区毗邻的区域的发展大都处于欠发达状况，其唯一的出路就是开展区域合作、实行协同创新，通过合作打造一体发展的经济区、产业区和创新区，把竞争对手变成合作伙伴，合力把行政交界地区打造为区域经济发展中心和创新增长极。推广粤港澳大湾区河套深港科技创新合作区模式，加强省际交界毗邻区建设，探索区域投资成本共担、利益共享新模式，建立经济区与行政区适度分离试验区，通过构建统一的规划管理体系、共派干部形成新的组织架构、合资成立开发公司等方式，探索建立统一规划、统一管理、合作共建、利益共享的合作新机制，谋划京津冀区域通武廊、川渝高竹新区等毗邻区的建设，加强新能源汽车、算力等产业配套和产业链一体化建设。

参考文献

[1] BOEKE J H. Economics and economic policy of dual societies as exemplified by indonesia [M]. New York: Institute of Pacific Relations, 1953.

[2] CAO X, ZENG G, YE L. The structure and proximity mechanism of formal innovation networks: evidence from Shanghai high-tech ITISAs [J]. Growth and change, 2019, 50（2）: 569 – 586.

[3] MEIJERS E, STEAD D. Policy integration: what does it mean and how can it be achieved? A multi-disciplinary review[C]//2004 Berlin Conference on the Human Dimensions of Global Environmental Change: Greening of Policies-Interlinkages and Policy Integration. Berlin, 2004.

[4] MELCHER J A, MELCHER H B.Toward a systems theory of policy analysis: static versus dynamic analysis[J]. Academy of management review, 1998, 2（5）: 235-248.

[5] MULFORD C L,ROGER D L. Definitions and models[M].Ames: Iowa State University Press, 1982: 9-31.

[6] PETERS B. Managing horizontal government: the politics of coordination [J]. Public administration, 1998, 2（76）: 295-311.

[7] 2023年全球PCT国际专利申请排名：华为"断崖式"第一[EB/OL].（2024-03-11）[2025-01-10]. https：//baijiahao.baidu.com/s？ id=1793223071124712064&wfr=spider&for=pc.

[8] 白静.协同产学研医智慧力量推进生物医药产业创新：2023首届长三角生物医药产业大会暨第四届中国生物医药产业链创新转化国际峰会侧记[J]. 中国科技产业，2024（1）：10-13.

[9] 白俊红，蒋伏心.协同创新、空间关联与区域创新绩效[J]. 经济研究，2015，50（7）：174-187.

[10] 曹贤忠，曾刚.长三角区域科技创新资源空间效应及共享路径研究[M]. 北京：中国财政经济出版社，2021：188.

[11] 曹贤忠，叶雷，易臻真，等.长三角区域科技创新资源空间差异及创新效应[J].科技导报，2021，39（24）：22-29.

[12] 曾刚，曹贤忠.推进长三角创新共同体建设的体制机制创新建议[J]. 张江科技评论，2020（6）：36-38.

[13] 曾刚，王丰龙.长三角区域城市一体化发展能力评价及其提升策略[J].改革，2018（12）：103-111.

[14] 曾鹏.发挥科技创新解决区域发展不平衡中的核心作用[N]. 中国经济时报，2021-06-30（A4）.

[15] 陈宝明.《科学技术进步法》：全面构建面向未来的国家创新体系[J].中国科技人才，2022（10）：1-8.

[16] 陈强，王浩，敦帅.全球科技创新中心：演化路径、典型模式与经验启示[J].经济体制改革，2020（3）：152-159.

[17] 陈岩，张李叶子，宋文彬.智能服务赋能创新型城市群建设路径研究：实体与虚拟产业集聚视角[J].科技进步与对策，2022，39（9）：33-41.

[18] 陈长江.探索长三角产业协同发展新路径[J].群众，2022（4）：40-41.

[19] 程海龙，张永庆.网络视角下粤港澳区域协同创新演化研究[J].技术与创新管理，2023，44（4）：398-406.

[20] 崔新健，崔志新.多区域协同创新演化路径研究：构建3×3区域协同创新模式[J].经济社会体制比较，2018（3）：53-62.

[21] 大湾区两大创新平台在广州南沙启动[EB/OL].（2024-12-09）[2025-01-10].http：//www.gd.gov.cn/gdywdt/zwzt/kjzlzq/cy/content/post_4612851.html.

[22] 德国中小城镇在国土开发中扮演的重要角色[EB/OL].[2025-01-10].https：//sino-german-dialogue.tongji.edu.cn/21/78/c7120a74104/page.htm.

[23] 丁明磊，薛美慧.强化国家战略科技力量牵引作用 加快发展新质生产力[J].科技中国，2024（4）：53-56.

[24] 董直庆，胡晟明.创新要素空间错配及其创新效率损失：模型分解与中国证据[J].华东师范大学学报（哲学社会科学版），2020，52（1）：162-178，200.

[25] 樊春良.国家科技治理体系的理论构架与政策蕴含[J].科学学与科学技术管理，2022，43（3）：3-23.

[26] 樊杰，赵艳楠.面向现代化的中国区域发展格局：科学内涵与战略重点[J].经济地理，2021，41（1）：1-9.

[27] 樊杰.面向中国空间治理现代化的科技强国适应策略[J].中国科学院院刊，2020，35（5）：564-575.

[28] 樊杰.我国国土空间开发保护格局优化配置理论创新与"十三五"规划的应对策略[J].中国科学院院刊，2016，31（1）：1-12.

[29] 樊杰."十五五"时期中国区域协调发展的理论探索、战略创新与路径选择[J].中国科学院院刊，2024，39（4）：605-619.

[30] 范钟铭，方煜，赵迎雪，等.2017—2018粤港澳观察蓝皮书：粤港澳大湾区的未来与共识[M].北京：中国建筑工业出版社，2019：7.

[31] 方创琳.京津冀城市群协同发展的理论基础与规律性分析[J]. 地理科学进展，2017，36（1）：15-24.

[32] 方煜，石爱华，孙文勇，等.粤港澳大湾区多维空间特征与融合发展策略[J]. 城市规划学刊，2022（4）：78-86.

[33] 付大鹏.创新系统研究综述[J]. 现代营销（上旬刊），2024（11）：133-135.

[34] 付金存，赵洪宝，李豫新.新经济地理理论视域下地区差距的形成机制及政策启示[J]. 经济体制改革，2014（5）：.

[35] 傅利平，张恩泽，黄旭.创新资源集聚、区域协同创新与京津冀高质量发展[J]. 科学学与科学技术管理，2024，45（2）：35-50.

[36] 高新才.改革30年来中国区域经济合作的回顾与展望[J]. 西北大学学报（哲学社会科学版），2008（5）：20-27.

[37] 高新技术企业数量全国第一，广东新质生产力发展动力多大？ [EB/OL].（2024-03-15）[2024-01-10]. https：//baijiahao.baidu.com/s？ id=1793561147462635842&wfr=spider&for=pc.

[38] 葛笑如，刘硕.结构洞理论视角下社会组织党建的接点联结与双轨并行：以南京市Q区社会组织党委为例[J]. 中国矿业大学学报（社会科学版），2022，24（1）：55-68.

[39] 龚斌磊，代首寒.新质生产力的催生因素与核心标志：理论解释与现实经验[J].应用经济学评论，2024，4（2）：119-137.

[40] 顾朝林.城市群研究进展与展望[J]. 地理研究，2011，30（5）：771-784.

[41] 顾昕.治理嵌入性与创新政策的多样性：国家-市场-社会关系的再认识[J]. 公共行政评论，2017，10（6）：6-32，209.

[42] 关于印发《长三角科技创新共同体联合攻关计划实施办法（试行）》的通知（附图解）[EB/OL].（2023-04-07）[2025-01-10]. https：//www.thepaper.cn/newsDetail_forward_22620175？ commTag=true.

[43] 郭宏斌.区域公共政策协同的生成与策略：长三角流动人口医疗和劳动政策比较[J].甘肃社会科学，2020（2）：165-171.

[44] 郝身永，赵锦玉.协同创新视域下科创飞地建设的逻辑、瓶颈与突破：基于长三角地区的分析[J].中国浦东干部学院学报，2024，18（4）：129-136.

[45] 贺德方，唐玉立，周华东.科技创新政策体系构建及实践[J].科学学研究，2019，37（1）：3-10.

[46] 胡荣涛.新时代背景下构建区域经济协调发展新机制论析[J].改革与战略，2019，35（2）：23-36.

[47] 黄彩虹.城市群协同创新的网络结构演化及经济效应研究：以中国三大城市群为例[D].济南：山东师范大学，2021.

[48] 黄栋.国家治理现代化中的政策协同创新[J].求索，2021（5）：160-169.

[49] 贾晓峰，胡志民.科技创新政策体系框架研究[J].科技管理研究，2022，42（15）：43-48.

[50] 坚持"四个面向"的战略导向[EB/OL].（2024-07-08）[2025-01-10].http://www.xinhuanet.com/politics/20240708/df5aa60b2eb14fd0ae1d5bf66073a67e/c.html.

[51] 江小涓，宫建霞，李秋甫.数据、数据关系与数字时代的创新范式[J].社会科学文摘，2024（12）：185-203.

[52] 江小涓.高度联通社会中的资源重组与服务业增长[J].经济研究，2017，52（3）：4-17.

[53] 蒋云倩.上海经济区：30年前的"长三角"试验|改革开放亲历者说[EB/OL].（2018-12-17）[2025-01-10].http://dangjian.eastday.com/n1129148/n1129149/u1ai12083542.html.

[54] 解学梅.都市圈城际技术创新"孤岛效应"机理研究[J].科学学与科学

技术管理，2010（10）：78-83.

[55] 京津冀[EB/OL]. [2025-01-10]. https：//baike.baidu.com/item/E4BAACE6B 4A5E58680/7504899.

[56] 京津冀·沧州生物医药产业园揭牌成立[EB/OL].（2024-05-13）[2025-01-10]. http：//fgw.cangzhou.gov.cn/fgw/c101710/202405/1e4155e2131c474 e836579765ccfa23c.shtml.

[57] 京津冀十周年丨"北京研发 津冀制造"三地经济总量超十万亿[EB/OL].（2024-02-28）[2025-01-10]. https://fgw.beijing.gov.cn/gzdt/fgzs/mtbdx/bzwlxw/202402/t20240229_3572944.htm.

[58] 巨文忠，张淑慧，赵成伟.国家创新体系与区域创新体系的区别与联系[J].科技中国，2022（3）：1-4.

[59] 聚焦五大未来产业 厚积薄发引领高质量发展[EB/OL].（2024-03-05）[2025-01-10].https：//baijiahao.baidu.com/s？id=1792670221417355214 &wfr=spider&for=pc.

[60] 孔令君.彰显长三角北翼门户的"新担当"[N]. 解放日报，2021-04-08（1）.

[61] 扩大粤港澳大湾区开放，需关注三个问题[EB/OL].（2024-08-16）[2025-01-10]. https：//baijiahao.baidu.com/s？id=1807556274735313636 &wfr=spider&for=pc.

[62] "两心同创"强动能：长三角加快科技创新跨区域协同观察[EB/OL].（2023-12-26）[2025-01-10].http：//news.cyol.com/gb/articles/2023-12/26/content_wd8PXBuRVK.html.

[63] 兰文龙，段进，张翀，等.跨界一体、协同治理：长三角示范区跨区域规划标准化探索[J]. 城市规划学刊，2023（2）：19-25.

[64] 李春成.70年来我国跨区域协同创新发展历程与展望[J]. 科技中国，

2019（10）：8–13.

[65] 李春成.区域协同创新政策演变与展望：科技战略与政策研究40年[J].
科技中国，2022（12）：21–24.

[66] 李红玲.民族地区跨区域科技合作的模式评析与反思[J].中国科技论
坛，2013（2）：108–114.

[67] 李兰冰.中国区域协调发展的逻辑框架与理论解释[J].经济学动态，
2020（1）：69–82.

[68] 李林，刘志华，王雨婧.区域科技协同创新绩效评价[J].系统管理学
报，2015，24（4）：563–568.

[69] 李清娟.长三角：领跑"硬核"产业创新[M].北京：中国社会科学出版
社，2023：59.

[70] 李迎成，杨钰华，王琰，等.中国城际创新飞地联系的演化特征与形
成机制[J].经济地理，2023，43（12）：58–68.

[71] 李颖，陈迪琳.基于长三角一体化的科技创新共同体建设路径研究[J].
决策咨询，2024（2）：15–20.

[72] 李湛，张彦.长三角一体化的演进及其高质量发展逻辑[J].华东师范大
学学报（哲学社会科学版），2020，52（5）：146–156，187–188.

[73] 李志国，蔡华，马青原.跨区域科技成果转化与产业转移新模式：基
于扎根理论的探索性研究[J].技术经济，2023，42（7）：65–76.

[74] 李志坚，叶茂桂，张丽娟.粤港澳大湾区加快建设国际科技创新中心
的现状、问题与对策[J].科技智囊，2023（12）：36–43.

[75] 刘诚.长三角一体化体制机制改革的主要障碍和推进策略[J].区域经济
评论，2023（3）：5–14.

[76] 刘丹，闫长乐.协同创新网络结构与机理研究[J].管理世界,2013（12）：
1–4.

[77] 刘冬，杨悦，张文慧，等.长三角区域一体化发展规划与政策制度研究[J].环境保护，2020，48（20）：9-15.

[78] 刘冬梅，冉美丽.国家创新体系视阈下区域创新的边界、内涵与政策启示[J].科技中国，2022（2）：1-5.

[79] 刘冬梅，杨洋，李哲.科技创新作为发展新质生产力的核心要素：理论基础、历史规律与现实路径[J].中国科技论坛，2024（7）：1-7.

[80] 刘慧，范德波特.欧洲研究区跨区域协同创新治理举措[J].科技管理研究，2024，44（4）：159-166.

[81] 刘慧.欧盟促进创新合作的三大举措[J]，群众，2020（4）：68-69.

[82] 刘建丽.新型区域创新体系：概念廓清与政策含义经济管理[J].经济管理，2014，36（4）：32-40.

[83] 刘敏，常非凡，毕小硕.推动省际交界地区经济合作发展[J].宏观经济管理，2022（9）：54-61.

[84] 刘彦平，钱明辉，王玉玺.孵化网络创新协同对区域创新效率的溢出效应：基于我国三大城市群的实证研究[J].中国软科学，2023（3）：32-41.

[85] 柳卸林，杨博旭.区域创新：极化、追赶与共同富裕[M].北京：光明日报出版社，2023：117.

[86] 索提，沃斯潘根.创新系统[M]//霍尔，罗森博格.创新经济手册.上海：上海交通大学出版社，2017：457-478.

[87] 马永坤.协同创新理论模式及区域经济协同机制的建构[J].华东经济管理，2013，27（2）：52-55.

[88] 南方，杨云，邵昊华.欧盟"欧洲科研人员网络"平台对我国的启示[J].全球科技经济瞭望，2020（8）：36-40.

[89] 宁夏东西部科技合作暨科技成果转化与人才交流平台[EB/OL].（2024-

10–11）[2025–01–10]. https://www.most.gov.cn/dfkj/nx/zxdt/202411/t20241121_192487.html.

[90] 宁越敏.中国都市区和大城市群的界定：兼论大城市群在区域经济发展中的作用[J].地理科学，2011，31（3）：257–263.

[91] 欧盟第九期研发框架计划：演进与改革，创新研究[EB/OL].（2019–09–16）[2025–01–10]. https：//www.sohu.com/a/341157883_468720.

[92] 欧盟加快推进"欧洲研究区"建设[EB/OL].（2012–08–13）[2025–01–10]. https：//skjj.suining.gov.cn/xinwen/show/006529d52e93438a895399990bc818de.html.

[93] 潘家栋，包海波.创新飞地的发展动向与前景展望[J]. 浙江学刊，2021（3）：125–131.

[94] 全球百强科技集群公布！"深圳—香港—广州"科技集群蝉联全球第二位[EB/OL].（2024–09–04）[2025–01–10]. https：//mp.weixin.qq.com/s？__biz=MzUyNzQwOTA5MQ==&mid=2247556636&idx=1&sn=00c36a81c3e1904a42f37699bae132b7&chksm=fbeb2d2cc24f564bb99df0372d21d071a711b82e597bfc071c7684f0dda90bec48ebd9f16493&scene=27.

[95] 冉美丽，王伟楠，巨文忠.德国收缩地区崛起的经验及对我国东北振兴的启示：以德累斯顿为例[J]. 全球科技经济瞭望，2022，37（12）：29–34.

[96] 让每一份创新活力都能充分迸发[EB/OL]. [2025–01–10]. https：//baijiahao.baidu.com/s？id=1784054458820265189&wfr=spider&for=pc.

[97] 深港科创合作现状与未来展望[EB/OL].（2023–01–14）[2025–01–07]. https：//mp.weixin.qq.com/s？__biz=MjM5MjkwMzQwMQ==&mid=2662977400&idx=1&sn=b05697a94fb32864ffc4467c39f2ffc2&chksm=bdd256fe8aa5dfe868875f4eff24ab2c58a2f6fecd58d6ac2d7cf507674318b3e9cc02

8c0af8&scene=27.

[98] 沈湫莎.上海策源长三角孵化，协同创新跑出新范式[N]. 文汇报，2024-02-01（2）.

[99] 宋之杰，王浩，石蕊.跨区域创新资源协同的驱动机理及协同模式探析[J]. 企业经济，2017，36（2）：167-173.

[100] 苏佳璐，李明星，马泽君，等.基于TERGM的跨区域技术协同创新网络演化动力研究[J]. 系统管理学报，2023，32（6）：1255-1268.

[101] 苏屹，曹铮.京津冀区域协同创新网络演化及影响因素研究[J].科研管理，2023，44（3）：43-55.

[102] 孙久文，殷赏.论区域协调发展的理论深化与实践创新[J]. 华东经济管理，2024，38（11）：8-17.

[103] 孙久文.走向区域繁荣：新时代京津冀协同发展研究[M]. 北京：北京出版社，2020.

[104] 孙铁山，刘禹圻，吕爽.京津冀地区间技术邻近特征及对区域协同创新的影响[J].天津社会科学，2023（1）：129-138.

[105] 孙延明，涂成林，谭苑芳，等.中国粤港澳大湾区改革创新报告（2024）[M].北京：社会科学文献出版社，2024.

[106] 锁利铭.跨省域城市群环境协作治理的行为与结构：基于"京津冀"与"长三角"的比较研究[J].学海，2017（4）：60-67.

[107] 陶长琪，徐茉.经济高质量发展视阈下中国创新要素配置水平的测度[J].数量经济技术经济研究，2021，38（3）：3-22.

[108] 湾区视角系列一：粤港澳大湾区历史沿革探析[EB/OL].（2023-06-26）[2025-01-07]. https：//mp.weixin.qq.com/s？__biz=MzI4NjM3MTg2OQ==&mid=2247522255&idx=2&sn=0be35ca5c7b845caa07865d8c0f7c93b&chksm=ebdf2ebddca8a7abc3a4101d55bf292cd1c0fa854963b76701771d9ab

4c36d1a68f3abcae160&scene=27.

[109] 王缉慈.产业集群的创新之道[J].中国工业和信息化，2019（8）：24-31.

[110] 王建芳.欧盟提出加强欧洲研究区建设与管理的新措施[EB/OL].（2022-03-14）[2025-01-10].http：//www.casisd.cn/zkcg/ydkb/kjzcyzxkb/2022/zczxkb202201/202203/t20220314_6390857.html.

[111] 王兴平.创新型都市圈的基本特征与发展机制初探[J].南京社会科学，2014（4）：9-16.

[112] 王志宝，孙铁山，李国平.区域协同创新研究进展与展望[J].软科学，2013，27（1）：1-4+9.

[113] 魏丽华.城市群协同发展的内在因素比较：京津冀与长三角[J].改革，2017（7）：86-96.

[114] 魏丽华.论城市群经济联系对区域协同发展的影响：基于京津冀与沪苏浙的比较[J].地理科学，2018，38（4）：575-579.

[115] 吴巧君.《京津冀产业协同发展十周年报告》发布[EB/OL].[2025-01-10].http：//epaper.tianjinwe.com/tjrb/h5/html5/2024-10/27/content_143078_1435964.htm.

[116] 习近平经济思想研究中心.准确把握科技创新和经济发展的关系　更好服务国家发展大局[J/OL].习近平经济思想研究，2022，5：47（2023-01-17）[2025-01-10].https：//www.ndrc.gov.cn/xwdt/ztzl/NEW_srxxgcjjpjjsx/jjsxyjqk/sxlt/202301/t20230117_1363349_ext.html.

[117] 肖金成，马燕坤，洪晗.我国区域合作的实践与模式研究[J].经济研究参考，2020（4）：15-31.

[118] 肖金成，张燕.京津冀协同发展[M].沈阳：辽宁人民出版社，2023.

[119] 谢来风.国际科技创新中心建设：粤港澳大湾区的模式与路径[M].北京：社会科学文献出版社，2023.

[120] 谢来风.国际科技创新中心建设：粤港澳大湾区的模式与路径[M].北京：社会科学文献出版社，2023.

[121] 长三角区域经济总量突破30万亿元[EB/OL].（2024-01-29）[2025-01-10]. https：//baijiahao.baidu.com/s？id=17894251177737445855&wfr=spider&for=pc.

[122] 徐海涛，陈刚，陈诺，等.科技成果转化"梗阻"咋打通？[N].新华每日电讯，2023-06-08（5）.

[123] 杨燕红，徐立青.创新要素集聚与区域协同创新：基于长三角G60科创走廊的网络实证[J].科技与经济，2023，36（2）：21-25.

[124] 叶一军，顾新，李晖，等.跨行政区域创新体系下创新主体间协同创新模式研究[J].科技进步与对策，2014，31（16）：29-33.

[125] 尹西明，陈劲，王华峰，等.如何释放新质生产力澎湃动能？[J].科学大观园，2024（8）：24-27.

[126] 袁凯.上海张江：从"科技"走向"科学"[EB/OL].（2023-11-30）[2025-01-10]. https：//baijiahao.baidu.com/s？id=1783983296229978472&wfr=spider&for=pc.

[127] 岳鹄，周子灼，谭月彤.三大湾区国际科技创新中心建设经验及对粤港澳大湾区的启示[J].特区经济，2022（8）：25-28.

[128] 粤港澳大湾区战略研究院.2020粤港澳大湾区发展报告：大湾区发展的挑战与机遇[M].北京：科学出版社，2020：84.

[129] 粤港澳大湾区战略研究院.粤港澳大湾区发展报告2022：大湾区科技创新建设与发展研究[M].北京：科学出版社，2023.

[130] 张博杰，曾婧婧，刘晓琨.区域科创走廊的发展态势、协同模式与治理路径[J].科技管理研究，2024，44（16）：102-109.

[131] 张贵，孙建华.京津冀协同创新共同体的生成机理、评价及对策：基

于生态视角的区域创新新解释[J]. 城市问题，2024（2）：18–27.

[132] 张康之.风险社会中的科学决策问题[J]. 哈尔滨工业大学学报（社会科学版），2020，22（4）：1–9.

[133] 张可云，冯晟，席强敏.东西部协作政策效应评估：基于要素流动的视角[J]. 中国工业经济，2023（12）：61–79.

[134] 张可云.区域协调发展新机制的成效与发展趋势[J]. 人民论坛，2024（3）：40–44.

[135] 张旭华.区域间协同创新模式与路径研究：以闽台为例[J]. 社科纵横，2017，32（12）：28–33.

[136] 长江三角洲城市经济协调会[EB/OL].（2004–11–02）[2025–01–10]. https：//news.sina.com.cn/o/2004–11–02/13164116175s.shtml.

[137] 长三角国家技术创新中心：研发当产业 扩大高水平科技供给[EB/OL].（2021–10–18）[2025–01–10]. https：//baijiahao.baidu.com/s？ id=1713922651469358417&wfr=spider&for=pc.

[138] 长三角科创共同体发布创新需求面向全球揭榜[EB/OL].（2022–08–28）[2025–01–10]. https：//www.gov.cn/xinwen/2022–08/28/content_5707196.htm.

[139] 赵成伟，张孟辉，李文雅，等.京津冀协同创新机制探讨：基于主体协同与区域协同视角[J]. 中国科技论坛，2023（12）：116–124.

[140] 赵晶，迟旭，孙泽君."协调统一"还是"各自为政"：政策协同对企业自主创新的影响[J]. 中国工业经济，2022（8）：175–192.

[141] 郑永年，何冬妮.世界湾区中的粤港澳大湾区：如何打造引领跨越中等技术陷阱的国际科创中心[J]. 中国科学院院刊，2024，39（9）：1508–1523.

[142] 中国市场化指数数据库[EB/OL]. [2025–01–10]. https：//cmi.ssap.com.cn/.

[143] 周楠，杨珍，赵晓旭，等.京津冀区域科技创新政策协同演变：

2011—2021年[J].中国科技论坛，2023（8）：27-38.

[144] 周楠，杨珍，赵晓旭.京津冀科技创新政策协同对区域创新绩效的影响[J].创新科技，2023，23（11）：38-50.

[145] 周青，陈佩夫，毛崇峰，等.多维邻近性对国际技术标准生存时间的影响研究：基于ITU国际技术标准生存分析[J/OL].研究与发展管理，2024，3：1-14 [2024-05-30]. https：//doi.org/10.13581/j.cnki.rdm.20220896.

[146] 周维富.京津冀产业协同发展的进展、问题与提升路径[J].中国发展观察，2023（5）：9-13.

[147] 周文，李吉良.新质生产力与新型举国体制[J].广东社会科学，2024（3）：5-14，284.

[148] 祝尔娟，何晶彦.京津冀协同创新水平测度与提升路径研究[J].河北学刊，2020，40（2）：137-144.